KB052365

시진핑, 친근한 언어로 대중에게 다가가다

- 시진핑이 좋아하는 경전 말씀 -

중공 중앙선전부(中共中央宣传部)
중앙라디오·텔레비전총국
(中央广播电视总台) 편저
김승일(金勝一) 옮김

경지출판사 經典中國國際出版工程
Korea Wisdom China   China Classics International

시진핑, 친근한 언어로
대중에게 다가가다

초 판 1쇄 인쇄 2024년 02월 20일
초 판 1쇄 발행 2024년 02월 27일
발 행 인 김승일
디 자 인 김학현
출 판 사 경지출판사
출판등록 제 2015-000026호

잘못된 책은 바꿔드립니다.
가격은 표지 뒷면에 있습니다.

ISBN 979-11-90159-99-9 (03040)

───────────────────────────────

판매 및 공급처 경지출판사

주소 : 서울시 도봉구 도봉로117길 5-14 **Tel :** 02-992-7472

홈페이지 : https://www.sixshop.com/Kyungji/home

※ 이 도서의 국립중앙도서관 출판사 도서목록(CIP)은 서지정보유통지원시스템 홈페이지(http://seoji.nl.go.kr)와 국가자료공동목록시스템에서 이용하실 수 있습니다.

시진핑, 친근한 언어로 대중에게 다가가다

중공 중앙선전부(中共中央宣传部)
중앙라디오·텔레비전총국
(中央广播电视总台) 편저
김승일(金勝一) 옮김

경지출판사 经典中国国际出版工程
Korea Wisdom China   China Classics International

출 판 설 명

    중국공산당 중앙선전부와 중앙방송총국이 공동 제작한 특집프로그램 『친근한 말투로 대중에게 다가가다(平語近人)―시진핑이 좋아하는 경전 말씀(習近平喜歡的典故)(시즌2)』이 CCTV에 방영되면서 큰 관심을 끌었고, 적지 않은 파장을 일으켰다.

    시진핑의 "신시대 중국 특색 사회주의 사상"에 대한 심도 있는 학습을 강화시키고, 전통적인 경전 말씀의 의미를 깨달으며, 중국문화를 홍보하기 위해 당사는 해당 특집 프로그램을 비디오 북(vBook) 형식으로 출판하기로 했다. 이 중 텍스트는 해설사 위주로 편집했고, 영상 내용은 QR코드 삽입방식으로 구현했으며, 총 36개의 시진핑 총서기의 오리지널 육성과 관련 영상을 삽입했다. 독자들은 이 책을 읽으면서 QR코드를 스캔하여 총서기의 육성을 들을 수 있고, 원본 동영상을 볼 수 있음을 특별히 밝히는 바이다.

인민출판사

2021년 3월

목 차

나를 잊고 인민을 위하자

我将无我 不负人民

본 회의 개요

1. 초심이란 무엇인가?
2. 왜 초심을 지켜야 하는가?
3. 어떻게 해야 초심을 지킬 수 있는가?

"초심을 잊지 말고, 사명을 굳게 기억하자(不忘初心、牢记使命)"라는 구절은 전체 당원의 마음에 깊이 새겨졌고, '시진핑 신시대 중국 특색 사회주의 사상'의 중요한 초석이 되었다. '초심'을 첫 번째 주제로 선택한 것은 앞사람의 사업을 이어받아 더욱 발전시키고, 서로 격려하며 앞으로 나아가는 중국공산당의 정신과 정서를 잘 반영할 수 있기 때문이다.

진행자 :

캉훼이(康辉)

사상 해설자 :

셰춴타오(谢春涛, 중국공산당 중앙당교[국가행정학원] 부총장 겸 교수)

경전 해설자 :

멍만(蒙曼, 중앙민족대학[中央民族大学] 교수)

게스트 :

위안징(袁晶, 저장[浙江]성 자싱[嘉兴]시 남호[南湖]혁명기념관 해설원)
장밍밍(张明明, 중국석유대학[베이징] 부교수)
왕췬롄(王春联, 베이징시 동청[东城]구 차오창[草厂] 마을 주민)
주껑팅(朱耿亭, 베이징시 동청구 차오창 지역사회 당서기)
쑨전시(孙振西, 베이징시 동청구 차오창 마을 주민)

진행자 캉훼이

캉훼이

   사상을 배우고, 경전을 깨닫고, '펑어근인(平語近人 : 친근한 언어로 대중에게 다가가다)'을 느껴봅시다. 『펑어근인―시진핑이 좋아하는 경전 말씀(習近平喜歡的典故)』시청을 환영합니다. 저는 진행자 캉훼이입니다.

   먼저 오늘 방송 현장에 오신 시청자들을 환영합니다. 여러분, 안녕하세요!

   지극히 힘들었던 혁명전쟁 시절부터 '중국 특색 사회주의'가 새로운 시대로 진입할 때까지 시종일관한 정신이 있습니다. 초심을 잃지 않고 인민을 위해 봉사하며 '인민을 중심으로 한다는 것이지요. 여러분은 아마 "무아의 경지에서 인민을 위해 헌신하겠다.(我将无我, 不负人民)"는 시진핑 총서기의 여덟 글자에 더 익숙해질 것입니다. 이것은 인민 지도자의 인민을 향한 정감일 뿐만 아니라, 중국공산당원으로서의 초심을 영원히 간직하고 있는 모습을 생생하게 보여주고 있습니다.

시진핑 총서기는 '초심'에 관한 중요한 담화·글·논술이 많은데, 특히 정묘(精妙)한 전례와 고사(典故)를 자유자재로 인용하고 있습니다. 그렇다면 이러한 전례와 고사들은 어떠한 치국이념과 문화의 정수를 보여주고 있을까요? 오늘은 시진핑이 좋아하는 전례와 고사를 함께 해석하면서 중국공산당의 초심과 사명을 더 배우고 깨우쳐 보도록 합시다.

그럼 이제 이번 제2기 사상 해설자이신 중국공산당 중앙당교(국가행정학원) 부총장이신 셰췬타오(謝春濤) 교수님을 자리에 모셔보도록 하겠습니다.

사상 해설자 셰췬타오

여러분 안녕하십니까!

근대 이후 세계 정치무대에는 정당이 셀 수 없을 정도로 많았습니다. 그러나 중국공산당처럼 70년 넘게 집권하며 중화민족을 일으켜 세우고, 부유하게 하였으며, 강하게 만든 정당을 찾기란 어렵습니다. 이처럼 중국공산당이 가능했던 것은 왜일까요? 시진

셰췬타오

핑 총서기는 "초심을 잊지 않고 사명을 굳게 기억하자."는 간명하면서도 핵심을 찌르는 답변을 내놓았습니다.

현장에 계신 분들 가운데 초심이 대체 무엇인지를 설명하실 분이 계십니까?

관객 1

저는 '초심'은 곧 '본심'이라고 생각합니다.

사상 해설자 셰췬타오

감사합니다. 또 다른 분이 계십니까?

관객 2

애초에 왜 시작했는가를 잊지 않는 것이 바로 초심입니다. 감사합니다!

사상 해설자 셰췬타오

다들 잘 이해하고 있는 것 같습니다. 그렇다면 중국공산당의 초심은 무엇일까요? 새로운 시대는 왜 초심을 잃지 말아야 할까요? 어떻게 해야만 초심을 잃지 않을 수 있을까요? 이것이 바로 오늘 우리가 토론하고자 하는 문제입니다. 먼저 중국공산당의 초심에 대해 이야기하고, 이어서 영상물 한 편을 시청하도록 하겠습니다. (아래의 QR코드를 찍어서 시청하세요.)

1. 초심이란 무엇인가?

진행자 캉훼이

방금 우리가 함께 들은 시진핑 총서기의 이 육성은 2018년 3월 1일
저우언라이 동지의 탄생 120주년 기념 좌담회에서 한 발언입니다. 이
대목에서 총서기는 "대현병고감, 공촉무사광(大贤秉高鉴, 公烛无私光
)"이라는 두 구절을 사용했습니다. 이 두 구절은 어디에서 인용한 것
일까요? 오늘날 중국공산당에 어떤 시사점을 주고 있을까요? 이제 본
프로그램의 경전 해설자이신 중앙민족대학 멍만(蒙曼) 교수님께 해
설을 부탁해보도록 하겠습니다.

경전 해설자 멍만

"대현병고감, 공촉무사광(大贤秉高鉴, 公烛无私光)"은 당나라 시인
맹교(孟郊)의 『상달해사인(上达奚舍人)』에서 나온 구절입니다. 이
『상달해사인』은 추천을 구하는 시로, 주요 내용은 바로 내가 재능이
있지만 세상 사람들이 알아봐주지 않으니, 달해사인(達奚舍人)께서

발탁해 주시기를 바란다는 내용입니다. 여기에는 두 가지 전례와 고사가 있습니다. 하나는 '고감(高鑒)'이고 다른 하나는 '공촉(公烛)'입니다.

명만

우선 '고감(高鑒)'을 얘기해봅시다. '감(鑒)'은 곧 거울입니다. 중국 역사상 최초의 통일왕조 황제인 진시황제가 거울을 하나 갖고 있었는데 그 거울은 사람의 모습을 비출 뿐만 아니라, 오장육부 그리고 선함, 악함, 충성스러움, 간악함도 비출 수 있었다고 합니다. 그 이후로 사람들은 그 거울을 명경(明镜), 혹은 고감(高鑒)이라 지칭하면서 한 사람이 지극히 미세한 것까지 살피어 알고, 미묘한 것에 대한 통찰을 갖추었음을 의미하는 단어로 사용했습니다. 그렇다면 '공촉(公烛)'은 어떤 의미일까요? '공촉(公烛)'은 곧 관공서의 초를 말합니다. 여기에도 전례와 고사가 하나 있습니다. 옛날 중국에 이(李)씨 성을 가진 관리가 있었습니다. 어느 날 그 관리는 편지 한 통을 받았는데 읽다 보니 자기 집안 이야기가 적혀 있어, 얼른 관공서의 초를 불어 끄고 본인의 초로 바꿔서 불을 밝히고 편지를 읽어 내려갔다고 합니다. 이 이야기 중 관공서의 촛불이 바로 공촉(公烛)입니다. 이는 공평무사의 좋은 본보기가 아닐 수 없습니다. "대현병고감(大賢秉高鑒), 공촉무사광(公烛无私光)"은 즉 "재주와 덕행이 뛰어난 사람은 지극히 미세한 것까지 살피고, 사심 없이 대중의 이익을 생각해야 한다"는 의미입니다. 따라서 맹교(孟郊)의 시는 달해사인(達奚舍人)께서 미세한 것까지 통찰하고 사심 없이 대중의 이익을 생각하는 마음으로 자신의 능력을 알아주고 등용하기를 바란다는 뜻을 담고 있습니다. 시진핑 총서기는 저우언라이(周恩來) 동지 탄생 120주년 기념 좌담회에서 이 구절을 인용했습니다. 여기에는 추가적인 의미도 있습니다. 어떤 의미일까요? 생각해보세요. '고감'은 거울을 말합니다. 이 거울은 다른 사람만을 비추는 것이 아니라 더욱이 스스로를 비추어야 합니다. 저우언라이 총리는 바로 시시각각 자신을 거울에 비춰보고 스스로를 반성하면서 나라와 국민들에게 평생을 바친 모범입니다. 그렇다면 촛불은 뭘 의미할까요? 촛불은 작은 이익을 대표할 뿐만 아니라, 더욱이 개개인의 사심을 말합니다. 공평무사의 화신이라 할 수 있는 저우언라이 총리는 바로 이 시대 "대현병고감, 공촉무사광"의 실천자이고, 시종 초심을 지켜 유종의 미를 거둔 모범입니다.

마오쩌둥(毛泽东) 주석은 장정(长征) 기간에 쓴 시「칠율·장정(七律·长征)」의 첫 시작에서 바로 "홍군은 원정의 험난함을 두려워하지 않았으니, 천산만수를 넘는 것을 일상으로 알았다.(红军不怕远征难, 万水千山只等闲)"고 했습니다. '천산만수'를 넘는 것이 어찌 어렵지 않을 수 있겠습니까? 그러나 홍군(红军) 전사들은 개인의 이익을 위해 싸우는 것이 아니라 민족의 이익을 위해 싸우고 인민의 이익을 위해 싸웠기 때문에 어려움을 두려워하지 않고 용감하게 나아갈 수 있었습니다. 우리가 흔히 말하는 "무사해야 두려움이 없고, 무사해야 능력을 발휘할 수 있다.(只有无私才能无畏, 只有无私才能有为)"는 말이 바로 그것입니다. 따라서 시진핑 총서기가 "대현병고감, 공촉무사광"이라는 구절을 인용한 것은, 스스로를 엄격하게 요구하고 추호의 사심도 없었던 저우언라이 총리의 고상한 인격을 기리는 것일 뿐만 아니라, 오늘 공산당원들이 초심을 잃지 말고 대의를 위해 분투하라고 독려한 것입니다!

사상 해설자 셰췬타오

멍만 교수님의 멋진 해설에 감사드립니다. 그렇다면 중국공산당의 초심은 무엇일까요? 시진핑 총서기는 당의 제19차 전국대표대회 보고서에서 "중국공산당의 초심과 사명은 중국 인민을 위해 행복을 도모하고 중화민족을 부흥시키는 것입니다. 그 초심과 사명은 중국공산당의 부단한 전진을 격려하는 근본 동력입니다."라고 말했습니다.

확실히 그런 것 같습니다. 샤밍한(夏明翰) 열사는 희생되기 전날 밤, "목을 베이는 것은 두렵지 않다. 사상이 참되기만 하면 된다.(砍头不要紧, 只要主义真)"라는 시를 쓰며 혁명을 위해서는 죽음도 두려워하지 않겠다는 굳은 의지를 표현했습니다. 팡즈민(方志敏) 열사의 『사랑스러운 중국(可爱的中国)』은 미래 중국 인민들의 아름다운 삶을 그린 작품으로, 자신은 볼 수 없는 중국임을 잘 알면서도 아무런 후회나 원망도 없었습니다. 양징위(杨靖宇) 열사는 총알이 다 떨어져 장렬히 전사했습니다. 일본 침략군이 그의 시신을 해부했더니 위장에 낟알은 한 톨도 없었고 나무껍질과 풀뿌리, 솜만 있었습니다. 한 사람의 의지가 이 정도로 굳건할 줄은 몰랐던 일본 침략군조차 숙연하게 경의를 표해야만 했지요. 수많은 선열들의 용맹스런 헌신 덕분에 중국공산당은 중국 인민을 이끌고 일어설 수 있었습니다.

사회주의 건설시기에 왕진시(王进喜)는 유전을 개발하기 위해 20년 일찍 죽는 것도 마다하지 않았습니다. 결국 따칭유전(大庆油田)은 개발에 성공했지만 그는 47세까지밖에 살지 못했습니다. 자오위루(焦裕禄)는 모래를 다스리기 위해 42세의 나이로 세상을 떠났습니다. 덩자셴(邓稼先)은 핵무기 개발을 위해 28년간 이름을 숨기고 살다가 62세의 나이로 세상을 떠났습니다. 수많은 공산당원들이 솔선수범했기 때문에 중국공산당은 인민을 이끌고 나라를 발전시키고 인민들이 잘 살 수 있게 한 것입니다.

시진핑 총서기는 당의 19차 전국대표대회가 끝나자마자 당 정치국 상무위원을 이끌고 상하이(上海)로 가서 당의 제1차 전국대표대회 유적을 둘러보고, 자싱(嘉兴)에 가서 '남호의 붉은 배(南湖红船)' [1]를 참배하면서 창당 역사를 되새기며 입당 선서를 했습니다. 이 같은 행동은 시진핑 동지를 핵심으로 하는 차기 중앙지도부의 "초심을 잊지 않고 사명을 명심하자."는 확고한 정치적 소신을 보여준 것입니다.

(화면 : 2017년 10월 31일 남호(南湖)혁명기념관 관람이 끝난 뒤 시진핑이 중요한 연설을 하고 있다.)

총서기의 육성:
슈쉐이(秀水) 강은 양양한데 붉은 배는 여전합니다. 시대가 변해도 그 정신은 영원하지요. 96년 전 민족의 희망을 실었던 작은 배가 13억이 넘는 중국 인민의 희망을 실은 거대한 배가 되었습니다.

사상 해설자 셰췬타오

자싱(嘉兴) 남호(南湖)의 아득한 안개비 속에서도 붉은 배는 사람들의 첨앙(瞻仰)을 받고 있습니다. 묵묵히 자리를 지키는 사람도 있습니다. 관광객들에게 설명하고 있는 사람은 남호혁명기념관의 위안징(袁晶) 해설원입니다. 2000년에 남호혁명기념관에 입사한 그녀는 기념관의 2세대 해설원이 되었습니다. 자싱에서는 매일 10,000명 이상의 관광객이 남호의 '붉은 배'를 참관하면서 창당 당시의 초심을 더듬어보

---

1) '남호의 붉은 배(南湖红船)' : 당초 상하이에서 열리고 있었던 중국공산당 제1차 전국대표대회가 프랑스 경찰관들에 의해 제지당한 뒤, 비밀리에 자싱(嘉兴)의 남호로 옮겨가 배 위에서 계속 개최되었음. -역자 주.

고 있습니다. 20년 동안 그녀는 이와 같은 방식으로 공산당원으로서의 초심을 되새기고 '붉은 배' 정신을 홍보해왔습니다.

진행자 캉훼이

오늘 우리는 특별히 저장(浙江)성 자싱 남호혁명기념관의 해설원 위안징 동지를 초청하였습니다. 박수 부탁드립니다. 위안징 씨 안녕하세요!

위안징(저장성 자싱 남호혁명기념관 해설원)

진행자님 안녕하세요. 여러분 안녕하십니까!

진행자 캉훼이

20년 동안 일하면서 매일 그렇게 많은 방문객을 맞이했는데, 가장 기억에 남는 것은 언제입니까?

위안징

가장 기억에 남는 날은 2017년 10월 31일입니다. 그날 차량 행렬이 도착해서 총서기는 차에서 내리면서 "남호가 안개비에 몽롱하구나." 라고 말했습니다. 그는 한참 동안 남호의 호면을 지긋이 응시했습니다. 총

위안징

서기의 온화한 태도에 긴장했던 마음이 씻은 듯이 가셔졌습니다. 그래서 저는 앞으로 나가서 총서기의 남호 재방문을 환영한다고 말했습니다. 당초 관람시간을 30분으로 잡았었는데 결국 총서기는 한 시간 내내 지켜봤습니다.

진행자 캉훼이

특별히 자세하게 관람하셨군요.

위안징

맞습니다. 특히 우리가 재현한 천왕다오(陳望道)가 『공산당선언』을 번역하는 장면을 자세히 살펴봤습니다. 총서기가 공산당의 이상과 신념을 설명할 때 흔히 인용하는 이야기가 있습니다. 바로 천왕다오가 『공산당선언』 번역에 너무 몰입하다보니 쫑즈(粽子), 중국에서 단오에 먹는 전통음식으로 종려나무 잎에 찹쌀과 대추 등을 넣어서 찐 것)를 먹물에 찍어 먹었다는 일화입니다. 우리는 먹물의 맛이 확실히 달콤하지 않다는 것을 압니다. 하지만 이상적인 신념을 가진 공산당원에게 진리의 맛은 설탕보다 더 달콤했던 것입니다. 마지막으로 총서기는 기념관에서 중요한 연설을 했습니다. 그는 중국공산당이 이곳에서 태어나 이곳에서 출정하고 이곳에서 전국으로 나아가 집권했다고 하면서 우리 당의 뿌리가 이곳에 있다고 했습니다. 그는 우리 현장의 모든 청중들에게 생생하고 잊을 수 없는 당 수업을 해주었습니다. 방금 총서기가 '붉은 배'의 정신을 설명하는 것을 다시 들었을 때, 특히 감동받았고 새로운 깨달음을 얻었습니다.

진행자 캉훼이

홍색 선전원(红色宣传员)으로서 자신의 초심과 사명은 무엇이라고 생각합니까?

위안징

저는 초심은 곧 적자지심, 즉 거짓이 없는 순결한 마음이라고 생각합니다. 오랜 세월 동안 '붉은 배' 곁을 지켰던 해설원으로서, 저는 단순히 '붉은 배' 이야기를 들려주는데 그칠 것이 아니라, 천지개벽의 그 역사적 사건을 마음과 정으로 깨닫고 해석해야 한다고 생각합니다. 그러한 오랜 정신으로, 전국 각지에서 온 관중들로 하여금 중국공산당이 중국 인민을 위해 행복을 도모하고 중화민족을 위해 부흥을 도모하고 있다는 것을 느끼게 해야 하며, "중국의 꿈"을 실현하는 자신감과 힘을 북돋우도록 해야 한다고 생각합니다.

진행자 캉훼이

다른 사람에게 '붉은 배' 정신을 가르치려면 '붉은 배' 정신에 대한 깊은 이해가 우선되어야 합니다. "물에 의지해 배를 달리고 인민에게 충성하는(依水行舟, 忠诚为民)" 것이 바로 붉은 배 정신의 본질이지요. 위안징 씨가 앞으로 '붉은 배' 정신을 더 많은 사람들에게 전달할 수 있기를 바랍니다.

위안징

감사합니다.

진행자 캉훼이

오늘날 우리가 '붉은 배' 정신을 학습하는 것은 사실 중국공산당의 역사를 학습하는 것입니다. 큰 이치를 터득하려면 역사를 거울로 삼아야 합니다. 이제 사상해설자이신 셰췬타오 교수님을 모시고 해설을 들어보도록 하겠습니다.

사상 해설자 셰췬타오

중국공산당의 역사는 곧 중국공산당이 대를 이어 중국 인민의 행복을 도모하고 중화민족의 부흥을 도모한 역사입니다.

시진핑 총서기는 량자허(梁家河) 생산대에서 일할 때부터 인민을 위해 실질적인 일을 해야 한다는 변함없는 신념을 굳혔습니다. 그는 굶주림에 시달리던 시절에 주변 백성들에게 어떤 삶을 사는 게 가장 좋다고 생각하는지, 구체적인 목표는 무엇인지 물었습니다. 사람들은 세 가지 목표를 내놓았지요. 첫 번째 목표는 밥을 구걸하지 않고 허접한 음식이라도 배를 채울 수만 있으면 된다는 것이었습니다. 두 번째 목표는 수수, 옥수수 가루와 같은 순수한 곡물을 먹는 것이고, 세 번째 목표는 정제한 곡물을 마음대로 먹을 수 있고 고기도 자주 먹는 것이었습니다. 시진핑 동지는 "내가 바라는 것 중 하나는 고향 사람들에게 고기를 한 끼 배부르게 대접하고, 또 자주 고기를 먹게 하는 것"이라고 말했습니다.

오늘 이 자리에는 대학교의 사상정치학과 선생님들도 계시는데, 량자허에 다녀오시고 깊은 감명을 받았다고 들었습니다. 그래서 량자허를 방문한 소감 한 말씀을 부탁드립니다. 어느 선생님이 먼저 하시겠어요? 네, 어서 오십시오!

장밍밍 (중국석유대학[베이징] 부교수)

먼저 셰췬타오 교수님께 감사드립니다. 량자허는 시진핑 총서기의 초심이 시작된 곳이라고 할 수 있습니다. 우리 사상정치학과 선생님들이 학생들을 이끌고 사회실천의 장으로 자주 찾는 곳이기도 합니다.

장밍밍

한 학생이 저한테 이렇게 말하더군요. "선생님, 저는 시진핑 총서기가 당시 생산대 당지부 서기였을 때, 대중을 이끌고 함께 건설한 지식청년 흙댐(知青淤地坝), 산시성의 첫 메탄가스 탱크, 철업사(铁业社), 재봉사(裁缝社), 공급판매점 등을 둘러보면서, 사상적으로 커다란 충격을 받았습니다. 제 마음속의 그 적자지심이 다시 활성화되고 흉금과 시야도 더 넓어졌습니다. 저는 초심을 잊지 않고 국가와 사회, 인민에게 이로운 사람이 되어야 하며, 이와 같은 인생의 포부와 이상을 꼭 실현할 것이라고 새롭게 다짐했습니다."

저는 량자허에 세 번 가봤습니다. 매번 갈 때마다 느끼는 감정은 조금씩 다르지만 한 가지 변하지 않는 것이 있다면 바로 우리 사상정치학교 교사의 초심입니다. 우리 정치학과 교사는 추상적인 이론과 심오한 이치를 생생한 이야기로 전환하고, 량자허와 같은 생생한 실천을 해야 합니다. 우리는 우리의 수업이 감정으로 사람들을 감화하고, 이치로 사람들을 설득할 수 있도록 해야 합니다. 우리는 우리의 수업이 모두가 진심으로 사랑하고 평생 혜택을 받을 수 있는 정치수업이 되기를 바랍니다. 감사합니다!

사상 해설자 셰춴타오

감사합니다. 시진핑 동지는 어디에 있든 최선을 다해 간부들을 이끌고 경제를 발전시키고, 민생을 개선하여 많은 간부들과 대중의 광범위한 지지를 얻었습니다.

2012년 11월 15일 중국공산당 중앙위원회 제18기 1중전회(一中全会) 후 중국공산당 정치국 상무위원이 중국 내외신 기자들과 만났을 때, 시진핑 총서기는 "인민의 더 나은 삶에 대한 로망이 우리의 목표"라고 지적했습니다. 그는 맞춤형 빈곤퇴치를 제안하고, 끊임없는 노력을 기울여, 큰 성과를 거두었습니다.

시진핑 총서기는 다음과 같이 말했습니다. "2020년에 전면적인 샤오캉(小康)사회 건설이 위대한 역사적 성과를 거두었고, 빈곤퇴치에 결정적인 승리를 거두었습니다. 우리는 빈곤의 보루를 향해 총공격을 개시하여 가장 어려운 임무를 완수했습니다. 8년이라는 시간을 거쳐 현행 기준으로 거의 1억 명의 농촌 빈곤층이 빈곤에서 벗어났고, 832개 빈곤현(貧困县)이 모두 빈곤이라는 모자를 벗었습니다."

신종 코로나바이러스 감염증에 직면한 시진핑 총서기는 인민의 생명 안전과 신체건강을 최우선으로 삼아야 한다고 강조했습니다. 전국에서 가장 우수한 의료진, 가장 선진적인 장비, 가장 시급한 자원을 동원하여 질병 치료에 최선을 다했고, 치료비용은 모두 국가가 부담하여 인민과 생명이 최우선임을 진정으로 구현했습니다. 사람들의 생명 안전과 신체건강을 지키는 일이라면 어떤 대가를 치르더라도 해야 합니다.

2019년 3월 22일 시진핑 주석은 로마에서 이탈리아 하원의장 피코를 만났습니다. 회담이 끝나갈 무렵 피코는 갑자기 당신이 중국 국가주석에 선출됐을 때 어떤 심정이었느냐고 물었습니다. 시 주석은 "이렇게 큰 나라는 책임도 무겁고 일도 어렵습니다. 저는 무아(無我)의 경지에서 인민들의 기대에 부응할 것입니다." 라고 대답했습니다. '무아(无我)' 의 경지에서 중국의 발전을 위해 자신을 바치겠다는 것이지요.

2020년 5월 22일 시진핑 총서기는 제13기 전국인민대표대회 제3차 회의 네이멍구(內蒙古) 대표단의 심의에 참석하여, '인민지상(人民至上)' 의 이념을 깊이 있게 설명했습니다. 그는 중국공산당의 뿌리는 인민에 있고, 핏줄도 인민에 있다고 지적했습니다. 중국공산당이 인민들을 단결시키고 이끌어, 혁명 · 건설 · 개혁을 하는 근본 목적은 인민들이 잘 살 수 있도록 하는 것입니다. 아무리 많은 도전과 압력에 직면해도, 아무리 많은 희생과 대가를 치르더라도 이 점은 변함없고 흔들리지 않을 것입니다. 이어서 영상 한 편을 시청하도록 하겠습니다. (아래의 QR코드를 찍어서 시청하세요.)

 ## 2. 왜 초심을 지켜야 하는가?

시진핑 :
인민의 입장은 중국공산당의 근본적인 정치입장이고, 마르크스주의 정당이 다른 정당과 구별되는 뚜렷한 표징입니다. 당과 국민이 고난과 생사를 함께 하고 시종일관 혈육관계를 유지하는 것은 당이 모든 어려움과 위험을 이겨낼 수 있는 근본적인 보증입니다. 다시 말해 '득중즉득국(得众则得国), 실중즉실국(失众则失国)' 입니다.

총서기의 육성 2

경전 해설자 멍만

방금 들으신 것은 시진핑 총서기가 2016년 7월 1일 중국공산당 창건 95주년 기념대회에서 한 발언입니다. 여기에서 총서기는 "득중즉득국(得众则得国), 실중즉실국(失众则失国)"라는 고문을 인용했습니다. 이는 『예기(礼记)』의 『대학(大学)』편에 나오는 구절입니다.

중(众)은 무엇입니까? 중은 바로 대중입니다. 즉 이 말은 민심을 얻으면 천하를 얻고 민심을 잃으면 천하를 잃게 된다는 말입니다. 예를 들어봅시다. 상(商)나라 때 '대읍상(大邑商)'이라는 정권이 있었는데 천하무적의 강대한 왕조였습니다. 하지만 상나라 후반에 주왕(纣王)이 대외로는 '궁병독무(穷兵黩武)', 즉 "무력을 남용하여 전쟁을 일삼고, 대내로는 터무니없는 세금을 안겨 백성들이 도탄에 빠지게 했습니다." 그 때 상 왕조 서쪽의 위수(渭水) 기슭에 자리 잡고 있던 주(周)라고 하는 작은 나라가 '조민벌죄(吊民伐罪)', 즉 "백성을 위로하고 죄 있는 지배자를 벌하기 위해 전차 3백대, 용사 3천명, 갑옷을 입은 병사 4만 5천명으로 상나라의 70만 대군을 일거에 격파해 소국이 대국을 멸하는 기적을 창조하였습니다." 상나라는 실중(失众), 즉 민심을 잃었고, 주 나라는 득중(得众), 민심을 얻었기 때문입니다. 이리하여 "오직 백성만이 나라의 근본이고, 근본이 공고해야 나라가 평온해진다.(民惟邦本, 本固邦宁)"는 말은 주나라의 정치적 교훈으로 되었습니다. 사실상 『대학(大学)』의 저자는 상나라의 역사적 교훈으로부터 "득중즉득국(得衆則得國), 실중즉실국(失衆則失國)"이라는 경험을 도출해냈던 것입니다.

시진핑 총서기가 "득중즉득국(得衆則得國), 실중즉실국(失衆則失國)"이라는 말을 인용한 것은 역사적인 경험과 교훈을 들어 '민본(民

本)’이라는 중국 고유의 정치적 원칙을 되새기려는 것도 있지만, 더 중요한 것은 중국공산당의 인민 입장(人民立场)을 강조하기 위한 의도도 깔려있는 것입니다. 중국공산당은 어떻게 중국을 이끌고 일어서게 하고, 부유해지고, 강대해지게 할 수 있었을까요? 중국공산당은 항상 인민의 이익을 최고의 이익으로 여기고, 항상 인민들과 끈끈하게 연결되어 영욕을 함께 했기 때문입니다. 그래서 인민의 진심 어린 지지를 받을 수 있었던 것입니다.

사상 해설자 셰춴타오

방금 멍만 선생님께서 아주 좋은 말씀을 해주셨습니다. 그럼 다음에는 "왜 초심을 잃지 말아야 하는지"에 대해서 얘기해보도록 하지요.

시진핑 총서기는 왜 전 당 동지들에게 초심을 잊지 말라고 거듭 일깨웠을까요?

첫째, 우리는 전례 없는 어려움과 도전에 직면해 있습니다. 십 수 억 인구의 중화민족이 위대한 부흥을 이루는 것은 결코 쉬운 일이 아닙니다. 따라서 갈채와 찬양 속에서 혁명정신과 투지를 잃고 현실에 안주하거나 향락을 탐해서는 안 되는 것입니다. "배가 중류에 이르면 파도가 더 세차지고, 우리가 산 중턱에까지 오르면 더 가파르다."는 것을 명심해야 합니다. 시대에 발맞춰야 한다는 것을 구호로만 외치지 말고 진정으로 사상과 행동에 옮겨야 합니다. "한나라를 모르면 위나라와 진나라는 더더욱 알 수 없다.(不知有汉, 无论魏晋)"는 말이 있습니다. 즉 세상의 변화를 모르고 도화원(桃花源)의 안락함에만 안주해서는 안 되는 말입니다!

둘째, 인민들은 더 많은 것을 요구하고 있습니다. 시진핑 총서기는 제19차 전국대표대회 보고서에서 "중국 특색 사회주의가 새로운 시대로 접어들면서 우리사회의 주요 모순은 인민의 더 나은 삶에 대한 수요 증가와 불균형하고 불충분한 발전 사이의 모순으로 바뀌었습니다."라고 지적했습니다. 이는 당과 국가의 업무에 대해 많은 새로운 요구 사항을 제시한 것입니다. 우리는 가능한 한 빨리 단점을 보완하여 인민 대중의 증가하는 더 나은 삶에 대한 수요를 충족시켜야 합니다.

진행자 캉훼이

세췬타오 교수님의 설명에 감사드립니다. 우리나라의 도시화가 최근 몇 년 동안 매우 빠르게 발전하고 인민대중을 직접 상대하는 지역 사회 서비스가 점점 더 중요해지고 있다는 것을 모두 알고 있습니다. 베이징의 첸먼(前门) 거리에는 차오창후통(草厂胡同)이라는 골목이 있는데, 이 골목은 오랜 역사를 가지고 있지만 한때는 낡고 지저분해져서 보기가 구차할 지경이었습니다. 최근 몇 년 동안 차오창후통은 물론 전체 차오창마을(草厂社区)이 크게 변모하여 베이징의 구시가지 모습이 업그레이드된 표본이 되었습니다. 그들은 어떻게 해냈을까요?

우선 차오창마을의 거주민 왕춴롄(王春联) 할아버지를 소개합니다.

2019년 2월 그러니깐 음력설 직전입니다. 시진핑 총서기가 차오창마을을 방문하고 주민들을 위문했는데, 당시 할아버지의 댁을 찾아서 대문에다 커다란 '복(福)' 자를 붙여주었지요.

왕춴롄 (베이징시 차오창마을 주민)

맞습니다.

진행자 캉훼이

어르신께서 그날의 일을 말씀해 주시겠습니까?

왕춴롄

시 주석께서는 '복(福)' 자를 붙인 후 뒤 돌아서면서 "저는 여러분을 만나보러 왔습니다. 여러분들을 더 행복하게 살게 해드리겠습니다."라고 말씀하셨습니다. 또 당시 시 주석께서는 저의 어깨를 두드리면서 "우리 함께 노력해봅시다. 함께 노력합시다." 라고 말했습니다.

왕춴롄

진행자 캉훼이

고맙습니다, 어르신. 백성을 위해 더 많은 일을 하려면 백성을 위해 더 많은 일을 할 사람들이 필요합니다. 그래서 오늘은 차오창 마을 일꾼들도 모셨습니다. 당위원회 서기이자 주민위원회 주임 주껑팅(朱耿亭) 동지를 소개하겠습니다. 안녕하세요!

주껑팅(차오창 마을 당서기)

진행자님 안녕하세요! 최근 몇 년 동안 우리 지역사회 당 위원회는 '차오창 마을은 한 가족', '당 건설 + 지역사회 거버넌스 브랜드', '동네 의사청(小院议事厅)'과 같은 지역사회 조직을 통해 이러한 고민을 해결하기 위해 노력했습니다. 왜냐하면 총서기께서도 도시의 기억을 잘 간직하고 향수(乡愁)를 기억하게 해야 한다고 말씀하셨기 때문입니다. 일선 지역사회 종사자로서 우리의 임무는 주민들이 행복하고 원만하며 조화로운 삶을 살 수 있도록 하는 것입니다.

주껑팅

진행자 캉훼이

감사합니다, 수고해 주셔서 감사합니다.

'동네 의사청'은 주로 어떤 일들을 논의할까요? 오늘 우리 현장에 오신 특별 관객 중 '직위'가 가장 높은 분 한 분이 계십니다. 바로 '동네 의사청' '청장'인 쑨전시(孙振西) 선생님입니다. 어서 오세요.

쑨전시(차오창 마을 주민)

감사합니다! 우리가 논의하는 문제는 일반 주민이 하고 싶지만 스스로 할 수 없는 일들입니다. 그래서 조직적으로 주민들의 목소리를 대변해야 할 때가 있습니다. 예를 들어, 우리 지역사회 전체에 있는 화장실이 완전히 개조되었습니다. 겨울에는 난방이 되고, 여름에는 냉방이 되며 관리사무소가 하루 24시간 청소를 도맡아 하고 있습니다.

쑨전시

진행자 캉훼이

　감사합니다, 모든 지역사회 종사자분들께 감사드립니다. 우리의 지역사회 종사자들은 자신의 초심을 가지고 있고, 자신의 사명을 깊이 기억하고 있습니다. 그들은 하나의 개체가 아니라 하나의 그룹입니다. 그들은 무슨 벼슬아치는 아니지만, 그들은 매우 쓸모가 있습니다. 그들은 우리 기층(基層) 거버넌스의 큰 역할을 수행했습니다. 이는 우리나라 거버넌스 시스템과 거버넌스 능력의 현대화를 구현한 중요한 일이기도 합니다.

　이어서 사상 해설자이신 셰췬타오 교수님을 모시고 여러분들에게 설명하겠습니다.

사상 해설자 셰췬타오

　차오창 지역사회 동지들의 실천은, 더 나은 삶에 대한 인민의 증가하는 요구를 충족시키기 위해서는 대다수의 당원과 간부들이 자신의 업무를 개선하기 위해 열심히 노력해야 한다는 것을 말해줍니다.

　이어서 세 번째는 당내에는 해결해야 할 문제가 많다는 것입니다. 시진핑 총서기는 "쇠를 때리려면 반드시 자신이 단단해져야 한다.(打铁必须自身硬)"며 이를 해결하기 위해 많은 노력을 기울여야 한다고 강조했습니다. 중국공산당 제18차 전국대표대회 이후 시진핑 동지를 핵심으로 하는 당 중앙은 일관되게 엄격한 관점에서 당을 다스리고 부패를 단호히 반대하고 처벌했으며, '네 가지 기풍(四风)'을 끈질기게 바로잡았습니다. 이는 당이 진정으로 중국 특색의 사회주의 대의를 위한 강력한 지도 핵심이 되어 중화민족의 위대한 부흥을 이끄는 역사적 책임을 짊어질 수 있도록 하기 위한 것입니다.

시진핑 총서기는 "인민은 집권하는 우리 당의 가장 큰 저력"이라고 지적했습니다. 우리 당이 오랫동안 집권하려면 항상 인민과 혈육관계를 유지하고, 항상 인민과 함께 생각하고 함께 일하며, 고난과 고통을 함께 나누어야 합니다. "초심을 잊지 말고, 사명을 명기하자(不忘初心、牢记使命)"는 주제교육(主题教育)을 실시하는 목적이 바로 대다수의 당원과 간부들이 항상 인민과 같이 호흡하고 인민과 한마음으로 이어져 운명을 같이하도록 하기 위한 것입니다. 그렇다면 새로운 시대에 어떻게 해야 초심을 잊지 않을 수 있을까요? 이어서 영상 한 편을 시청하도록 하겠습니다. (아래의 QR코드를 찍어서 시청하세요.)

⟨⟨⟨ 3. 어떻게 해야 초심을 지킬 수 있는가? ⟩⟩⟩

시진핑 :

"반청지위총(反听之谓聪), 내시지위명(内视之谓明), 자승지위강(自胜之谓强)"이라는 말이 있습니다. 자신의 단점과 잘못은 직시하고 주동적으로 고치며, 다른 사람의 단점과 잘못은 개진할 수 있도록 지적하며, 다른 사람의 비판을 기쁜 마음으로 겸허하게 받아들여야 한다는 것입니다.

총서기의 육성 3

경전 해설자 멍만

방금 보신 것은 시진핑 총서기가 2016년 1월 12일 제18기 중앙규율검사위원회 제6차 전체회의에서 한 발언입니다. 이 발언에서 시진핑 총서기는 "반청지위총(反听之谓聪), 내시지위명(内视之谓明), 자승지위강(自胜之谓强)"이라는 고사를 인용했습니다. 이는 『사기·상군열전(史记·商君列传)』에 나오는 말입니다. 당시 진(秦)나라의 왕족인 조량(赵良)이 상앙(商鞅)에게 한 말입니다. 당시 상앙은 '상앙변법(商鞅变法)'이라는 개혁정책을 추진해 큰 성과를 거두었습니다. 하지만 이와 동시에 개혁과정에 많은 문제점도 노출되었지요. 이에 조량이 상앙에게 스스로 반성하라는 취지에서 말한 것이 바로 "반청지위총(反听之谓聪), 내시지위명(内视之谓明), 자승지위강(自胜之谓强)"이라는 말입니다. 그러면 이 말은 어떤 의미일까요? 바로 "서로 다른 의견에 귀를 기울일 수 있어야 비로소 귀가 밝다고 할 수 있고, 자신의 문제점을 들여다볼 수 있어야 비로소 눈이 밝다고 할 수 있으며, 자신을 이길 수 있어야 비로소 진정한 강자라고 할 수 있다"는 뜻입니다.

이 세 마디 말은 얼핏 보기에는 서로 병렬된 문장으로 보이지만, 사실상 자아성찰의 세 단계를 보여주는 점진적인 연결이라고 할 수 있습니다. 즉 첫 번째 단계는 남의 의견, 즉 서로 다른 의견을 귀담아 듣는 것입니다. 이것을 전제로 해야 다음 단계로 진입할 수 있습니다. 즉 남들의 의견을 귀담아 들어야만, 스스로를 반성하고 자기의 결점과 잘못을 들여다볼 수 있다는 것이지요. 마찬가지로 자신의 문제점을 직시해야 비로소 세 번째 단계로 진입할 수 있습니다. 즉 자신의 결점이나 잘못을 알고 나서야, 과감하게 결점을 고치고 자신을 이길 수 있는 것입니다. 그래야만 진정한 강자가 될 수 있는 것이지요.

사실 우리는 살면서 남들의 비판을 기꺼이 받아들이고 스스로를 극복할 수 있는 사람들을 매우 존경합니다.

예를 하나 들어봅시다. 북송(北宋)의 대문호인 소순(苏洵)은 어렸을 때는 책을 아주 싫어하고 자연에 묻혀 놀기를 좋아했습니다. 그러던 와중에 모친이 세상을 떠나는 바람에 할 수 없이 소순은 집으로 돌아가게 되었습니다. 상을 치루는 동안에 그의 둘째형 소환(苏涣)이 이렇게 말했습니다. "아우, 자네가 실컷 구경한 명산대천을 나는 하나도 보지 못했으니 자네가 명산대천을 글로 옮겨보게, 그러면 나도 좀 세상구경을 할 수 있지 않겠나?" 하지만 학문이 전혀 없는 소순은 자연을 묘사할 수가 없어서 난감하기만 했습니다. 부끄러워진 소순은 그로부터 서재에 들어박혀 6, 7년 동안 머리를 싸매면서 학문에 정진했습니다. 결과 소순은 고금에 정통한 박식한 학자가 되었습니다. 그 뿐만 아니라 그는 소식(苏轼)과 소철(苏辙) 두 아들까지 유명한 학자로 키워냈습니다. 그리하여 이들 부자 세 명은 나란히 '당송팔대가(唐宋八大家)'에 들어갈 정도로 많은 미담을 남겼습니다.

하지만 상앙은 조량의 제언을 듣고도 진정으로 자신을 반성하지 않고 계속 지나치게 엄격하고 냉철하게 개혁을 밀고 나가 궁극적으로 민심을 잃고 원망을 사서 희생양이 되고 말았습니다. 사실 자아성찰은 고대 중국의 훌륭한 전통일 뿐만 아니라 중국공산당의 훌륭한 기풍이기도 합니다. 우리는 줄곧 비판과 자기비판을 이야기해왔습니다. 2020년 1월 8일 시진핑 총서기는 "초심을 잊지 말고 사명을 명기하라"는 주제의 교육 총결산대회에서 공자의 제자 자공이 한 말을 인용했습니다. 즉 "군자지과야, 여일월지식언, 과야, 인개견지, 갱야, 인개앙지(君子之过也, 如日月之食焉: 过也, 人皆见之; 更也, 人皆仰之)"라는 말입니다. 무슨 뜻일까요? 바로 군자의 잘못은 일식과 월식처럼 분명해서, 실수를 하면 모든 사람이 보게 되는데, 그 잘못을 고치면 모든 사람들이 다시 그를 존경하게 된다는 뜻입니다. 이처럼 군자는 그가 영원히 잘못을 저지르지 않는 것이 아니라, 결코 잘못을 회피하지 않고, 항상 용감하게 고칠 수 있는 사람이어야 합니다. 이것이 곧 군자의 특질이지요.

중국공산당은 사실 고대의 군자처럼 큰 사명을 띠고 있으며 대중의 주목을 받고 있습니다. 그렇기 때문에 칼끝을 내부로 향하는 용기가 있어야 합니다. 시진핑 총서기가 주창하는 것처럼 서로 다른 의견에 귀를 기울이고, 자신의 잘못을 들여다보며, 지속적으로 스스로를 이겨내고 보완하며 강화해나가야 하는 것입니다. 그래야만 "초심을 잊지 않고 사명을 명기"할 수 있게 되지요.

진행자 캉훼이

멍만 교수님의 명쾌한 해설에 감사를 드립니다. 시진핑 주석은 2020년 신년사에서 "청춘을 저버리지 말고 매일매일 열심히 노력하자"고 독려했습니다. 이를 달성하기 위해서는 우선 "초심을 잊지 않고 사명을 명기해야 합니다." 다음으로는 사상 해설자인 셰췬타오 교수님을 모시고 계속해서 설명을 듣겠습니다.

사상 해설자 셰췬타오

어떻게 초심을 잊지 않을 수 있을까요? 시진핑 총서기는 다음과 같은 명확한 요구를 제시했습니다. "당의 건설을 강화하는 영원한 주제이자 모든 당원과 간부들이 평생의 주제로 삼고 끊임없이 관심을 기울여야 합니다. 반드시 마르크스주의 중국화의 최신 성과를 이용하여 사상과 의지, 행동을 통일해야 합니다. 당의 자기혁명은 문제를 직시하는 용기와 칼날을 안쪽으로 돌리는 의식을 가지고 추진해야 합니다. 반드시 투쟁정신을 계승하고 대담하게 역할을 수행해야 합니다. 반드시 당의 내부 제도를 개선하고 발전시켜 효과적인 메커니즘을 형성해야 합니다. 반드시 주요 기관과 주요 간부가 앞장서는 것을 견지해야 합니다."

제18차 중국공산당 전국대표대회 이후 중앙선전부는 많은 '시대의 모범'을 선보였는데 '현대 우공(当代愚公)'으로 알려진 황따파 (黄大发)가 그중 한 사람입니다.

황따파는 꿰이저우(贵州)성 쩐이(遵义)시 핑쩡거라오족(平正仡佬族)향 차오왕빠(草王坝)촌의 당서기입니다. 1958년 당시 20대 초반이었던 황따파는 마을 사람들에게 흰쌀밥을 먹이고 싶다는 꿈을 실현하기 위해 차오왕빠에 물을 끌어오기로 결심했습니다.

(화면: 황다파가 이야기하고 있다.)

황다파의 육성 :
길도 없었고 식량도 없었습니다. 이곳에 수로를 만들어야 하는데, 쉬운 일이 아니었습니다. 그래서 저는 평범한 일을 비범하게 해내야겠다고 결심했습니다.

사상 해설자 셰춴타오

그러나 수로를 건설하려면 세 개의 큰 산을 우회하고 9개의 절벽과 10개 이상의 준령을 통과해야 합니다. 수로를 건설하는 것은 산을 옮기는 것만큼 어렵습니다. 예를 들어 절벽에서 공사할 때 밧줄로 사람을 조금씩 내려놓아야 하는데, 발밑에 만 길이나 되는 깊은 물이 있어 자칫하면 분신쇄골할 수도 있었습니다. 황따파는 망설임 없이 밧줄을 타고 내려간 첫 번째 사람이었는데, 몇 번이고 떨어질 뻔했습니다. 이렇게 한 치 한 치 두드리고, 한 괭이 한 괭이 파서 조금씩 밀고나갔습니다. 그렇게 30여 년이라는 긴 세월을 들여 마침내 '하늘 수로(天渠)'를 파냄으로써, "물방울은 기름처럼 귀하다"는 차오왕빠 마을의 역사를 끝내고 가난했던 마을의 면모를 일신케 했습니다. 그래서 황따파는 '당대의 우공'으로 불리게 되었고, 현지인들은 그의 이름을 따서 이 도랑을 '따파취(大发渠)'라고 명명했습니다.

황따파와 같은 훌륭한 공산당원은 아직도 많습니다. 예를 들어 '공화국 훈장'을 받은 선지란(申纪兰), 전국우수현서기(全国优秀县委书记) 랴오준뻐(廖俊波), 그리고 상하이의 훌륭한 판사 쩌우삐화(邹碧华)가 있습니다. 이러한 수많은 공산주의자들의 행적은 우리를 감동시키고 감탄하게 만듭니다. 그들로부터 당의 지도간부들에게 초심이 무엇을 의미하는지, 그들의 마음속에 얼마나 큰 사명감이 있는지를 명확하게 볼 수 있었습니다. 시진핑 총서기는 이러한 영웅과 모범자들의 행적을 예로 들면서 당원과 간부들에게 "초심을 지키고, 사명을 다하고, 차이를 찾고, 실행에 옮기라"고 거듭 주문했던 것입니다. 그는 스스로 솔선수범하여 당 전체에 모범을 보였던 것이지요.

전면적으로 샤오캉(小康) 사회를 실현하려면 한 사람도 빠뜨릴 수 없습니다. 시진핑 총서기는 어떤 민족이든, 어떤 지역이든, 어떤 사람이든 결코 뒤처져서는 안 된다고 강조했습니다. 그는 또한 사회정책이 기초가 되어야 하며, 주민들 삶의 기본을 지키고, 고용과 사회보장을 잘해야 하며, 대중의 기본적인 생활을 효과적으로 보호해야 한다고 제안했습니다.

전면적으로 개혁을 심화시켜 인민들이 더 많은 획득감(获得感)을 얻을 수 있도록 해야 합니다. 시진핑 총서기가 보기에 개혁은 인민을 위한 것이고, 개혁하려면 또 인민에 의존해야 합니다. 그리고 인민의 지지를 얻으려면 인민이 개혁의 혜택을 누릴 수 있도록 해야 합니다. 중국공산당 제18차 전국대표대회 이후 모든 분야의 개혁이 신속하고 안정적으로 추진된 것은 개혁이 항상 인민을 중심으로 이루어졌기 때문이고, 인민들이 더 큰 이득을 얻을 수 있었기 때문입니다.

전면적으로 법에 따라 나라를 다스리려면 인민들이 공정과 정의를 느낄 수 있도록 해야 합니다. 시진핑 총서기는 인민이 모든 법률제도, 모든 법 집행 결정, 모든 사법사건에서 공정성과 정의를 느낄 수 있도록 노력할 것을 요구했습니다. 최근 몇 년 동안 억울한 판결이나 부당한 판결 수십 건이 시정되었으며, 새로운 법치주의 개념이 점점 더 자리를 잡아가고 있습니다.

당을 전면적으로 엄정하게 다스리고 대중이 실질적인 성과를 볼 수 있도록 해야 합니다. 백성을 이롭게 하는 일은 아무리 작아도 해야 하고, 백성을 해치는 일은 아무리 작아도 없애야 합니다. 우리는 '호랑이'와 '파리'를 같이 때리는 것을 견지하고, 당의 청렴 건설과 반부패 투쟁을 끝까지 진행해야 합니다.

인민을 중심으로 한다는 접근방식은 시진핑 총서기의 이론과 실천에 전면적이고 충분히 반영되었습니다. 시진핑 총서기의 말처럼 "인심이야말로 가장 큰 정치"입니다. 중국 인민의 행복과 중화민족의 부흥을 도모하여 인민들에게 더 많은 획득감, 행복감, 안정감을 안겨주어야 합니다. 이러한 개념이나 입장, 가치는 사람들의 마음을 얻고 여론에 부합하며 중국인과 중화민족에게 널리 인정받고 있는 것입니다. 감사합니다, 여러분!

진행자 캉훼이

훌륭한 해설을 해주신 사상 해설자 셰춘타오 교수님과 경전 해설자 멍만 교수님께 감사드립니다. "초심을 잊지 말자"는 것은 역사의 깊은 곳에서 나온 계시이고, "사명을 명기하자"는 것은 미래에 대한 엄숙한 약속입니다. 중국공산당은 "뜬구름이 눈을 가리는 것을 두려워하지 않는 비전(不畏浮云遮望眼)", "혼돈의 구름 속에서도 침착하게 날아오르는 확고함(乱云飞渡仍从容)", "푸른 산을 물고 놓지 않는 끈기(咬定青山不放松)", "바다는 여전히 그곳에 있다(大海依旧在那儿)"는 자신감이 있습니다. 모든 중국공산당원은 항상 이 초심을 간직하고 시진핑 총서기가 한 것처럼 "나 자신을 잊고 오로지 인민을 위한다"는 각오로 노력해야 합니다. 친애하는 시청자 여러분, 프로그램을 마치면서 모두 함께 고전의 장을 되짚어보고 중국공산당의 초심과 사명을 명기하도록 합시다.

경전낭독

「칠률 · 장정(七律·长征)」
마오쩌둥(毛泽东)

홍군은 고단한 원정길 두려워 않고
깊은 강물, 험난한 산도 대수롭지 않다네.

끝없이 이어진 다섯 봉우리는 잔잔한 물결 같고
웅대한 오몽산도 발아래 진흙 덩이일세.

금사강 물 출렁대는 깎아지른 절벽은 따스하고
대도하에 가로걸린 쇠사슬 다리는 차갑기만 한데.
반갑구나 민산 천 리 길 뒤덮는 눈발이여
삼군은 무사히 당도해 병사들 얼굴에는 웃음꽃 피네.

红军不怕远征难，万水千山只等闲。

五岭逶迤腾细浪，乌蒙磅礴走泥丸。

金沙水拍云崖暖，大渡桥横铁索寒。

更喜岷山千里雪，三军过后尽开颜

第 二 集

사소한 마음을 버리는 자 하늘을 이긴다

胜寸心者胜苍穹

본 회의 개요

1. 신앙이란 무엇인가?

2. 왜 신앙이 있어야 하는가?

3. 어떻게 해야 신앙을 지킬 수 있는가?

시진핑 총서기는 당 건설, 사상정치 사업, 당원 간부대오 건설을 언급할 때, 공산당원의 신앙, 공산당원의 이상, 사회주의 핵심가치관을 거의 빼놓기 않고 언급했습니다. '신앙'을 주제로 삼은 것은 이상적 신념의 극단적 중요성을 부각시키고 세계관, 인생관, 가치관의 극단적 중요성을 강조하기 위해서입니다.

진행자 :

캉훼이(康辉)

사상 해설자 :

황이삥(黄一兵, 중앙당사 및 문헌 연구원[中央党史和文献研究院] 연구원)

경전 해설자 :

왕리췬(王立群, 허난대[河南大] 교수)

게스트 :

췌이사오광 (崔韶光, 팔로군 태항기념관[八路军太行纪念馆] 1세대 해설원)
푸리사(付丽莎 , 베이징 항공항천대학교[北京航空航天大学] 부교수)

진행자 캉훼이

2018년 개혁개방 40주년 경축대회에서 시진핑 총서기는 다음과 같은 중요한 연설을 했습니다. "신앙과 신념, 자신감은 언제나 중요합니다. 작은 것으로는 한 사람이나 한 그룹에 이르기까지, 큰 것으로는 정당이나 민족, 국가에 이르기까지 신앙과 신념,

캉훼이

자신감이 있으면 좌절해도 더 분발하고 싸울수록 더 용감해집니다. 그렇지 않으면 싸우지 않고도 패배하게 되고 스스로 무너질 것입니다." 이번 방송의 주제는 바로 '신앙'입니다.

시진핑 총서기는 신앙에 관한 중요한 논술도 많고, 인용한 전례와 고사도 많습니다. 오늘 우리는 함께 읽고, 함께 깨우쳐 봅시다. 이제 이번 방송의 사상 해설자이신 황이삥 중앙당사 및 문헌연구원 연구원을 모시겠습니다.

사상 해설자 황이뼁

 신앙에 관해서는『시진핑의 7년 지식청년의 세월(习近平的七年知青 岁月)』이라는 책으로 시작하고 싶습니다. 이 책은 아마 다들 읽어봤으 리라 생각합니다. 이 책을 읽고 나서 저는 큰 감명을 받았습니다. 동 기부여의 책이지만 동시에 고난 속에서 성장하는 이야기이자 신앙이 어떻게 만들어지는지에 대한 이야기이기도 합니다.

 지난 세기에 젊은 시진핑 동지는 시골에 서 농민들과 함께 일하며 사상을 단련하는 상산하향(上山下乡) 대열에 합류했습니다. 시련은 그를 무너뜨리지 않았을 뿐만 아니 라 오히려 그의 의지를 더욱 굳세게 만들었 습니다. 그의 굳건한 신념은 어려운 시절에 삶의 길을 알려주는 등대였습니다.

황이뼁

 시진핑 동지는 "15살에 황토고원에 왔을 때는 혼란스럽고 불확실했지만, 22살에 황토고원을 떠날 때에는 이미 인생의 목표가 확고했고 자신감이 넘쳤다."고 회고했습니다. 오늘 우 리는 시진핑 총서기의 중요한 강연을 통해 신앙에 대해 배우고, 신앙 을 느끼고, 신앙에 다가갈 것입니다. 이번 프로그램에서 우리는 세 가 지 문제에 대해 교류할 것입니다. 첫 번째 문제는 "신앙이란 무엇인 가?"이고, 두 번째 문제는 "왜 신앙이 있어야 하는가?"이며, 세 번째 문제는 어떻게 해야 신앙을 지킬 수 있는가?" 하는 것입니다.

 이제 첫 번째 문제인 "신앙이란 무엇인가?"에 대해 이야기해 보겠 습니다.『현대 한어사전』에서는 '신앙'을 "어떤 사람이나 어떤 주장, 주의, 종교에 대해 극도로 믿고 존경하며, 자신의 행동의 모범이나 지침으로 삼는 것"이라고 해석했습니다. 이 해석은 100년 전 마오쩌둥 동지가 쓴 한 문장을 떠올리게 합니다. 저는 이 문장이 현대 한어에서 이 단어의 해석과 '완벽하게 일치'한다고 생각합니다. "주의란 깃발과 같다. 깃발을 세워야 모두가 희망을 가질 수 있고, 어떤 방향으로 나아가야 하는지를 알 수 있다."라는 말입니다. 마오쩌둥 동지는 이 문장을 쓴 다음 해에 중국공산당 창당에 참여했습니다. 중국공산당은 창당 당시부터 마르크스주의에 대한 신념을 당의 깃발에 적었습니다. 그때부터 선진적인 중국인들의 마음속에 마르크스주의에 대한 신념이 구체적이고 명확해졌고, 마르크스주의는 여러 세대의 공산주의자들이 견지하고, 풍부하게 하고, 발전시켜나가는 와중에 중국의 혁명과 건설, 개혁을 이끄는 지도이념이 되었습니다.

(아래의 QR코드를 찍어서 시청하세요.)

 ## 1. 신앙이란 무엇인가?

시진핑 :

"뜻을 세우지 않으면 세상에 이룰 수 있는 일이 없습니다.(志不立, 天下无可成之事)" 이상과 신념이 흔들리는 것이 가장 위험하고, 이상과 신념이 타락하는 것이 가장 위험합니다. 한 정당은 이상과 신념을 잃거나 이상과 신념이 결여되면 몰락하기 마련입니다. 우리의 당이 확고하고 파워가 있는지의 여부는 당의 이상과 신념이 확고한지를 보아야 하고, 더욱이 당원 개개인의 이상과 신념이 확고한지를 보아야 합니다.

총서기의 육성 4

경전 해설자 왕리췬

방금 들으신 것은 2016년 1월 12일 제18기 중앙규율검사위원회 제6차 전체회의에서 시진핑 총서기가 한 연설입니다. 이 연설에서 총서기는 공자진의 "스스로의 마음도 이기지 못한다면(不能胜寸心) 어찌 하늘을 이길 수 있겠는가.(安能胜苍穹)"라는 전례와 고사를 인용했습니다.

중국 근대사의 유명한 시인인 공자진(龚自珍)은 대변혁의 시대를 살았습니다. 공자진이 세상에 태어날 때는 바로 청(淸)나라 건륭(乾隆)제 치하의 후반, 즉 강건(康乾)성세 말년이었습니다. 도광(道光) 7년, 즉 서기 1827년의 봄부터 가을까지 공자진은 당시의 청나라 도읍인 베이징(北京)에서 여러 수의 시를 지었습니다. 모두 고풍(古風) 스러운 시였는데, 고풍이란 평측(平仄)에 비해 격률(格律)이 특별히 엄격한 것을 말합니다. 그는 도합 15수의 고풍시를 지었는데 그 시들을 「자춘조추, 우유소촉, 납잡서지, 만부전차, 득십오수(自春徂秋, 偶有所触, 拉杂书之, 漫不诠次, 得十五首)」라는 제목으로 묶었습니다. 이 긴 제목의 의미는 바로 "도광 7년 봄부터 여름까지 북경성에서 느낀 바가 아주 많아 생각나는 대로 시를 썼고, 그 시들을 아무런 논리성도 없이 임의로 묶었는데 시가 15수이다."라는 뜻입니다. 이 시가 바로 "스스로의 마음도 이기지 못한다면(不能胜寸心) 어찌 하늘을 이길 수 있겠는가.(安能胜苍穹)"라는 구절로 시작되지요.

고대 중국의 유교 사상가 맹자(孟子)는 "마음의 기능은 생각하는 것이다.(心之官则思)"라고 했습니다. 옛 사람들은 사람의 마음은 생각을 관장한다고 여겼지만 이 관념은 사실상 잘못된 것입니다. 오늘날 우리는 생각은 대뇌를 통해 이루어지며 심장은 혈액을 공급하는 신체

기관임을 알고 있습니다. 그럼에도 우리는 마음을 생각하는 기관으로 보는 옛 사람들의 관념을 여전히 이어오고 있습니다. 공자진의 이 시에서 마음을 나타내는 '촌심(寸心)'은 마음이 아주 작음을 보여주고, 하늘을 나타내는 '창궁(蒼穹)'은 하늘이 아주 넓고 높음을 대조적으로 보여줍니다. 바로 작은 마음을 통해 이토록 거대한 객관적인 세계를 이기고, 장악한다는 것입니다. 자신의 마음 속 욕망을 이길 수 있어야 비로소 진정으로 인성을 바르게 키우고, 비로소 객관적인 세계를 이길 수 있는 것입니다. 또한 마음이 바로 서야 모든 독이 몸을 가까이할 수 없는 것입니다.

사상 해설자 황이삥

신앙은 갑자기 나타나는 것도 아니고 쉽게 지켜지는 것도 아닙니다.

이어서 세 번째 문제를 이야기해 봅시다. 어떻게 하면 신앙을 지킬 수 있을까요?

우선 신앙을 지키는 것은 확고한 이론적 무장과 갈라놓을 수 없습니다.

'무적의 몸'을 단련하기 위해서는 과학적 이론으로 머리를 무장해야 합니다. 사실 참된 믿음의 기초는 참된 이해입니다. 지속적으로 공부를 열심히 해야만 우리는 진정으로 참된 이해를 할 수 있습니다.

젊은 시절부터 시진핑 동지는 특히 마르크스-레닌 고전과 다양한 시기와 다양한 종류의 국내외 명작을 열독하는 것을 좋아했습니다. 어떤 상황에서든, 어떤 직책에서든 시진핑 동지는 늘 중국사회를 이해하고 이상적인 신념을 함양하는 중요한 방법으로 독서와 학습을 활용했습니다.

시진핑 동지의 연구에 동행했던 사람들은 시진핑 동지가 처음 서우닝(寿宁)에 조사하러 갔을 때 『서우닝현지(寿宁县志)』를 찾아서 읽으라고 요구했다고 회상합니다. 그것도 모자라 명나라 문학가 풍몽룡(冯梦龙)이 서우닝의 지현(知县)으로 있을 때 쓴 자서전적 현지(县志)를 찾아 대조해 보라고 했습니다. 그는 나중에도 서우닝에 갈 때마다 저녁 식사 후에는 반드시 서점에 들러 둘러보고는 마음에 드는 책 몇 권을 구매했다고 합니다.

연구에 동행했던 사람들이 참지 못하고, 낮에 연구하는 것도 이렇게 힘든데 왜 굳이 저녁에까지 무미건조하기만 한 현지를 읽으며 야근해야 하느냐고 물었었지요. 이에 시진핑 동지는 "현지(县志)는 한 현(县)의 역사입니다. 역사는 인민이 창조한 것이고, 현지를 통해 배우는 것은 현지의 인문역사를 배우는 것이며 현지를 존중하는 것은 인민의 독창적인 정신을 존중하는 것입니다. 역사 기록에는 긍정적인 것도 있고 부정적인 것도 있어 후세에 참고할 수 있습니다." 라고 대답했다고 합니다.

신앙을 지키려면 신앙에 충실하고 뜻을 굽히지 않아야 합니다. 신앙을 추구하는 과정은 순탄할 수 없습니다. 어렵고 힘들수록 신앙의 인성(韧性)과 순도를 검증할 수 있습니다. 아래에 신앙과 관련된 한 사람을 소개하도록 하겠습니다.

종양(钟扬)은 푸단대학(复旦大学)의 식물학자입니다. 종양의 인생을 두 글자로 줄이면 '티베트(西藏)'입니다. 티베트 고원의 모든 식물의 씨앗을 수집하겠다는 꿈을 이루기 위해 종양은 티베트의 산과 물을 돌아다니며 꿈을 이루는 기쁨을 누렸지만, 보통 사람들은 상상하기 힘든 고생을 했습니다.

(화면: 종양(钟扬)의 생전 영상.)

종양(钟扬)의 육성:
고산병의 종류는 호흡 곤란, 두통 등 거의 17가지에 달합니다.

사상 해설자 황이삥

해발 6,000미터 이상의 티베트 고원지대는 인간이 생존하기 어려운 지역이지만, 종양은 신념을 위해 자연의 한계를 뛰어넘어 6,100미터의 고도에서 티베트 고유의 식물 씨앗을 채집했을 뿐만 아니라 중국 식물채집의 신기록을 세웠습니다.

(화면: 자시츠런(扎西次仁)이 종양과 함께 채집한 애기장대 씨앗에 대해 설명하고 있다.)

자시츠런(티베트 고원생물연구소 생식질 자원부(种质资源库) 주임) 육성:
이것이 바로 애기장대 씨앗입니다. 종양 선생님과 함께 얄룽창포강 유역에서 채집한 것이지요. 수명이 매우 짧은데, 심층 연구 끝에 새로운 생태 유형으로 밝혀졌습니다.

사상 해설자 황이삥

종양은 식물이 자라는 최고 한계인 해발 6,000미터 지역을 16년 동안 넘나들었고, 자신의 논문 곳곳에 티베트 고원의 발자취를 남겼습니다.
2017년 9월 종양은 출장 중 교통사고로 사망했습니다.

(화면: 종양이 이야기하고 있다.)

종양(钟扬)**의 육성:**

어떤 생명도 끝나는 날이 있게 마련이지만 저는 두렵지 않습니다. 저의 학생들이 계속해서 과학 탐구의 길을 이어갈 것이고, 우리가 수집한 씨앗은 어쩌면 수백 년 후 언젠가는 다시 뿌리를 내리고 싹을 틔울 것이기 때문입니다.

사상 해설자 황이삥

푸른 나무가 우거진 캠퍼스에서든 인적이 드문 고원에서든 종양은 인생의 마지막 순간까지 꿈을 좇는 것을 멈추지 않았습니다. 그가 그렇게 굳건하고 끈질기게 일할 수 있었던 근본적인 이유는 그의 마음속에 숭고한 신앙이 가득했기 때문이라고 생각합니다.

시진핑 총서기는 "인민에게 신앙이 있으면 민족에 희망이 있고 국가에 힘이 있습니다." 라고 말했습니다. 지난 100년 동안 한 세대 또한 세대의 공산당원들이 전국 여러 민족 인민들을 단합시키고 이끌어서 앞으로 나아갔습니다. 이러한 발자취는 이 나라가 강대해지기 위해 부단히 탐구해온 역사이며, 민족의 부흥을 위한 투쟁과 신앙의 역사입니다. 지난 100년 동안 진리의 빛과 믿음의 빛이 어우러져 혁명과 건설, 개혁의 역사를 빛나게 했고 중국역사의 하늘을 비추고 중화민족의 위대한 부흥의 여정을 비추었습니다. 감사합니다, 여러분!

진행자 캉훼이

이 프로그램의 사상 해설자이신 황이삥 연구원님과 고전 해설자이신 왕리쵠 교수님의 훌륭한 해설에 감사드립니다.

마지막으로 훌륭한 구절을 함께 낭독하고 되새기며 다시 한 번 신앙의 힘을 느껴봅시다!

경전낭독

「양자강(扬子江)」

문천상(文天祥)

얼마 전 광풍을 따라 북방을 표류하다가,

천신만고 끝에 양자강으로 돌아왔네.

변치 않는 마음으로 지남철 되어,

오로지 남쪽만을 향해 가리키지 않으면 멈추지 않으리.

几日随风北海游，回从扬子大江头。

臣心一片磁针石，不指南方不肯休。

第 三 集

붉은 마음 청사에 길이 빛나리
留取丹心照汗青

본 회의 개요

1. 충성이란 무엇인가?
2. 왜 충성해야 하나?
3. 어떻게 충성할 것인가?

모든 공산당원은 입당 시 다음과 같이 선서한다. "당에 충성하고, 적극적으로 일하며, 공산주의를 위해 종신 분투한다." 마르크스정당의 성격은 당에 대해 충성하고, 신시대 당의 역사적 사명을 완성해야 하는 것과 마찬가지로 당에 대해 충성할 것을 필요로 한다. 이번 제3집의 주제는 "충성이란 무엇인가?" "왜 충성해야 하나?" "어떻게 충성할 것인가?" 등 3개 층면으로 전개하며 논술하고자 한다.

진행자 :

캉훼이(康辉)

사상 해설자 :

한전펑(韩振峰, 베이징교통대학[北京交通大学] 마르크스주의 아카데미 교수)

경전 해설자 :

캉전(康震, 베이징사범대학[北京师范大学] 교수)

게스트 :

쑨차오(孙超, 홍치라푸[红其拉甫] 출입국 국경 검문소 경찰관)
비비야스만·아바미스린(比比亚斯曼·阿巴米斯林, 홍치라푸 출입국 국경 검문소 경찰관)
미카이뤠이(米凯瑞, 홍치라푸 출입국 국경 검문소 경찰관) 출입국
장훼이펑(张会峰, 베이징대학[北京大学] 부교수)

진행자 캉훼이

  오늘 프로그램의 주제는 '충성'입니다. "천하의 덕으로 말하자면, 충성만한 것이 없다.(天下至德, 莫大乎忠)"라는 말이 있습니다. 중화민족의 발전과정에는 충성에 대한 일화가 너무나도 많습니다. "자고로 사람은 다 죽는 법이니, 충심만이 역사에

캉훼이

길이 빛나리.(人生自古谁无死, 留取丹心照汗青)" "하늘을 향해 호탕하게 웃으며 죽음을 맞이하리라, 가는 이와 남은 이의 간담이 이어져 곤륜과 같은 장엄한 기상을 공유하거늘.(我自横刀向天笑, 去留肝胆两昆仑)" "머리가 잘려도 두렵지 않다, 사상이 참되기만 하다면.(砍头不要紧, 只要主义真)" 지금까지 전해지는 이런 시구들은 모두 충성으로 장엄한 삶을 쓰고 있습니다. 중국공산당에게 있어서 충성은 반드시 갖추어야 할 훌륭한 품격이며, 모든 공산당원이 입당 선서를 할 때하

는 당에 대한 엄숙한 약속입니다.

오늘 우리는 시진핑이 좋아하는 이런 전례와 고사들을 함께 읽고, 새로운 시대의 중국공산당원들이 어떻게 충성스럽고, 깨끗하고, 책임 감 있는 정치의 품격을 단련할 수 있는지를 탐구해 보겠습니다. 현재 우리는 이번 프로그램의 사상 해설자인 베이징교통대학 마르크스주 의아카데미 한전펑 교수를 현장에 모셨습니다.

사상 해설자 한전펑

'충성'이라고 하면 많은 사람들이 낯설 지 않습니다.

시진핑 총서기는 당 간부들에 대한 요구 를 언급하면서 '충성, 깨끗함, 책임감'이라 는 기본 요구를 여러 차례 제기했습니다. 이 기본 요구사항에서 총서기는 '충성'을

한전펑

맨 앞자리에 놓았습니다. 총서기의 마음에서 '충성'이 중요한 위치를 차지하고 있음을 알 수 있는 대목입니다.

그렇다면 '충성'이란 무엇일까요? 글자 뜻의 관점에서 '충(忠)'은 '중(中)'과 '심(心)'이라는 두 글자로 구성되어 있는데, 이는 한마음 이라는 뜻입니다. '성(诚)'은 '언(言)'과 '성(成)'으로 구성되어 있는 데, 말과 행동이 일치해야 하고, 겉과 속이 같아야 한다는 뜻입니다. '충(忠)'과 '성(诚)'을 합치면 사람은 한마음이어야 하고, 말과 행동 이 일치해야 하며, 겉과 속이 같아야 한다는 것을 의미합니다.

물론 충성의 의미는 문자 그대로만 국한된 것이 아니라 심층적으로 보면 깊은 본질적 의미와 시대적 의미를 가지고 있습니다. 오늘 우리 프로그램은 세 가지 방면으로 나누어 충성, 특히 공산당원의 충성 문제에 대해 이야기하겠습니다. 첫 번째는 "충성이란 무엇인가?"이고, 두 번째는 "왜 충성해야 하는가?"이며, 세 번째는 "새로운 시대에 어떻게 당에 충성할 것인가?"입니다.

　우선 첫 번째 문제부터 얘기하겠습니다. 충성이란 무엇입니까? 이어서 영상 한 편을 시청하도록 하겠습니다.

　(아래의 QR코드를 찍어서 시청하세요.)

1. 충성이란 무엇인가?

시진핑 :

집에서는 효도를 다 하고, 나라를 위해서는 충성을 다하는 것이 중화민족의 훌륭한 전통입니다. 현(县) 당위원회는 우리 당이 집권하면서 나라를 흥하게 하는 '현장 지휘부'이고, 현 당위원회 서기(书记)는 '현장 지휘관'입니다. 당에 충성하는 것은 현 당위원회 서기의 중요한 표준입니다. 현 당위원회 서기를 가늠하는 기준은 여러 가지가 있지만 "충성보다 더 큰 선행은 없다.(善莫大于作忠)"는 이 한 가지를 주로 보아야 합니다.

총서기의 육성 7

진행자 캉훼이

　방금 보신 영상은 시진핑 총서기의 연설 두 단락을 선택했는데, 하나는 2019년 설 하례회에서 한 것이고, 다른 하나는 2015년 1월 12일 중앙 당교 현 당위원회 서기 연수반 간담회에서 한 것입니다. 총서기는 두 단락의 연설에서 총서기는 모두 '충성'을 언급했습니다. 또 "충성보다 더 큰 선행은 없다.(善莫大于作忠)"는 전례와 고사를 인용했습니다. 이 말은 어디에서 나왔으며, 또 어떤 깊은 뜻이 있을까요? 이제 이번 프로그램의 고전 해설자이신 베이징사범대학의 강전 교수님을 모시고 해설을 들어보도록 하겠습니다.

경전 해설자 강전

"충성보다 더 큰 선행은 없다.(善莫大于作忠)"는 말은 동한(东汉) 마융(马融)의 『충경(忠经)』에서 나온 것입니다. 산시(陕西) 사람인데 저와는 동향입니다.

마융은 당시 유명한 유학의 대가였습니다. 그는 『시(诗)』와 『주역(周易)』, 『효경

강전

(孝经)』 등 유가의 저서에 주석을 많이 달았습니다. 그는 유가의 경전 중에 효도를 논하는 『효경』은 있으나 충성을 논하는 『충경』이 없는 것을 보고 자신이 직접 『충경』을 썼습니다. 마융의 『충경』 중에 "선막대어작충(善莫大於作忠)"이라는 구절이 있습니다. 바로 충성보다 더 큰 선행은 없다는 의미입니다.

마융의 조상 중에는 동한 왕조의 건국을 위해 거대한 기여를 한 마원(马援)이라는 사람이 있습니다. 마원은 동한 왕조가 세워진 후 국경 지역의 전란을 평정해 복파(伏波)장군이라 불렸으며 뛰어난 공훈을 세운 것으로 세인들의 존경을 받았습니다. 서기 49년 62살의 마원은 또 다시 군대를 이끌고 반란을 평정하러 갔다가 군중에서 생을 마감했습니다. 그로부터 마혁과시(马革裹尸)라는 사자성어가 나왔습니다. 말의 가죽으로 시체를 싼다는 뜻으로, 죽을 각오로 전쟁에 임한다는

의미입니다.

유가의 사상관념에서 충성과 효도는 서로 긴밀히 연결되고 상부상조의 관계에 있습니다. 나라에 대한 충성과 부모에 대한 효도는 고대 중국인들이 지키는 기본적인 원칙이었습니다.

시진핑 총서기는 『충경』의 또 다른 구절을 인용하며 "천하의 덕으로 말하자면, 충성만한 것이 없다.(天下至德, 莫大乎忠)"라고 했습니다. 무슨 뜻일까요? 가장 높은 수준의 도덕은 충성이라는 것입니다. 충성을 가슴에 새기고, 피에 녹이고, 영혼에 단단히 새겨야만 마음속의 모든 에너지를 방출하고 중화 민족의 위대한 부흥에 진정으로 힘을 보탤 수가 있는 것입니다!

사상 해설자 한전펑

훌륭한 설명을 해주신 캉전 교수님께 감사드립니다. 이제 충성의 구체적인 의미에 대해 말씀드리겠습니다.

충성이란 무엇일까요?

먼저 시진핑이 여러 차례 이야기했던 그의 어린 시절 이야기를 하나 들려드리겠습니다.

시진핑이 대여섯 살이었을 때 어머니 치신(齐心)은 그를 신화서점(新华书店)으로 데려가 악비(岳飞)에 관한 만화책을 사주었습니다. 서점에는 악비에 관한 책이 두 가지가 있었는데, 하나는 『악비전(岳飞传)』시리즈이고 다른 하나는 악비의 정충보국(精忠报国), 즉 나라에 대한 충성심을 전문으로 다룬 것이었습니다. 그의 어머니는 악비에 관한 이 두 가지 책을 모두 샀습니다. 집으로 돌아온 그의 어머니는 그에게 악비의 나라에 대한 충성심에 대한 이야기를 들려주었습니다.

악비의 어머니가 '정충보국(精忠报国)'이라는 네 글자를 악비의 몸에 새겼다는 이야기가 나오자, 시진핑은 어머니에게 "몸에 글자를 새기면 아프지 않나요?"라고 물었습니다. 어머니는 "아프지만 마음속으로는 오래 기억하게 될 것이다."라고 대답했습니다. 이후 시진핑은 '정충보국'이라는 네 글자를 가슴속에 굳게 새겼습니다. 이에 대해 시진핑은 다음과 같이 말했습니다. "'정충보국'이라는 네 글자는 그때부터 지금까지 기억하고 있으며 평생 추구해온 목표이기도 합니다."

충성의 의미를 보면, 첫째는 나라에 대한 충성입니다. 나라는 추상적인 것이 아닙니다. 나라는 아름다운 강산과 유구한 역사, 그 나라 곳곳에 있는 도로, 그 나라의 제도, 그 나라의 이론, 그 나라의 문화를 망라합니다. 둘째는 국민에 대한 충성입니다. 한 나라는 국민들로 구성되어 있음으로 나라에 충성하려면 반드시 국민에 충성해야 하는 것입니다.

이쯤 되면 조국의 서쪽 변방에 있는 홍치라푸(红其拉甫) 출입국 국경 검문소 경찰관들이 고난에 굴하지 않고 조국의 국경을 수호한 이야기를 떠올리지 않을 수 없습니다.

이곳은 조국의 최서단으로 '생명의 금지구역'이라 불립니다. 이곳에는 세계에서 가장 높은 고도를 가진 초소가 있고, 이곳에는 충성스럽게 나라를 지키고 지키는 사람들이 있습니다.

눈으로 뒤덮인 혹독한 이 고원지대에 홍치라푸 출입국 국경 검문소가 위치하고 있습니다. 과거에는 고원에서 장기간 근무하면서 저산소증과 비타민 결핍으로 인해 장교와 병사들이 혈색소가 기준치를 심각하게 초과하여, 고혈압이나 심실비대와 같은 고지대 질환을 앓았고 많은 병사들의 손가락이 심하게 함몰되어 변형되기도 했습니다.

　20년 이상 이곳을 지켜온 쑨차오(孫超)라는 선임병은 식량 부족문제를 해결하기 위해 고비사막을 채소밭으로 만들고 온실을 지어 고산지역의 채소 재배기술 문제를 극복했습니다. 그 덕분에 장병들이 채소를 먹을 수 있다는 꿈이 실현됐습니다.

　이들은 눈 덮인 산과 들을 동반자로 삼아 추위와 싸우며 나라의 문을 지키고 있습니다. 쑨차오와 마찬가지로 훙치라푸의 많은 경찰관과 국경 검문병사들은 기꺼이 뜨거운 피를 쏟고 생명을 불태우며 충성심으로 나라를 엄수하고 청춘과 붉은 마음으로 '훙치라푸 정신(红其拉甫精神)'을 만들어 조국과 인민에 대한 무한한 충성을 구현했습니다.

진행자 캉훼이

　오늘 현장에 특별히 훙치라푸 출입국 국경 검문소의 쑨차오 경찰관님을 모셨습니다. 박수로 맞이해주세요.

쑨차오

여러분 안녕하세요!

진행자 캉훼이

쑨차오

　시청자 여러분, 이분이 바로 눈 덮인 고원에서 '녹색 기적'을 일궈낸 분입니다. 그리고 오늘 쑨차오가 이 '녹색 기적'을 프로그램 현장에 가지고 왔습니다. 뭐가 있는지 보시지요.

레몬입니다. 아주 신선한 레몬인데 특별한 향기가 있네요.

쑨차오

맞습니다.

진행자 캉훼이

정말로 눈 덮인 고원의 냄새가 나는 것 같습니다.

쑨차오

막 따가지고 온 것입니다.

진행자 캉훼이

이것은 타조 알입니까?

쑨차오

맞습니다.

진행자 캉훼이

고원에서 타조를 키운다고요?

쑨차오

이것은 호주의 에뮤(emu)입니다. 타조의 일종이지요.

진행자 캉훼이

정말 대단하군요.

쑨차오

우리는 성공했습니다.

진행자 캉훼이

여러 가지 계란도 있군요.

쑨차오

대여섯 종이 있습니다.

진행자 캉훼이

처음 채소를 재배하는 데 성공하셨고, 또 직접 재배한 채소로 병사들에게 밥을 해주었던 기억이 납니까? 병사들이 이런 것들을 처음 먹었을 때 어떤 심정이었을까요?

쑨차오

울었습니다. 격동되어 울었지요.

진행자 캉훼이

혼자만 운 게 아니죠?

쑨차오

그렇습니다. 다 같이 울었습니다. 젓가락으로 집어서 처음 한 입을 먹을 때, 여러 사람들의 노력이 헛되지 않았구나 하는 생각이 들었지요.

진행자 캉훼이

따라서 이러한 삶의 개선은 자신만을 위한 것이 아니라 당과 국가, 인민에 대한 충성의 표시이기도 합니다.

쑨차오

맞습니다.

진행자 캉훼이

2018년 국경 수비대를 개편하는 과정에서 실제로 쑨차오는 꽤 많은 퇴역 보상금을 가지고 고향으로 돌아가 창업을 할 수 있었습니다. 퇴역 보상금이 얼마입니까?

쑨차오

거의 300만 위안이 됩니다.

진행자 캉훼이

그런데 왜 그곳을 떠나지 않습니까?

쑨차오

비록 군복은 벗었지만, 마음속으로는 항상 자신이 공산당원이었고, 홍치라푸의 모범적인 국경 검문소의 일원이었다는 것을 기억합니다. 조직은 수년 동안 저를 배양하고 교육했으며 저에게 큰 영광을 주었습니다. 따라서 제가 조직에 더 잘 봉사하고 지방과 인민에 봉사하는 것만이 저의 사명이자 초심입니다. 이것이 바로 우리 홍치라푸의 충성입니다.

진행자 캉훼이

감사합니다! 그 눈 덮인 고원 홍치라푸에는 쏜차오와 같이 충성스럽게 봉사하는 경비원들이 많이 있습니다. 그들은 충성을 그 고원에 새겼고 충성을 굳게 지키고 있습니다. 오늘 방송 현장에 관중 몇 분을 모셨습니다. 모두 쏜차오의 전우들입니다. 모두 홍치라푸에서 온 수비대입니다. 박수로 맞이해주시기 바랍니다.

비비야스만 · 아바미스린

다른 전우들과 달리 저는 파미르 고원 출신입니다. 아버지는 퇴역군인이셨고 저도 아버지의 영향을 받아 군인이 되었습니다. 어렸을 때 아버지는 툭하면 집에 돌아오지 못하셨기에 저는 항상 아버지를 볼 수 없었던 기억이 납니다. 자라면서 아버지와 아버지가 입으셨던 군복, 조국을 위해 국경을

비비야스만 · 아바미스린

지키는 아버지의 마음을 서서히 이해하기 시작했습니다. 나중에 홍치

라푸 출입국 검문소에 가서 큰쑨차오 분대장을 알게 되었습니다. 그는 전우를 위해 큰 공헌을 했습니다. 그래서 저도 그에게서 배워야겠다고 결심했습니다. 감사합니다!

진행자 캉훼이

감사합니다!

미카이뤠이

저는 '휴대폰 속의 아빠'라고 불립니다. 저에게는 쌍둥이 아들이 있는데, 일 년 내내 별거 중이기 때문에 집과의 연락은 보통 핸드폰 영상으로 합니다. 어떤 때는 아내가 아이들에게 "아빠 어디 갔어요?" "아빠 어디 있어요?"라고 물으면 바로 달려가 핸드

미카이뤠이

폰을 찾아내서는 아빠가 핸드폰 안에 있다고 합니다. 조금 가슴 아픈 이야기입니다.

충성에 대한 저의 이해는 이렇습니다. 바로 구세대 훙치라푸 사람들을 본받아 숭고한 사업을 위해 희생하고 헌신하는 것입니다. 그들의 충성심은 저의 끊임없는 투쟁의 원동력입니다.

진행자 캉훼이

쌍둥이 아이들이 크면 이 '휴대폰 속의 아빠'가 가장 위대한 아빠라

는 것을 알게 될 것입니다.

미카이뤠이

감사합니다.

진행자 캉훼이

우리는 모든 충성스러운 국문 경비원들에게 우리의 가장 충실한 경의를 표해야 합니다. 감사합니다!
중국공산당원의 충성은 도대체 무엇일까요? 중국공산당원들은 왜 영원하고 시종일관 충성을 강조할까요? 계속해서 사상 해설자인 한전평 교수님께 해설을 부탁드립니다.

사상 해설자 한전평

충성의 의미에는 위에서 언급 한 두 가지 외에도 세 번째 의미가 있습니다. 즉 당원은 당에 충성해야 하며 특히 당 지도자와 간부는 당에 절대적으로 충성해야한다는 의미가 있습니다.
시진핑 총서기는 모든 사람이 당에 절대적으로 충성하고 항상 당 중앙위원회와 높은 수준의 사상적, 정치적, 행동적 일관성을 유지하기를 희망한다고 말했습니다.
그렇다면 공산당원은 어떻게 당에 충성할 수 있을까요? 즉, 당의 이익을 최우선으로 생각해야 한다는 것입니다. 다들 알다시피 우리 당은 인민의 이익을 대표하는 정당이므로 당의 이익을 최우선으로 하는 것은 본질적으로 인민의 이익을 최우선으로 하는 것입니다.

말하다 보니 마오쩌둥이 시중쉰(习仲勋)에게 격려의 글을 써준 이야기가 떠오릅니다. 70여 년 전 우리 당이 옌안(延安)에서 중국공산당 중앙위원회 서북국(西北局) 고위간부 회의를 열었을 때였습니다. 휴회기간에 마오쩌둥은 토굴집에 앉아 회의에서 영예를 안은 몇몇 뛰어난 간부들에게 격려의 글을 써주었습니다. 그는 먼저 붓을 들어 8로군 120사단 359여단 여단장 겸 정치위원 왕전(王震)에게 "창조 정신이 있습니다.(有创造精神)"라는 다섯 개의 큰 글자를 써주었습니다. 다시 펜을 들어 리페이푸(李培福) 당시 화치현(华池县) 현장에게 "대중을 향하여(面向群众)"라는 네 개의 큰 글자를 써준 다음 붓을 잠시 내려놓고 "시중쉰에게는 뭐라고 써줄까?" 하고 혼잣말을 했습니다. 잠시 생각에 잠겼던 마오쩌둥은 다시 붓을 들어 "당의 이익이 최우선이다.(党的利益在第一位)"라는 여덟 글자를 썼습니다. 이 짧은 여덟 글자는 당에 대한 당원 충성심의 최고 수준을 제시했고, 우리 당원과 간부들이 당 업무를 잘 수행할 수 있는 방향을 제시했습니다.

나중에 시중쉰 동지는 마오쩌둥 동지가 써준 이 격려의 글을 항상 가지고 다니면서 자신의 세계관을 변화시키기 위해 노력하는 거울로 삼았다고 여러 번 말했습니다.

여기서 특별히 강조할 게 있습니다. 시진핑 총서기가 여러 번 말했듯이, 우리가 말하는 당에 대한 충성은 결코 봉건사회에서 볼 수 있는 의부(依附) 관계가 아닙니다. 그는 당에 대한 충성은 결코 지도간부에 대한 개인적인 충성이 아니라고 말했습니다. 우리는 당에 대한 충성을 말할 때 이 점을 잊지 말아야 합니다.

두 번째 문제로 넘어가겠습니다. 왜 충성해야 합니까? 이어서 영상 한 편을 시청하도록 하겠습니다.

(아래의 QR코드를 찍어서 시청하세요.)

2. 왜 충성해야 하는가?

시진핑 :

양징위(杨靖宇)와 자오상즈(赵尚志), 줘취안(左权), 펑쉐펑 (彭雪枫), 퉁린꺼(佟麟阁), 자오덩위(赵登禹), 장쯔쭝 (张自忠), 따이안란(戴安澜)을 비롯한 항일장군들, 팔로군 (八路军)의 '랑야산(狼牙山) 다섯 용사', 신사군(新四军)의 '류라오좡(刘老庄) 중대', 동북항일연군 여덟 명의 여전사, 국민당(国民党)군의 '팔백 용사' 등 많은 영웅들이 바로 어떤 폭력에도 두려워하지 않고 나라를 위해 몸을 바친 중국인들의 뛰어난 대표들입니다. 그야말로 "실로 용감하여 전투력이 강하고(诚既勇兮又以武) 시종 굳세어 침범하는 자가 없으며(终刚强兮不可凌), 몸은 죽어도 정신은 영원히 살아 있는(身既死兮神以灵) 그대의 의연한 영혼은 신령의 영웅이어라.(魂魄毅兮为鬼雄)"라는 말에 어울립니다.

총서기의 육성 8

경전 해설자 캉전

방금 보신 것은 2014년 9월 3일 시진핑 총서기가 중국인민항일전쟁 및 세계반파시즘전쟁 승리 69주년 좌담회에서 한 발언입니다. "실로 용감하여 전투력이 강하고(诚既勇兮又以武) 시종 굳세어 침범하는 자가 없으며(终刚强兮不可凌), 몸은 죽어도 정신은 영원히 살아 있는 (身既死兮神以灵) 그대의 의연한 영혼은 신령의 영웅이어라.(魂魄毅兮为鬼雄)"라는 구절은 전국(战国)시대 초(楚)나라의 애국시인 굴원(屈原)이 지은 『구가 · 국상(九歌 · 国殇)』에서 인용한 것입니다.

초나라를 위해 평생을 바친 굴원은 초나라가 진나라에 의해 멸망되자 멱라강(汨罗水)에 몸을 던진 나라 충성의 대표입니다. 이 시는 초(楚)나라의 용사들을 묘사했습니다. 성기용혜우이무(诚既勇兮又以武)와 종강강혜불가릉(终刚强兮不可凌)은 용사들이 생전에 나라를 위해 목숨을 내걸고 싸웠다는 것을 말하고, 신기사혜신이령(身既死兮神以灵)과 혼백의혜위귀웅(魂魄毅兮为鬼雄)은 그들이 전사한 후에도 여전히 나라의 영웅이고, 신령들 속에서도 영웅이라고 칭송했습니다.

시진핑 총서기는 연설에서 여러 번 굴원을 언급했습니다. 굴원은 중화민족 애국심의 상징입니다.

굴원이 멱라강에 몸을 던진 후 1,500여 년이 지나 중국에는 또 위대한 민족영웅이 나타났습니다. 그가 바로 "자고로 사람은 다 죽는 법이니, 충심만이 역사에 길이 빛나리.(人生自古谁无死，留取丹心照汗青)"라는 명구를 남긴 문천상(文天祥)입니다. 남송(南宋)의 장군인 문천상은 원(元)나라의 침략에 저항하다가, 남송이 항복하자 원나라에 체포되었지만 전향을 거절하고 스스로 죽음을 택했습니다. 원나라에 체포되어 있는 동안 문천상은 비가 내리면 방안에 오물이 들어오는 작은 방에 갇혀 있으면서도 굴복하지 않았고, 나라에 대한 충심을 지켰기 때문에 역사에 길이 남았습니다.

시진핑 총서기가 이런 전례와 고사, 이런 시구들로 우리를 격려한 것은 우리가 충성심을 앞으로 나아가는 동력으로 삼아 조국에 공헌하고, 우리가 빠르고 안정되게 잘 걷기를 바라는 것입니다.

사상 해설자 한전평

우선 캉전 교수님의 훌륭한 해설에 감사드립니다.

다음은 두 번째 문제입니다. 왜 충성해야 할까요? 공산당원은 왜 당에 충성해야 할까요?

첫째, 당원의 당에 대한 충성심은 당의 근본적 성격에 의해 결정됩니다.

중국공산당은 중국 노동계급의 선봉대이자 중국 인민과 중화민족의 선봉대입니다. 선봉대이기 때문에 우리 당원 한 사람 한 사람은 선봉대의 일원으로서 당에 대한 충성을 자신의 실제 행동으로, 심지어 자신의 목숨으로 해석해야 합니다.

"중국혁명의 역사는 최고의 영양제입니다." 시진핑 총서기는 중앙당교(中央党校)에서 한 연설에서 이렇게 요약한 적이 있습니다. 마오쩌둥 동지 일가는 혁명을 위해 6명의 가족을 희생시켰고, 쉬하이둥(徐海东) 대장 가문은 70여 명을 희생시켰으며, 허룽(贺龙) 원수의 허씨 종친 중 성씨와 이름이 있는 열사만 2,050명이라고 합니다.

불완전한 통계에 따르면 1921년 중국공산당이 설립된 후 1949년 중화인민공화국이 수립되기까지 28년 동안 성씨와 이름이 있는 열사만 370만 명 이상이 중국혁명을 위해 희생되었습니다. 이 혁명 선열들은 당에 대한, 조국에 대한, 인민에 대한 무한한 충성을 자신의 생명으로 해석했습니다.

둘째, 당에 대한 당원의 충성심은 당의 이상적인 신념에 의해 결정됩니다.

시진핑 총서기는 전군정치공작회의(全军政治工作会) 연설에서 천수상(陈树湘)의 '단장명지(断肠明志)' 이야기를 한 적이 있습니다.

이 이야기는 홍군(红军)의 장정(长征) 중 가장 격렬했던 샹강전투(湘江之战)에서 당시 29세였던 홍군 제34사단 사단장 천수상이 복부에 총상을 입고 중상을 입었어도 그는 싸움을 계속하기 위해 벨트로 상처를 묶고 들것에 실린 채 전투를 계속 지휘했지만, 결국 중과부적으로 포로로 잡혔습니다. 압송되는 길에 적들은 온갖 수단으로 유혹을 했지만, 그는 조금도 동요하지 않았습니다. 당에 대한 자신의 무한한 충성심과 공산주의 사업에 대한 무한한 충성심을 보여주기 위해, 천수상은 온 힘을 다해 자신의 창자를 끌어내어 잘라버림으로써 장렬한 최후를 맞았습니다. 공산주의를 위해 싸우며 소비에트 신중국을 위해 마지막 한 방울의 피를 흘리겠다는 그의 장엄한 맹세를 실천한 것입니다. 이것은 어떤 정신일까요? 이것은 당에 대한, 공산주의에 대한 무한한 충성, 조국과 인민에 대한 무한한 충성과 두려움 없는 정신입니다!

공산주의와 사회주의의 이상적 신념을 마음속에 간직해야만 스스로 명예와 이익을 추구하지 않고 묵묵히 자신의 일생을 당과 사회주의 사업에 바칠 수 있습니다.

아래에 시진핑 총서기로부터 직접 '공화국 훈장'을 받은 베테랑 영웅 장푸칭(张富清)을 소개합니다.

장푸칭 노인은 이미 90세가 넘었습니다. 그는 혁명전쟁 시기에 생사를 넘나들며 특등공, 1등공, 2등공을 차례로 세웠고, '전투영웅', '인민공신' 등의 영예를 수여받았습니다. 그러나 노인은 상장과 메달, 증서를 모두 상자에 깊숙이 넣어두고 있어서 그의 자녀들도 이를 알지 못했습니다. 신중국 건국 후, 그는 은퇴하고 전역하였는데 대도시에 남을 수 있는 것도 마다하고 단호하게 빈곤지역으로 가기를 요청했습니다. 그렇게 수십 년 동안 일하면서 몸이 아프고 집안 형편이 어려웠지만 당과 국가에 어떤 폐도 끼친 적이 없습니다.

2018년 국가에서는 퇴역군인에 대한 정보수집을 하면서 비로소 장푸칭이 상자 깊숙이 간직하고 있던 상장과 메달, 증서를 발견했습니다. 장푸칭 노인은 왜 이렇게 오랫동안 공명을 숨기고 드러내지 않았을까요?

(화면: 장푸칭이 이야기하고 있다.)

장푸칭의 육성:
저와 함께 어깨를 부딪치며 싸운 전우들이 몇 명이 더 남아있습니까? 다 죽었습니다. 제가 그들에 비해, 무슨 자격으로 이 증서들을 들고 자랑질을 하겠습니까?

사상 해설자 한전펑

장푸칭 노인은 일기에 "당을 가슴에 품는 것은 공산당원의 최소한의 요건이다."라고 적었습니다.

장푸칭의 일기책에는 당에 대한 충성심이 구석구석 기록되어 있습니다. 장푸칭에게 있어서 인민의 행복이야말로 가장 큰 공명입니다. 그는 자신의 묵묵한 헌신으로 당에 대한 충성을 해석했습니다.

천수샹과 장푸칭의 영웅적인 행적에서 우리는 시진핑 총서기의 "영웅은 민족의 가장 빛나는 좌표"라는 말을 떠올리지 않을 수 없습니다. 영웅을 숭배하지 않는 민족은 미래가 없는 민족이고, 영웅을 숭배하지 않는 나라는 미래가 없는 나라입니다.

최근 몇 년 동안 여러 학교들에서 영웅의 행적을 배우고 영웅정신을 고취시키는 것을 사상정치이론 수업에 통합시켰으며, 일부 학교에서는 많은 좋은 관행을 도입했습니다. 오늘 저희 현장에도 사정과(思政科) 선생님들이 몇 분 오셨는데, 어느 분이 이 방면에서 어떻게 하셨는지 말씀해 주시겠습니까?

장훼이펑

사상정치 소강좌와 사회 대강좌를 결합하여 사회에서 실천한 영웅들의 이야기를 들려줍니다. 예를 들어 2019년 여름방학에 베이징대학은 지행일치(知行合一)라는 1학점짜리 사회 실천활동을 시작했습니다. 영웅의 고향을 찾아가고, 혁명유적지 방문하

장훼이펑

며, 재향군인을 방문하여 노당원(老党员)들에게서 영웅의 이야기를 듣는 방식입니다. 이 과정에 우리 교육자들도 다시 교육을 받게 되었습니다. 기념관, 박물관, 논밭이 모두 생생한 사정교실로 바뀌었습니다.

"천하에 떨쳤던 영웅의 기상은, 천년이 지나도 아직 늠름하여라.(天地英雄气, 千秋尚凛然)"라는 말이 있습니다. 영웅들의 이야기는 최고의 역사교과서입니다. 우리의 사정수업에서 영웅들의 이야기를 들려주면 조국과 인민에 대한 학생들의 충성심을 더욱 높일 수 있습니다. 감사합니다, 여러분!

사상 해설자 한전펑

아주 좋은 얘기를 해주셨습니다.

신앙이 있는 사람이 신앙을 말하도록 해야 합니다. 사정과 교사는 학생들의 마음에 진선미(眞善美)의 씨앗을 심고 학생들이 인생의 첫 단추를 잘 잠글 수 있도록 지도해야 합니다.

다음은 세 번째 문제입니다. 새 시대에는 어떻게 하면 당에 충성할 수 있을까요? 이어서 영상 한 편을 시청하도록 하겠습니다.

　(아래의 QR코드를 찍어서 시청하세요.)

3. 어떻게 충성할 것인가?

시진핑 :

"돌은 부서져도 단단한 성질이 변하지 않고 (石可破也, 而不可夺坚) 주사는 갈아져도 붉은 색이 변하지 않는다(丹可磨也, 而不可夺赤)"는 말이 있습니다. 이상과 신념의 확고함은 이론의 확고함에서 옵니다. 진리를 알고, 진리를 장악하고, 진리를 신앙하고, 진리를 수호하는 것은 이상과 신념을 확고히 하는 정신적인 전제입니다.

총서기의 육성 9

경전 해설자 캉전

　방금 들으신 것은 시진핑 총서기가 2016년 10월 21일 홍군(红军) 장정(长征) 승리 80주년 기념대회에서 한 연설입니다. 이 연설에서 총서기는 "돌은 부서져도 단단한 성질이 변하지 않고(石可破也, 而不可夺坚) 주사는 갈아져도 붉은 색이 변하지 않는다(丹可磨也, 而不可夺赤)"는 구절을 인용했습니다. 이 구절은 『여씨춘추·성렴(吕氏春秋·诚廉)』에 나오는 말입니다. 이 두 구절의 뒤에는 "호사지자호자(豪士之自好者), 기불가만이오야(其不可漫以污也), 역우차야(亦犹此也)"라는 구절이 따릅니다. 그 의미는 진정한 용사와 진정한 영웅은 돌처럼 단단하고 주사처럼 붉은 색이 변하지 않아 그 어떤 좌절을 겪고 그 어떤 상황에 부딪쳐도 단단하고 붉은 본색을 바꾸지 않는다는 것입니다.

　총서기가 인용한 이 구절은 절개를 중요시했던 중국 고대 선비들의 전통을 잘 보여줍니다. 한나라 때의 소무목양(苏武牧羊)의 이야기가 그 대표적인 예입니다.

한무제(汉武帝) 때의 일입니다. 한나라의 사절로 흉노(匈奴)에 파견되었던 소무(苏武)는 흉노 내부의 난으로 인해 한나라로 돌아가지 못하고 흉노의 군주인 선우(单于)에게 억류당하게 됩니다. 흉노는 높은 관직과 많은 봉록으로 항복을 권했지만 소무는 단호하게 거절했습니다. 선우는 소무를 양치기로 오늘날의 바이칼호 지역으로 유배를 보내면서 "수컷 양이 새끼를 낳는 날이 오면 그 때 한 나라로 돌려보내겠다."고 말했습니다. 선우는 살아 있는 한 한나라로 돌아갈 수 없다는 메시지를 소무에게 전한 것입니다. 그럼에도 소무는 굴복하지 않고 매일 한 나라 대신들이 들고 다니는 모절(旄节, 고대 사신들이 상징적으로 들고 다니던 신물)을 들고 양치기를 했습니다. 소무에게 있어서 그 모절은 조국에 대한 신념이었습니다.

한소제(汉昭帝) 때가 되자 외교적 노력으로 소무는 끝내 한나라의 땅을 다시 밟게 됩니다. 그 때는 그가 흉노에 사절로 파견된 지 19년이 지난 뒤였습니다. 소무가 옥문관(玉门关)에 들어섰을 때 그의 손에 들려 있는 모절은 색이 바라고 찢어져 본래의 모습이 거의 없었습니다. 하지만 조국에 대한 소무의 충성은 추호의 변함이 없었습니다.

이것이 바로 『여씨춘추 · 성렴』에 나오는 "돌은 부서져도 단단한 성질이 변하지 않고, 주사는 갈아져도 붉은 색이 변하지 않는다."는 말의 좋은 예입니다. 시진핑 총서기가 이런 전례와 고사를 인용한 것은 새로운 장정의 길에서, 사회주의 건설사업에서 여전히 반석 같은 군건한 신념과 주사와 같은 적혈단심을 가지고 인민의 평화와 행복을 위해 평생 분투해야 함을 일깨워주기 위한 것입니다.

사상 해설자 한전펑

훌륭한 설명을 해주신 캉전 교수님께 감사드립니다.

다음은 새로운 시대에 당에 충성하는 방법에 대해 말씀드리겠습니다."

당원이 당에 충성하기 위해서는 여러 가지 요구 사항이 있습니다. 우선 정치적으로 '네 가지 의식(四个意识)'을 더욱 강화하고 '네 가지 자신감(四个自信)'을 확고히 해야 합니다. 다음으로 사상적으로 마르크스주의 과학적 세계관, 인생관, 가치관을 더욱 확립해야 합니다. 또한 시진핑 동지를 핵심으로 하는 당 중앙위원회와 이념적, 정치적, 행동적으로 고도의 일관성을 확고히 유지해야 합니다.

이러한 기본 요건 외에도 세 가지 사항을 강조하고자 합니다.

첫째, 당에 충성하기 위해서는 우리의 신앙을 더욱 강화해야 합니다. 마음속에 신앙이 있으면 발밑에는 힘이 있게 됩니다.

혁명열사 샤밍한(夏明翰)은 형장에서 붓을 날려 "목을 베는 것은 두렵지 않다. 사상이 참되기만 하면 된다.(砍头不要紧，只要主义真) 샤밍한이 죽어도 뒤따르는 자가 있으리니.(杀了夏明翰，还有后来人)"라는 기세 드높은 시 한 편을 썼습니다. 이것이 바로 그 유명한 「취의시(就义诗)」입니다.

이러한 혁명 선조들과 상대하여 볼 때, 우리는 모두 '뒤따르는 자'입니다. 따라서 당과 국가와 인민에 대한 충성을 실천하기 위해 목숨을 바친 혁명선열들의 정신을 계승하고, 미완성 사업을 계승하고, 사회주의 건설과 공산주의 실현을 위해 끊임없이 투쟁해야 할 책임과 의무가 있습니다.

둘째, 당에 충성하기 위해서는 당의 근본 취지를 실천해야 합니다.

우리 당의 취지는 인민을 위해 성심성의껏 봉사하는 것이며, 오늘날 구체적으로 구현된 것은 인민을 중심으로 하고, 인민의 입장을 견지하고, 인민의 주체적 지위를 견지하고, 인민의 더 나은 삶에 대한 열망을 우리의 목표로 삼는 것입니다.

시진핑 총서기는 중국공산당 제19차 전국대표대회 폐막 후 장쑤(江苏)성 쉬저우(徐州)시를 방문했습니다. 총서기는 화이하이 대전(淮海战役) 기념관을 관람하면서 혁명의 승리는 어렵게 얻은 것이고, 화이하이 대전은 인민들이 작은 수레로 군수물자를 실어 날랐기에 얻을 수 있었던 승리이며, 따라서 우리는 인민에게 잘 보답하여 인민들이 행복하고 좋은 삶을 살 수 있도록 해야 한다고 말했습니다.

셋째, 당에 충성하기 위해서는 용기를 갖고 과감하게 행동해야 합니다. 시진핑 총서기는 "충성은 입에 달고 종이에 적는 것이 아니라 실제 행동으로 구체화해야 한다."고 말했습니다. 중국공산당 제18차 전국대표대회 이후 시진핑 총서기는 당에 대한 충성심을 목숨 걸고 실천한 영웅적인 모델들을 거듭 칭찬했습니다. 그들은 모두 평범한 일터에서 모범적인 행동으로 당과 조국, 인민에 대한 무한한 충성을 실천했습니다.

여기까지 얘기하고 보니 재작년 푸젠(福建)성 창팅(长汀) 박물관을 방문했을 때, 우리 당의 초기 입당 선서문을 본 일이 떠오릅니다. 누렇게 변색된 선서문에는 "절대 충실하고, 당을 위해 일하며, 당을 배신하지 않는다!(绝对忠实，为党工作，永不叛党)"라는 세 마디가 선명하게 적혀 있었습니다. 여기서 '절대 충실(绝对忠实)'은 사실 오늘날 우리가 말하는 당에 대한 '절대 충성'입니다. 이처럼 당에 대한 충성심은 우리 당의 초기 입당 선서문에도 표현되어 있었지요.

90여 년이 지난 지금 시진핑 총서기는 전국의 많은 당원과 간부들에게 '세 가지 충성', 즉 "항상 당에 충성하고 인민에게 충성하며 마르크스주의에 충성하라."는 기본 요구사항을 명확히 제기했습니다. 우리의 모든 당원들과 간부들이 시진핑 총서기의 요구에 따라 자신의 실제 행동으로 '세 가지 충성'을 성실히 실천하고 중화민족의 위대한 부흥을 실현하는 새로운 장을 힘차게 써내려가기를 바랍니다.

감사합니다!

진행자 캉훼이

이 프로그램에서 훌륭한 해설을 해주신 사상 해설자 한전펑 교수님과 고전 해설자 캉전 교수님께 감사드립니다. 새로운 시대에 우리는 중화민족의 위대한 부흥을 이루기 위한 길을 힘차게 행진하고 있습니다. 이 길에서 모든 중국공산당원과 모든 중국인은 이 충성을 우리의 가슴에 새기고 언행으로 실천해야 합니다. 시대는 변하지만 초심은 변하지 않고 충성은 영원히 변하지 않는 본색입니다.

친애하는 시청자 여러분, 마지막으로 충성을 보여주는 전례와 고사들을 다시 한 번 읽으면서 천지간의 굳센 기개를 느껴봅시다.

경전낭독

『정기가(正气歌)』(발췌)

문천상(文天祥)

천지에는 올바른 기운이 있어 엇섞여 유동적인 형체에 부여되더니

땅에서는 강과 산이 되고 하늘에서는 해와 별이 됐구나.

사람에게 있어서는 호연지기라고 불리고 아주 많아지면 푸른 하늘을 가득 메운다.

왕도가 맑고 안정되어 있을 때는 조화로움 머금고 밝은 조정에 펼쳐지나,

시절이 곤궁할 땐 절개를 보여 하나하나 역사에 드리워진다.

天地有正气，杂然赋流形。

下则为河岳，上则为日星。

于人曰浩然，沛乎塞苍冥。

皇路当清夷，含和吐明庭。

时穷节乃见，一一垂丹青。

관리의 책임 회피는 평생의 치욕이다

为官避事平生耻

본 회의 개요

1. 책임감이란 무엇인가?

2. 왜 책임감을 가져야 하나?

3. 어떻게 해야 책임감을 가질 수 있나?

최근 몇 년 동안 시진핑 총서기는 중요한 연설에서 책임감은 지도 간부에게 필수적인 기본 자질이라고 여러 차례 지적하고, 간부는 책임을 져야 하며 책임 있는 만큼 사업을 할 수 있다고 강조했다. "관리의 책임 회피는 평생의 치욕이다.(为官避事平生耻)" 라는 말이 있다. 책임감이란 무엇일까? 왜 책임감을 가져야 하고, 새로운 시대에는 어떻게 책임감을 가질 수 있을까? 이번 방송에서는 이러한 주제를 중심으로 총서기의 논술을 해설할 것이다.

진행자 :

캉훼이(康辉)

사상 해설자 :

황이삥(黄一兵, 중앙당사 및 문헌 연구원[中央党史和文献研究院] 연구원)

경전 해설자 :

멍만(蒙曼) 중앙민족대학(中央民族大学) 교수

게스트 :

장펑(姜鹏, 국립 천문대 FAST 운영 및 개발 센터[国家天文台FAST运行和发展中心] 수석 엔지니어)

쑨차이홍(孙才红, 국립 천문대 FAST 운영 및 개발 센터 과학 관측 및 데이터부[国家天文台FAST运行和发展中心科学观测与数据部] 기술총괄)

간헝첸(甘恒谦, 국립 천문대 FAST 운영 및 개발 센터 전자 및 전기 공학부[国家天文台FAST运行和发展中心电子与电气工程部主任] 주임)

바이제(白洁, 중국인민공안대학[中国人民公安大学] 부교수)

진행자 캉훼이

 북송(北宋) 시대의 현자 장재(张载)는 "세상을 위해 마음을 가지고 (为天地立心), 백성을 위해 목숨을 바치고(为生民立命), 성인을 위해 학문을 이어 받고(为往圣继绝学), 후세를 위해 태평한 세상을 만들겠 다(为万世开太平)"는 명언을 남겼습니다. 이 말은 인민과 국가, 민족 에 대한 한 사람의 헌신과 사명을 표현하는 것으로, 역대로 전해져 내 려오고 있습니다. 시진핑 총서기는 책임감에 대해, 권력의 행사는 책 임과 밀접한 관련이 있으며, 권력에는 책임 이 따른다고 말한 적이 있습니다. 지도 간 부를 보려면 책임감이 있는지, 헌신 정신이 있는지 여부를 보는 것이 매우 중요합니다.

 오늘 우리는 이 프로그램을 통해 시진핑 주석이 좋아하는 전례와 고사를 함께 해석 하고, 새로운 시대에 우리가 어떻게 중책을

캉훼이

맡을 수 있을지를 함께 배워보겠습니다

이 프로그램의 사상 해설자인 중앙 당사 및 문헌연구원(中央党史和
文献研究院)의 황이뼁 연구원을 모시고 해설을 들어보도록 하겠습니
다.

사상 해설자 황이뼁

황이뼁

저는 책임감이라고 하면 항상 2012년 11
월 15일의 기자회견을 떠올립니다. 이 기자
회견은 새로 선출된 중국공산당 중앙위원
회 총서기 시진핑과 제18기 중국공산당 중
앙위원회 정치국 상무위원회 위원들이 중
국 및 외신 기자들과 함께한 자리였습니다.
시진핑 총서기의 회의에서의 연설은 10분
남짓으로 길지는 않았지만, '책임(担当)' 이라는 두 글자가 가장 인상
깊었습니다. 바로 '민족에 대한 책임', '인민에 대한 책임', '당에 대
한 책임' 이었습니다.

충성심, 깨끗함, 책임감은 덕을 쌓고(立德), 입신하며(立身), 사업을
일으키는(立业) 핵심 요소이며, 당원과 지도간부가 갖추어야 할 정치
적 품격이기도 합니다. 오늘 저는 여러분과 함께 '책임감' 을 둘러싸
고 세 가지 내용을 교류하려 합니다. 첫째는 "책임감은 무엇인가?" 이
고, 둘째는 "왜 책임감을 가져야 하는가?" 이며, 셋째는 "어떻게 해야
책임감을 가질 수 있는가?" 입니다.

이어서 영상 한 편을 시청하도록 하겠습니다.

(아래의 QR코드를 찍어서 시청하세요.)

시진핑 :

"공직자로서 일을 피하는 것은 평생의 치욕입니다.(为官避事平生耻)" 책임감의 정도가 한 관리의 도량과 용기, 품격을 나타냅니다. 책임감이 커야 큰일을 해낼 수 있습니다. 당(党)의 간부는 책임감을 가지고 원칙을 지키며 성실하게 책임을 다 해야 합니다. 원칙적이고 근본적인 시비를 명확히 판별하며 모순을 해결하기 위해 과감히 나서야 합니다.

총서기의 육성 10

진행자 캉훼이

방금 들으신 발언은 2013년 6월 28일 시진핑 총서기가 전국 조직공작회의(全国组织工作会议)에서 한 발언입니다. 시진핑 총서기는 연설에서 "공직자로서 일을 피하는 것은 평생의 치욕입니다." 라는 시 한 구절을 인용했습니다. 이 시는 어떤 고대인이 썼으며, 어떤 책임감의 정신을 담고 있을까요? 아래에 이 프로그램의 고전 해설자인 중앙민족대학의 멍만 교수님을 초대하여 설명을 들어보겠습니다.

경전 해설자 멍만

"공직자로서 일을 피하는 것은 평생의 치욕입니다." 라는 구절은 금(金)나라의 대시인 원호문(元好问)이 쓴 「사애시 · 이흠숙(四哀诗 · 李钦叔)」이라는 시에서 따온 것입니다. 이른바 「사애시」는 원호문이 국가적 비극으로 죽은 네 명의 친구를 애도하기 위해 쓴 시로, 이흠숙(李欽叔)도 그 중 한 명입니다.

시 자체는 널리 유포되지 않았지만 그 중
"당관피사평생치(当官避事 平生耻), 시사여
귀사직심(視死如归社稷心)"이라는 구절은
매우 훌륭합니다. 무슨 뜻일까요? 이흠숙은
관리가 되어 일을 기피하는 것을 인생의 수

명만

치로 여겼고, 나라를 위해 죽는 것을 집에 가는 것처럼 당연한 것으로
여길 정도로 나라에 대한 충성심이 강했다는 뜻입니다.

원래 시에는 '관리가 되다(当官)'라고 되어 있지만 시진핑 총서기
가 이 시를 인용할 때 약간 수정하여 '관리가 되다(为官)'로 바꿨습니
다. 다들 아시다시피 사실 이 두 마디는 같은 의미입니다.

원호문은 왜 "관리가 되어서 일을 피하는 것은 평생의 치욕이
다.(当官避事平生耻)"라고 말했을까요? 시진핑 총서기도 왜 "공직자로
서 일을 피하는 것은 평생의 치욕입니다.(为官避事平生耻)"라고 말했
을까요? 중국인들의 관점에서, 한 사람이 어떤 직위에 있으면 그만큼
소임을 다해야 하며, 하는 일 없이 직위를 차지하고 국가의 녹을 축내
는 것은 수치스러운 일이라고 생각하기 때문입니다.

진정으로 유능한 공직자는 어떤 모습일까요? 당나라 때의 유명한
서예가이며 충신인 안진경(颜真卿)의 이야기를 예로 들어보겠습니
다. 안진경은 당나라의 정치적 변고인 '안사의 난(安史之乱)'을 겪게
되었습니다. '안사의 난'이 발발하기 전에 안진경은 평원군(平塬郡)
태수(太守)였습니다. 그 때 평원군 태수는 사실 '안사의 난'을 일으킨
안록산(安禄山)의 관리를 받는 직위였습니다. 정치적으로 명석한 두
뇌를 가진 안진경은 안록산이 딴 마음을 품고 있음을 알고 있었지만,
그 때 당나라 조정이 안록산을 아주 신임하였기 때문에 별다른 말은

하지 않았습니다. 다만 만일의 경우에 대비해 성을 보수하고 군량과 마초를 저장하며 스스로 준비를 했습니다.

안진경의 짐작대로 안록산은 과연 755년에 반기를 들고 난을 일으켰습니다. 안진경은 안록산의 반란소식을 조정에 보고하는 동시에 조정의 명령이 떨어지기도 전에 저항해 나섰습니다. 그 뿐만이 아닙니다. 안진경은 인근 17개 군(郡)에 연락해서 모두가 같은 날에 동시에 저항하자고 선포했습니다. 17개 군이 함께 동시에 안록산에게 저항했던 것이지요. 그로 인해 '안사의 난' 초반에 정국은 큰 변화를 가져왔습니다.

조정도 안록산이 난을 일으킬 조짐을 몰랐지만 안진경은 벌써 알아보았고 그에 대비해 준비까지 했었던 것입니다. 이를 모사(謀事)라고 합니다. 안록산이 난을 일으킨 후 안진경은 조정이 명령을 내리기도 전에 저항했는데 이를 '임사(任事)' 라고 합니다. 안진경은 또 자신만 저항한 것이 아니라 주변의 힘을 모아 함께 저항했습니다. 이를 '성사(成事)' 라고 합니다. '모사' 와 '임사', '성사' 를 이룬 안진경은 책임감이 있는 좋은 관리의 대표라고 할 수 있습니다.

시진핑 총서기는 왜 이 시를 인용했을까요? 말하고자 하는 것은 무엇일까요? 사실 시진핑 총서기가 말하고자 하는 것은 당원과 간부들이 책임을 지고 과감하게 행동할 수 있어야 한다는 것입니다. 관직만 차지하고 일은 하지 않거나, 권력만 갖고 책임은 지려 하지 않는 것을 경계해야 한다는 의미가 되겠습니다.

사상 해설자 황이삥

예나 지금이나 책임져야 할 임무는 종종 긴급하고 위험한 임무이며, 직면해야 할 문제는 종종 어렵고 복잡한 문제이기 때문에, 책임감은 큰 기백과 용기를 가져야 합니다.

책임감이란 무엇입니까? 역사와 실천이 우리에게 알려주듯이 책임감이란 바로 책임을 자신의 어깨에 짊어진다는 것입니다. 시진핑 총서기는 "우리 공산당원들의 우환의식(忧患意识)은 당을 걱정하고 나라를 걱정하고 인민을 걱정하는 의식이며, 이는 일종의 책임감입니다."라고 강조했습니다. 시진핑 총서기는 또 "일어나서 행동하는 사람이 되어야지, 앉아서 논하는 논객이 되지 말아야 한다.""난국을 헤쳐 나가는 분투자가 되어야지, 비바람을 두려워하지 않는 진흙 보살이 되지 말아야 한다."고 지적했습니다.

용감하게 책임지는 것은 강한 사업심과 책임감에서 비롯됩니다. 책임이 크면 그만큼 책임감도 커야 합니다. 아래에 과학자 한 명을 소개하겠습니다.

중국 지도에서 꿰이저우(贵州)성의 핑탕(平塘)은 그다지 눈에 띄지 않습니다. 많은 사람들이 가본 적이 없고 이곳을 잘 알지도 못합니다. 하지만 이곳에서 이루어진 중요한 일 하나만 말하면 모두가 알고 있을 것이라고 생각합니다. 바로 과학자인 난런동(南仁东)이 핑탕에서 이룬 '중국 천안(中国天眼)'의 꿈입니다.

난런동은 '천안'(FAST) 프로젝트의 수석 과학자 겸 수석 엔지니어입니다.

1994년 해외에서 후한 대우를 거부하고 고국으로 돌아온 난런동은 중국에 슈퍼 천문 망원경을 만들기로 결심했습니다. 사전 연구부터 프로젝트 완료까지 22년 동안 그는 상상할 수 없는 어려움에 직면했지만 흔들리지 않았습니다.

남서쪽 변방의 깊은 산속에 '천안(天眼)'을 건설할 수 있는 독특한 지리적 조건이 있다는 소식을 들은 난런동은 지체 없이 베이징에서 페이저우까지 기차를 타고 거의 50시간을 달려서 목적지에 도착했습니다. 그 후 그는 두 곳을 오가며 부지 선정을 위해 동분서주했고, 천신만고 끝에 가장 적합한 페이저우 핑탕 따워당(大窩凼)을 선택했습니다. 그 후 그는 동료들과 길고 힘든 건설작업을 시작했습니다. 처음에는 여러 사람들이 별로 탐탁지 않게 여겼던 꿈이 결국 이 나라의 자부심이 되었습니다. 그러나 수년간 동분서주하며 고생한 난런동은 결국 병에 걸렸습니다.

병을 앓으면서, 그는 시간이 촉박함을 점점 더 느꼈습니다. '천안' 프로젝트의 완공이 카운트다운을 하고 있는 동안, 난런동의 생명도 함께 카운트다운에 들어갔습니다.

2017년 9월 15일 난런동은 결국 병으로 세상을 마감했습니다.

난런동은 "아름다운 우주는 신비로움과 찬란함으로 우리에게 평범함을 뛰어넘어 무한한 광활함으로 들어오라고 손짓한다."라는 시를 썼습니다. 이 시는 스스로에게 쓴 것이기도 하지만 세상을 향해 쓴 것이기도 합니다.

진행자 캉훼이

시청자 여러분, 오늘 방송현장에는 오랜 시간 동안 난런동과 함께 일해온 '천안' 팀의 몇몇 멤버들을 특별히 초대했습니다. 박수로 맞이해주세요!

진행자 캉훼이

지금까지 FAST 즉 '천안'은 무엇을 보았습니까?

장펑

지금까지 우리는 300개 이상의 펄서(pulsar, 脉冲星)를 탐지했으며, 특히 최근에는 세계에서 단 10건의 탐지 기록밖에 없는 천문학적인 현상인 "빠른 전파 폭발(FRB · Fast Radio Bursts)"도 탐지했습니다.

장펑

진행자 캉훼이

그렇다면 FAST가 실제로 어떤 역할을 하는지, 그리고 그 발견이 인류에게 어떤 의미가 있는지 좀 더 간결하게 설명해 주실 수 있겠습니까?

쑨차이훙

FAST는 세계 최대의 단일 구경 전파 망원경으로, 우주 천체의 신호를 더 멀리, 더 많이, 더 선명하게 볼 수 있어 천문학자들이 우주의 과거, 진화, 미래를 분석하는 데 필요한 더 많은 천문관측 자료를 얻을 수 있게 해줍니다.

쑨차이훙

진행자 캉훼이

잘 모르시겠지만, 이 프로젝트가 처음 제안되었을 때, 우리나라의 구면 전파 망원경의 최대 구경은 25미터였고, 당시 세계에서 가장 큰 구경도 300미터에 불과했습니다.

간헝첸

우리가 직면한 가장 큰 도전은 능동 반사 표면(主动反射面)의 주요 구조를 구성하는 케이블 네트워크였습니다. 8,000개 이상의 강철 케이블을 사용했는데, 각 케이블의 길이는 약 11미터에 달했습니다. 그러나 부지

간헝첸

굴착이 완료되고 장비를 현장에 설치해야 하는 시점에, 시중에서 구입한 강철 케이블에 대해 케이블 피로 테스트를 실시했는데 모든 테스트가 실패했습니다. 그 당시 모두들 깊은 상실감을 느꼈습니다.

장펑

우리에게는 참고할만한 경험이 거의 전무했습니다. 케이블 피로와 같은 문제들은 매개 변수를 조정하고 설계를 수정하고 다시 계산하면 되는, 그런 설계수준에서 해결할 수 있는 문제가 아닙니다. 그것은 재료와 공정 수준의 문제이며, 이 수준의 문제는 간단해 보이지만 해결하기가 더 어렵습니다. 이 문제에 직면한 후, 국내외 천문학계는 이 프로젝트 자체에 의문을 제기하기 시작했습니다. 우리 역시 마찬가지였습니다. "우리가 계속할 수 있을까? 어느 방향으로 나아가야 할까?"

등의 문제를 수많은 단서에서 문제를 해결할 방법을 찾아야만 했습니다. 때문에 정말로 어려운 일이었습니다.

진행자 캉훼이

당시 난런동 선생을 포함한 팀원 전체가 포기할 생각을 한 적이 있었습니까? 아니면 계속 전진해야 한다고 생각했습니까?

장펑

이것은 확실히 그렇습니다. 당시 그는 너무 많은 책임을 떠안았습니다. 사실 그의 밑에서 구체적인 일을 하고 있던 우리들은 그렇게 큰 압력을 받지 않았습니다. 하지만 생각해보면 그는 다르죠. 글로벌 업계 내에서 한 약속이든 국가에 대한 약속이든 모든 약속은 그가 한 것이니까요. 그는 매우 자존심이 강한 사람이었고 내뱉은 말은 반드시지키는 사람이었습니다. 그래서 그에게 가해지는 압력은 대단했고, 이러한 압력은 그에게 있어서 커다란 추진력이 되고 동력이 되기도 했습니다. 그는 어떠한 대가를 치르더라도, 이 기술적 문제를 해결하고 이 프로젝트를 추진해야만 했습니다. 저는 그가 이런 결심에 대해주저하는 모습을 본 적이 없습니다.

진행자 캉훼이

난런동 선생님과 일하고 교류하면서 가장 인상 깊었던 점은 무엇입니까? 그가 여러분들에게 남긴 가장 소중한 것은 무엇이라고 생각합니까?

간헝첸

그 분이 보여준 강한 끈기는 우리가 배울 바라고 생각합니다.

장펑

그에게는 한 가지 훌륭한 자질이 있습니다. 바로 단순하다는 것입니다. 당시 '케이블 피'로 문제가 불거졌을 때, 그의 컨디션은 몰라보게 변했습니다. 예전에 그의 옷차림은 아주 캐주얼했는데 그런 캐주얼함 속에 많은 것들이 담겨져 있었지요. ……

진행자 캉훼이

그렇군요.

장펑

많은 것들이 담겨져 있었습니다. 당시 '케이블 피'로 문제가 불거지자 그는 이 일을 판도를 뒤바꿔놓는 일로 여겼습니다. 약속을 이행할 방법이 없을 때, 그가 느끼는 그러한 초조함은 정말 우리가 상상할 수 있는 수준이 아니었습니다. 제가 그의 사무실에 갈 때마다, 그의 머리는 늘 헝클어져 있었습니다. 당시 그는 거의 안절부절못했습니다. 앉았다가 벌떡 일어서는가 하면, 거의 멈추지 않고 서성거렸습니다. 입으로는 늘 "아이고, 이제 어떡하지? 국제적으로 그 많은 지지와 성원을 받았는데 무슨 낯으로 대한단 말인가?" 라고 되뇌었지요. 저는 심지어 그 당시 그가 어린아이처럼 느껴졌습니다. 그러한 초조함은 일반 성인에게서 나타나는 것이 아니었지요.

진행자 캉훼이

이 문제를 해결하고 나서는 또 어린아이처럼 좋아했겠네요?

장펑

아주 자랑스러워했습니다. '케이블 피' 로 문제를 해결하기 전에는, 그의 사무실에 찾아가면 저를 아주 중시했습니다. 그리고 일어서서 서성거리며 초조함을 감추지 못했지요. 하지만 문제를 해결하고 나서는, 제가 찾아가도 거의 응대조차 하지 않았습니다. 정말로 어린아이 같았지요.

진행자 캉훼이

과학기술자의 단순함에 대해 말씀하셨는데, 그가 이 일에 온 몸과 마음을 바칠 수 있었고 불가능해 보이는 기적을 진정으로 실현할 수 있은 것은 바로 그러한 단순함과 순수성 때문이라고 생각합니다.

시진핑 주석이 2019년 신년사에서 몇 가지 빛나는 이름을 언급했는데, 2018년에는 하늘에 '난런둥 별' 이 하나 더 생겨났다고 말한 것이 기억납니다.

　난린동 동지는 일생을 바쳐 '중국 천안'을 성취하여 우리 조국을 세계에서 가장 멀리 보는 나라로 만들었습니다.

　책임감이란 무엇입니까? 사명을 마음에 새기는 것이 바로 책임감입니다. 한 세대에는 한 세대의 사명이 있고, 한 세대에는 한 세대의 책임이 있습니다.

　2020년 초부터 우리나라는 갑자기 코로나19라는 중대한 전염병에 직면했으며, 이 국가적인 '역병과의 싸움'에서 우리는 모두가 한마음으로 어려움을 극복하는 큰 책임감을 보았습니다.

　이것은(들어보이면서) 2020년 1월 18일에 출발한 기차티켓입니다. 출발점은 광저우 남역(广州南)이고 종점은 우한역(武汉站)입니다. 자리가 없는 일반석 티켓입니다. 이 주민번호는 탑승자가 84세의 고령임을 알려줍니다. 이 티켓의 탑승자가 바로 우리나라의 유명한 호흡기질병 전문가인 종난산(钟南山) 원사입니다.

　자리가 없어 식당차에 앉아있는 중난산 원사의 피곤한 얼굴 사진은

한때 수많은 사람들을 감동시켰습니다. 중난산 원사는 우한에 도착한 지 이틀 만에 기자들과 만나 코로나19가 "사람 간 전염이 분명히 존재한다."며 "특별한 상황이 없으면 우한에 가지 말라."고 말해 방역 경보를 울렸습니다.

코로나19 사태 이후 우리는 책임감 있는 모습들을 너무 많이 만났습니다. 의료일군의 얼굴에 깊이 파인 마스크 흔적, 코로나19 현장으로 '역주행' 하는 전사가 가족에게 보낸 편지…… 이 모든 것들은 그 티켓과 마찬가지로 영웅의 이야기를 다루고 있으며, 사람의 마음을 감동시키는 힘이 있었습니다. 그들을 통해 우리는 무엇이 진정한 용기이고, 무엇이 앞장서는 책임감이며, 무엇이 죽음을 초개같이 여기는 정신인지 더욱 실감할 수 있었습니다.

진행자 캉훼이

훌륭한 해설을 해주신 황이삥 연구원님께 감사드립니다.

송(宋)나라 이학자(理學家) 정이(程頤)는 "충성과 신의가 없으면 세상에 설 수 없다."는 말을 남겼는데요, 이 말은 지금까지도 전해지고 있습니다. '충성과 신의(忠信)' 라는 두 글자 중에는 '책임' 이 있습니다. 책임지는 것은 일종의 정치적 신념, 일종의 발전 능력, 일종의 사명이며, 삶과 죽음의 선택에 직면했을 때 책임지는 것은 일종의 최고의 용기와 힘이기도 합니다. 총서기의 말씀을 다시 들어 보겠습니다.

(아래의 QR코드를 찍어서 시청하세요.)

시진핑 :

"사심이 없어야 두려움이 없고(无私才能无畏), 두려움이 없어야 책임감을 가질 수 있다.(无私才敢担当)" 즉 "사심이 없으면 천지가 넓다.(心底无私天地宽)"는 말처럼 일을 떠맡는 것이 곧 책임감입니다. 좋은 관리가 되려면 책임이 태산보다 무겁다는 것을 알고 당의 원칙, 당의 사업, 국

총서기의 육성 11

민의 이익을 최우선 순위에 두어야 하며, 정치적 태도가 분명하고 대담하게 강자와 맞설 수 있어야 합니다. 또 노고를 마다하지 않고 원망을 두려워하지 않으며, 최선을 다 하여 업무에 임하고 한 결 같이 업무를 잘 수행해야 합니다. "세찬 바람이 불어야 억센 풀을 알아볼 수 있고(疾风识劲草), 맹렬히 타는 불에 쬐어 보아야 순금을 가려낼 수 있습니다.(烈火见眞金)." 당과 인민의 사업을 위해 우리 간부들은 과감히 생각하고 과감히 일을 하며 과감히 책임져 우리 시대의 억센 풀(劲草)과 순금이 되어야 합니다.

경전 해설자 멍만

방금 들으신 것은 시진핑 총서기가 2013년 6월 28일 전국조직업무회의에서 한 발언입니다. 이 발언에서 총서기는 "질풍식경초(疾风识劲草)열화견진금(烈火见眞金)"라는 전례와 고사를 인용했습니다. "질풍식경초(疾风识劲草)"라는 전례와 고사는 한나라의 역사서인 『동관한기(东观汉记)』의 「왕패전(王霸传)」에 처음 나오는 말입니다.

동한(东汉)의 개국황제 광무제(光武帝)가 젊은 시절 부하 장군 왕패(王霸)에게 이렇게 말했습니다. "영천종아자개서(颍川从我者皆逝), 이자독류(而子独留), 시험질풍지경초(始验疾风知劲草)" 무슨 뜻일까요? "영천부터 나를 따르던 사람들은 다 사라지고 너 혼자만 남았다. 세찬

바람이 불어야 억센 풀을 알아볼 수 있다."는 뜻입니다. 세찬 바람이 불어야 어느 풀이 가장 억센지 알 수 있다는 것은 역경에 처했을 때에야 비로소 누가 가장 믿음직한지를 알 수 있다는 뜻입니다.

후세 사람들은 "시험질풍지경초"라는 말을 자주 인용했고, 나중에 한 구절이 두 구절로 늘었습니다. 당태종(唐太宗) 이세민(李世民)이 자신의 시「증소우(贈蕭瑀)」에서 "질풍지경초(疾风知劲草), 판탕식성신(板荡识诚臣)"이라고 표현했지요. 그렇다면 여기에서 '판(板)'과 '탕(荡)'은 또 무엇일까요? '판'과 '탕'은 모두 『시경·대아(诗经·大雅)』의 시편에 나오는 말입니다. 이 시들은 모두 사회 동란과 백성들의 생활고를 묘사한 것이지요. 그래서 나중에 '판'과 '탕'으로 난세를 가리켰습니다. 따라서「증소우」에서 "질풍지경초(疾风知劲草), 판탕식성신(板荡识诚臣)"이라고 한 것은 "거센 바람이 불어야 강한 풀을 알아볼 수 있고 나라가 어지러울 때에야 충신을 알아볼 수 있다."는 말입니다. 그렇다면 당태종 이세민은 왜 이와 같은 말로 소우(蕭瑀)를 높이 평가했을까요?

당 나라의 고조(高祖)때 태자 이건성(李建成)과 진왕(秦王) 이세민이 황위를 두고 각축을 벌였습니다. 태자와 황자간의 황위다툼을 두고 고조황제는 뚜렷한 의사를 밝히지 않았고, 따라서 많은 신하들도 두리뭉실하게 황위다툼을 구경만 했습니다. 그러나 소우는 이세민이 참된 군주라고 생각해 분명하게 이세민을 지지해 나섰습니다. 새 황제가 정해지지 않은 당시 소우는 엄청난 정치적 위험을 감수했던 것입니다. 그로 인해 이세민은 황제로 즉위한 후「증소우」라는 시를 써서 소우를 높이 평가했던 것입니다.

왕패든 소우든 어려움에 직면해 과감하게 나서서 어려움을 극복하고 위험이 닥쳐도 단호하게 대처할 수 있었던 것은, 그들이 모두 마음속 깊이 강한 책임감을 가지고 있었기 때문입니다. 이런 책임감은 바로 인간적 품격이자 공직자로서의 책임을 지는 자세이기도 한 것입니다.

사상 해설자 황이삥

방금 멍만 선생님께서 아주 좋은 해설을 해주셨습니다. 시진핑 총서기는 우리는 공직자로서 책임감 있는 정신을 가져야 한다고 지적했습니다. 책임감을 가지고 있는지, 책임을 성실히 이행하고 용감하게 책임을 질 수 있는지는 모든 간부가 진정으로 공산당의 선진성과 순수성을 구현하는지를 테스트하는 중요한 내용입니다.

이제 두 번째 문제, 책임 정신의 의미는 무엇인지에 대해 말씀드리겠습니다.

책임감의 가장 근본적인 실천 요건은 성실하게 일하는 것입니다. 책임감과 성실하게 일하는 것은 한 쌍의 쌍둥이 형제입니다. 시진핑 총서기는 투쟁이 역사를 창조하고 성실한 실천이 미래를 만든다고 말했습니다. 아래에 1990년대 푸젠(福建)성 푸저우(福州)에서 일어난 일을 말씀드리겠습니다.

1991년 1월 14일 『푸저우 이브닝 뉴스(福州晚报)』는 "우리도 '시민 사무 지침(市民办事指南)'이 필요하다"는 제목의 기사를 실었습니다. 두부모 크기의 이 기사는 신문의 눈에 잘 띄지 않는 곳에 게재되었습니다. 기관의 서비스 수준을 개선해야 한다는 대중의 요구가 반영된 기사였습니다. 당시 기사를 쓴 기자는 그저 호소하고 상기시키고 싶었을 뿐, 언제 어떻게 해결할 수 있을지에 대해서는 자신이 없었습니다. 그러나 그 후 일어난 일은 세 가지 '예상치 못한 일로 비화됨'으로 요약할 수 있습니다.

첫 번째 '예상치 못한' 것은 이 기사가 이제 막 푸저우시 당서기로 취임한 시진핑 동지의 큰 관심을 불러 일으켰다는 것입니다. 두 번째 '예상치 못한' 것은 시진핑 동지의 직접적인 감독 아래 '시민사무 지침'이 작성되었다는 것입니다. 세 번째이자 가장 예상치 못한 것은 1월 14일 신문에 해당 기사가 게재된 후, 푸저우 시민들이 완전한 '시민사무 지침'을 받아보기까지 불과 50시간밖에 걸리지 않았다는 점입니다.

이 사건은 푸저우 사람들에게 적지 않은 충격을 안겨주었고, 이들은 예전과는 다른 당서기가 왔다는 것을 실감했습니다.

최초의 14개 연해 개방 도시 중 하나인 푸저우는 당시 인프라가 상대적으로 낙후했을 뿐만 아니라 업무 효율성도 만족스럽지 못했습니다. 시진핑 동지는 여러 조사연구 끝에 소프트웨어부터 시작하기로 하고 간부들의 스타일 변화를 돌파구로 삼았습니다. 이를 위해 그는 '즉시 처리(马上就办)'라는 매우 융통성 있는 요구사항을 제시했습니다. 성실하게 일하고 책임지는 것을 강조했던 것입니다. 오늘날까지도 현지에는 '즉시 처리'에 대한 생생한 사례가 많이 전해지고 있습니다.

당시 시진핑 동지는 인터뷰에서 우리에게 좋은 해결책이 부족하지 않고 좋은 처방이 부족하지는 않지만, 문제를 해결하기 위해 아무도 실행에 나서지 않기 때문에 '행동 우선'을 내세웠다고 말했습니다.

그렇다면 새로운 시대에 우리는 어떻게 책임감을 가질 수 있을까요? 이어서 영상 한 편을 시청하도록 하겠습니다.

(아래의 QR코드를 찍어서 시청하시기 바랍니다.)

시진핑 :

중국의 역대 왕조는 모두 관리의 선발과 관리를 아주 중 요시했습니다. 중국 역사에서 무릇 책임감이 있는 정치가 는 모두 "권력행사의 핵심은 인재의 등용(为政之要, 惟在 得人)"이고 "인재의 양성은 나라의 근본(育材造士, 为国

총서기의 육성 12

之本)"이라는 이치를 잘 알았습니다. 그들은 관리 분야에 서 아주 많은 사상과 확실한 소견을 남겼습니다. 맹자는 "하늘이 장차 큰 소임을 사람에게 내리려 하면(故天将降大任于是人也) 반드시 먼저 그 마 음과 뜻을 괴롭게 하고(必先苦其心志), 그 힘줄과 뼈를 고달프게 해야 하 며(劳其筋骨), 그 몸과 살을 주리게 하며(饿其体肤), 그 몸을 비고 모자라 게 해야 한다(空乏其身)"고 말했고, 제갈량(诸葛亮)은 "사람에 따라 관직 을 선택하면 세상이 어지러워지고(为人择官者, 乱), 관직에 따라 사람을 선택하면 세상을 잘 다스릴 수 있다(为官择人者, 治)"라고 말했습니다. 또 사마광(司马光)은 "무릇 인재의 등용방법은(凡用人之道) 넓은 범위에 서 선발하고(采之欲博), 정확하게 판별하며(辨之欲精), 적당한 과업을 주 어(使之欲适) 각자의 특기에 따라 임용하는 것(任之欲专)"이라고 말했고, 공자진(龚自珍)은 "하늘에 재차 영민함을 보여(我劝天公重抖擞) 한 가지 틀에 구애 받지 말고 많은 인재를 내려주기를 바라야 한다(不拘一格降人 才)"고 말했습니다."

경전 해설자 멍만

방금 들으신 것은 시진핑 총서기가 2018년 11월 26일 19기 중앙정 치국 제10차 집단학습 때 한 발언입니다.

오늘은 여러분과 함께 "고천장강대임어시인야(故天将降大任于是人 也), 필선고기심지(必先苦其心志), 노기근골(劳其筋骨), 아기체부 (饿其体肤), 공핍기신(空乏其身)"이라는 말을 중점적으로 분석해보도록 하겠습니다. 이 말은 선진(先秦)시기의 경전인 『맹자(孟子)』의 『고천하(告天下)』에 나오는 말입니다. 무슨 의미일까요? 큰일을 하는 책임감을 가지려면 마음을 정갈히 하고, 몸을 힘들게 하며 역경 속에서 끊임없이 갈고 닦아야 한다는 것입니다. 이런 어려움과 갈고 닦음이 없으면 큰일을 하는 능력과 책임감을 키울 수 없다는 것입니다.

그렇다면 어떤 방면의 시련을 거쳐야 할까요?

여기서는 적어도 세 가지 방면의 시련을 말하고 있습니다.

첫 번째 방면은 그 마음과 뜻을 괴롭게 한다는 것입니다. 즉 의지를 단련하는 것이지요.

두 번째 방면은 그 힘줄과 뼈를 고달프게 하고, 그 몸과 살을 주리게 하며, 그 몸을 비우고 모자라게 한다는 것입니다. 즉 신체를 단련하는 것입니다.

세 번째 방면은 행하는 데 있어 그의 하는 일을 거스르고 어지럽게 한다(行拂乱其所为)는 것입니다. 이는 행동을 단련하는 것입니다. 이런 시련과 단련을 겪지 못한 사람은 사실 큰일을 할 수 있는 능력이 부족합니다.

북송(北宋) 때 유명한 충신이자 대문호인 범중엄(范仲淹)은 책임감이 높은 사람이었습니다. 그의 「악양루기(岳陽樓記)」에 나오는 "먼저 천하의 근심을 근심하고(先天下之忧而忧), 후에 천하의 즐거움을 즐긴다.(后天下之乐而乐)"는 말에서도 범중엄의 책임감을 느낄 수 있습니다. 그럼 범중엄의 이런 책임감은 어디서 왔을까요? 바로 어려서부터 힘들게 갈고 닦은 것입니다.

범중엄은 마음속에 첫째, 가문의 명예를 진작하는 것, 둘째, 나라의 위망을 세우는 것, 셋째, 어려움 속에서도 뜻을 굽히지 않는 것 등 세 가지 의지를 가지고 있었습니다. 고아인 범중엄은 어려서부터 고생을 많이 했고 벼슬길에 오른 뒤에는 나라를 위해 과감하게 일을 하다 보니 손해를 많이 보았고 7년 동안 좌천되었다가 다시 등용되기를 세 번이나 거듭했습니다. 이런 어려움을 극복하면서 범중엄은 남다른 능력을 키울 수 있었습니다.

첫째: 그는 공감능력이 강했습니다.

둘째: 그는 아주 강인했습니다.

셋째: 그는 문제의 해결방법을 잘 찾았습니다.

이러한 능력들은 그가 나중에 집안과 나라를 다스리는 데 큰 역할을 했습니다. 그렇다면 범중엄이 나중에 이룬 수많은 놀라운 업적은 과연 무엇에 뿌리를 두고 있었을까요? 그것은 그가 오랫동안 겪은 온갖 시련과 갖가지 단련에서 기인합니다. 마오쩌둥 주석이 장정 중에 쓴 「십육자령·산(十六字令·山)」이 떠오릅니다.

산, 하늘을 찌르는 칼날은 여전히 날카롭고(山, 刺破青天锷未残)하늘이 무너지려는데 그 사이로 잘 지탱하네.(天欲堕, 赖以拄其间)

무슨 뜻일까요? 공산당원은 하늘과 땅 사이에 우뚝 서 있는 큰 산입니다. 매번 민족이 위기에 처했을 때, 인민이 곤궁할 때, 공산당원들은 용감하게 나서서 민족의 기둥이 되고, 국가의 동량이 되고, 인민의 후원자가 되어야 합니다. 이것이 바로 오늘날 중국공산당원들의 책임감입니다.

진행자 캉훼이

멍만 교수님의 훌륭한 해설에 감사드립니다. 오늘 방송현장에는 몇몇 사정과 선생님들을 모셨습니다. 사정과 수업시간에 '00년대생'들을 상대로 어떻게 책임감을 강의하는지, 어떻게 책임감 의식과 책임감 정신을 불어넣는지에 대해서 들어보도록 하겠습니다.

바이제

시청자 여러분 안녕하세요! 사정과 교육 에서 한편으로는 이론적인 누적이 필요하 며 다른 한편으로는 매우 생생한 실제 사례 들이 필요합니다. 만약 우리가 강의할 때 단지 한 명의 인물만 내세운다면, 학생들도 완전히 납득할 수 없을 것입니다. 그래서

바이제

제가 연구조사에서 수집한 이야기를 들려주면, 학생들이 굉장히 많은 감명을 받았다고 합니다. 디테일하고 생동감 있고 캐릭터가 풍성하기 때문입니다. 사실 중국공산당의 두려움 없는 책임정신을 반영해주는 홍색 이야기(红色故事)는 얼마든지 많습니다. 앞으로도 저는 학생들 을 계속 지도하여 홍색 자원(红色资源)을 발굴하는 사회적 실천을 수 행하고, 이러한 방식으로 학생들이 사명을 기억하고 용감하게 책임질 수 있도록 지도할 것입니다.

진행자 캉훼이

모든 사정과 선생님들의 노고에 감사드립니다. 우리는 또한 이 젊 은이들이 사정 교육에서 책임의식과 책임정신을 끊임없이 키우고 있 는 것을 보게 되어 매우 기쁩니다. 중대한 선택에 직면했을 때, 그들 은 정말로 그들의 생명과 젊음을 쏟아 부어 '책임'이라는 단어를 써 내려가고 있습니다. 이어서 사상 해설자인 황이뻥 연구원을 모시고

새로운 시대에 책임정신을 어떻게 차근차근 키워나갈 수 있는지에 대해 들어보겠습니다.

사상 해설자 황이삥

사정과 선생님이 훌륭한 발언을 해주셨습니다. 사실 그들에게도 막중한 책임이 있습니다.

책임에 관하여 총서기는 일찍이 "나의 집권 이념을 요약하면 인민을 위해 봉사하고 마땅한 책임을 지는 것"이라고 말했습니다.

이제 세 번째 문제, 새로운 시대에 어떻게 해야 책임감을 가질 수 있는가에 대해 이야기하겠습니다.

책임을 지려면 먼저 사심이 없어야 하고 인민과 마음이 이어져야 합니다. 인민을 최우선으로 하는 것을 견지하면 용감하게 책임을 질 수 있습니다.

여기서 제가 여러분께 30여 년 전에 있었던 일을 하나 말씀드리겠습니다.

1982년 4월 허뻬이(河北)성 정띵현(正定縣) 당위원회 부서기로 근무한 지 얼마 되지 않은 시진핑 동지는 자전거를 타고 현의 각 농촌지역을 조사했습니다. 이날은 싼자오촌(三角村)을 조사하는 날이었습니다. 싼자오촌은 현의 모범촌이자 선진촌이며, 현에서 처음으로 매무(畝)당 1,000킬로그램 이상의 곡물을 생산한 마을이기도 합니다.

길을 따라 걷다가 마을 가장자리에서 주민 몇 명이 이야기를 나누는 것을 본 시진핑 동지가 다가가서 인사도 하고 이야기도 나누었습니다.

수다를 떨수록 서로 많이 가까워졌습니다. 시진핑 동지는 "싼자오촌은 모범촌이니 형편이 훨씬 좋겠는데, 여러분 생활에 또 무슨 문제가 있습니까?"라고 물었습니다.

한 마을 주민이 "우리가 모범촌이라는 것은 알고 있지만, 먹을 것이 모자라다는 것을 알고 있습니까? 일 년 내내 일해 봐야 연말까지 먹을 식량이 부족합니다. 식량이 부족한 집은 몰래 다른 현으로 가서 말린 고구마를 바꿔서 먹습니다. 곡물 한 근으로 말린 고구마 서너 근을 바꿀 수 있지요. 말린 고구마로 버티는 게 굶는 것보다 낫겠죠." 라고 대답했습니다.

시진핑 동지는 왜 그러느냐고 관심을 가지고 물었습니다.

마을 주민은 정부에서 매상(征購, 정부가 민간에게서 사들이는 것) 하는 수량은 너무 많고, 식량 살 돈은 없으니 어쩔 수 없다고 대답했습니다.

조사를 마치고 돌아온 시진핑 동지는 오랫동안 마음을 가라앉히지 못했고, 결국 현 지도자를 찾아가 밤새도록 이야기를 나누었습니다.

시진핑 동지는 우리가 상부에 보고하고 식량 매상을 줄이기 위해 노력해야 한다고 진지하게 제안했습니다.

높은 매상 때문에 식량이 부족한 현상은 싼자오촌 만의 문제가 아니었고, 정띵현 만의 문제도 아니었습니다. 하지만 그 시대에 정부의 매상을 줄일 것을 제기하는 것은 '사상 각오'가 낮은 것으로 여겨질 위험이 있었습니다. 따라서 진정으로 인민을 위하는 책임감과 헌신정신이 없다면 이와 같은 결심을 내릴 수 없었지요.

시진핑 동지는 현 위원회의 다른 지도자와 함께 즉시 성(省)과 베이징으로 달려가 각급 관련 부서에 이 문제를 보고했습니다.

중앙정부는 곧 정띵에 사람을 파견하여 성급 및 지방 관련 부서와 공동으로 조사팀을 구성했습니다.

조사팀은 검증 후 정딩 곡물 매상의 실제상황을 파악했으며, 그해 현의 곡물 매상 수량은 2,800만 근 감소했습니다.

책임을 지려면 과감히 해내는 패기가 있어야 합니다.

중국공산당 제18차 전국대표대회 이후 시진핑 총서기는 중책을 짊어졌습니다. 2013년 4월 중국공산당 제18기 3중전회(中共十八屆三中全會) 문서 초안팀이 공식적으로 설립되었으며, 시진핑 총서기가 직접 팀장을 맡았습니다. 당시 여러 지방과 부서에서 매우 열성적으로 참여하여 수만 건의 개혁 제안을 제출했습니다. 결국 시진핑 총서기는 "제도적 문제 해결에 집중하고, 사회 갈등이 첨예한 문제를 해결하는 데 집중하고, 대중이 더 강력하게 반응하는 문제를 해결하는 데 중점을 둬야 한다."고 확정했습니다.

중국공산당 제18기 3중전회는 시장이 자원 배분에서 '결정적인 역할'을 하도록 해야 한다고 제안했습니다. 1992년 중국공산당 제14차 전국대표대회 이후 줄곧 '기초적 역할'을 제안해 왔습니다. 토론할 때 일부 사람들은 이 새로운 제안이 너무 비약적이라고 하면서 사용을 잠시 연기할 것을 제안했는데, 결국 시진핑 총서기가 강력하게 주장하여 이 중대한 이론적 돌파구를 달성할 수 있었습니다. 중국공산당 제18기 3중전회 문서 초안에 참가한 동지들은 시진핑 총서기의 결심 없이는 많은 주요 개혁이 발표되기 어려웠다고 회상했습니다.

중화민족의 위대한 부흥이라는 큰 강에, 수 천 수만의 우수한 중화의 아들딸들의 책임감과 헌신이 있기에, 중화민족의 위대한 부흥으로 나아가는 대세를 이룰 수 있는 것입니다. 감사합니다, 여러분!

진행자 캉훼이

홀륭한 해설을 해주신 사상 해설자 황이삥 연구원님과 고전 해설자 멍만 교수님께 감사드립니다. "공직자로서 일을 피하는 것은 평생의 치욕입니다." 공직자가 아니더라도 우리 모두는 "나라를 위해 죽는 것을 집에 가는 것처럼 당연한 것으로 여기는" 마음을 가져야 합니다.

친애하는 시청자 여러분, 맨 마지막으로 다시 함께 전례와 고사를 읽고 음미하면서 우리의 마음과 어깨에 놓인 책임감의 무게를 새롭게 느껴 봅시다.

경전낭독

『십육자영 · 산(十六字令 · 山)』

마오쩌둥(毛泽东)

천지에는 올바른 기운이 있어 엇섞여 유동적인 형체에 부여되더니

땅에서는 강과 산이 되고 하늘에서는 해와 별이 됐구나.

사람에게 있어서는 호연지기라고 불리고 아주 많아지면 푸른 하늘을 가득 메운다.

왕도가 맑고 안정되어 있을 때는 조화로움 머금고 밝은 조정에 펼쳐지나,

시절이 곤궁할 땐 절개를 보여 하나하나 역사에 드리워진다.

山，快马加鞭未下鞍。

惊回首，离天三尺三。

山，倒海翻江卷巨澜。

奔腾急，万马战犹酣。

山，刺破青天锷未残。

天欲堕，赖以拄其间。

조국을 위해 이 한 몸 다 바치리

愿得此身长报国

본 회의 개요

1. 왜 애국심을 민족의 마음,
   민족의 영혼이라 하나?
2. 애국심은 어디서 구현되는가?
3. 애국심을 어떻게 양성해야 하나?

시진핑 총서기는 여러 차례 연설에서 애국심의 중요성과 구체적 실천 방법을 강조해왔다. '애국심'을 주제로 하면 애국주의의 주선율을 더 잘 알리고 긍정적인 에너지를 불러일으킬 수 있다.

진행자 :

캉훼이(康辉)

사상 해설자 :

왕제(王杰, 중국공산당 중앙당교[中共中央党校] 교수)

경전 해설자 :

양위(杨雨, 중난대학[中南大学] 교수)]

게스트 :

두푸궈(杜富国, '지뢰제거 영웅전사' 명예칭호 획득자)

옌췬(闫群, 베이징시 공안국 대테러 및 특수경찰 총대 지뢰제거대대
     [北京市公安局反恐怖和特警总队排爆大队] 정치위원)

진행자 캉훼이

애국주의는 중화민족의 끊이지 않는 정신적 '탯줄' 입니다. 5,000년이 넘는 문명의 역사를 가진 중화민족의 애국심은 가장 깊은 문화적 뿌리와 가장 독특한 문화적 토양을 가지고 있습니다. 오늘 방송의 주제는 바로 '애국심' 입니다. 자, 이제 이번 방송

캉훼이

의 사상 해설자인 중국공산당 중앙당교 왕제 교수를 박수로 모시겠습니다.

사상 해설자 왕제

안녕하세요, 여러분! 이번에 우리가 이야기할 주제는 '애국심' 입니다.

5,000년이 넘는 중화민족의 오랜 발전역사를 관통하는 붉은 실과 같은 정신이 있는데, 바로 애국심입니다. 애국심은 항상 격정과 진보의 주요 멜로디였으며, 중화민족의 단결분투, 자강불식의 정신적 유대이자 강력한 힘이었습니다. 중국공산당 제18차 전국대표대회 이후 시진핑 총서기는 '애국심'에 대해 일련의 중요한 연설을 했습니다.

왕제

시진핑 총서기가 애국심에 대해 어떤 말을 했는지 알고 있는 분 있습니까?

게스트 1

시진핑 총서기의 발언 중 아직도 기억에 남는 것은 많지만, 가장 기억에 남는 것은 2012년 '부흥의 길(复兴之路)' 전시회를 방문했을 때, 그가 했던 가장 현실적인 말이 있습니다. 바로 "나라가 좋아야 민족이 좋고, 우리 모두가 좋다."는 말입니다.

게스트 2

2018 북경대학교 교사 및 학생 심포지엄에서 총서기가 "사람은 지조와 인격이 있어야 합니다. 지조도 좋고 인격도 좋은데 애국심이 가장 먼저입니다."라고 말한 것이 특히 인상적이었습니다.

사상 해설자 왕제

아주 좋습니다. 방금 두 분이 말한 것은 모두 시진핑 총서기가 서로 다른 장소에서 말한 '애국심'에 관한 중요한 발언입니다. 오늘은 '애국심'이라는 선명한 주제를 놓고 시진핑 총서기의 애국사상을 배우고, 총서기의 애국심을 깊이 느끼는 시간을 가져봅시다. 주로 세 가지 문제에 대해서 이야기하겠습니다.

첫째, 왜 애국주의를 민족의 마음, 민족의 영혼이라고 할까요? 둘째, 새로운 시대에 애국주의는 어떻게 구현될까요? 셋째, 애국주의 정신을 어떻게 양성해야 할까요?

먼저 첫 번째 문제부터 보겠습니다. 왜 애국주의를 민족의 마음, 민족의 영혼이라고 할까요? 이어서 영상 한 편을 시청하도록 하겠습니다.

(아래의 QR코드를 찍어서 시청하세요.)

 ## 1. 왜 애국심을 민족의 마음, 민족의 영혼이라 하는가

시진핑 :

지식인들은 천하위공(天下为公)의 관념과 책임감, 도덕과 정의감을 갖추어야 합니다. 중국의 지식인들은 예로부터 깊은 애국심과 강한 사회적 책임감을 가지고 있습니다. "수신제가치국평천하(修身齐家治国平天下)"와 "세상을 위해 마음을 가지고(为天地立心), 백성을 위해 목숨을 바치고(为生民立命), 성인을 위해 학문을 이어 받고(为往圣继绝学), 후세를 위해 태평한 세상을 만든다(为万世开太平)," "먼저 천하의 근심을 걱정하고(先天下之忧而忧), 후에 천하의 즐거움을 즐긴다.(后天下之乐而乐)"는 이런 사상은 예로부터 지식인들의 추앙을 받아오고 있습니다.

총서기의 육성 13

　방금 들으신 것은 2016년 4월 26일 지식인과 노동모범, 청년대표들과의 간담회에서 시진핑 총서기가 한 발언입니다.

　짧은 한 구절에서 총서기는 세 구절의 전례와 고사를 인용했습니다. 그 중 "먼저 천하의 근심을 걱정하고, 후에 천하의 즐거움을 즐긴다."는 구절은 우리 모두에게 매우 친숙한 명작 「악양루기(岳阳楼记)」의 핵심 포인트이며, 더욱이 총서기가 여러 장소에서 여러 차례 언급한 것이기도 합니다. 그렇다면 왜 이 구절이 세대를 거쳐 회자되고 영원한 애국 명언이 되었을까요? 애국주의 정신을 계승하고 발전시켜야 하는 새로운 시대에 어떤 새로운 시사점을 가져다줄까요? 이번 프로그램의 고전 해설자이신 중남대학교 양위 교수님을 모시고 해설을 들어보겠습니다.

경전 해설자 양위

　"먼저 천하의 근심을 근심하고, 후에 천하의 즐거움을 즐긴다."는 구절은 「악양루기」에서 나왔습니다. 「악양루기」는 우리가 중학교 때 이미 줄줄 외웠기 때문에 다들 잘 알고 있을 것입니다.

양위

　「악양루기」의 저자 범중엄(范仲淹)은 북송(北宋) 때의 유명한 정치가이자 문학가입니다. 「악양루기」를 쓸 때 58살의 범중엄은 오늘날 호남(湖南)성의 악양(岳阳)이 아니라 하남(河南)성의 등주(邓州)에서 지주(知州)를 지내고 있었습니다. 그 때

등자경(滕子京)이 범중엄에게 서신을 보내와서 신축한 악양루(岳阳楼)에 관한 글 한 편을 부탁했고, 범중엄은 흔쾌히 동의했습니다. 이로써 불후의 명작 「악양루기」가 탄생하게 되었습니다.

범중엄은 북송의 인종(仁宗) 때 관직이 부재상에 가까운 참지정사(参知政事)에 이르렀습니다. 범중엄은 「악양루기」를 쓰기 3년 전, 즉 경력(庆历) 3년 8월에 참지정사로 임명되었고, 그 해 9월 인종은 부필(富弼)과 범중엄 등을 불러 국사를 논했으며, 범중엄은 '십사소(十事疏)'를 올려 상세한 신정을 위한 조치를 제출했습니다. 송나라 경력신정(庆历新政)이 막을 연 것입니다. 그 때 북송은 겉으로 보기에는 번창했으나 사실상 번창함 속에 문제점이 많았습니다. 그 문제점을 본 범중엄이 나라와 국민을 사랑하는 마음으로 상세한 신정을 위한 조치를 제출한 것입니다. 하지만 역대로 개혁은 많은 저항을 받기 마련이었지요. 반대파의 강한 압박에 원래 개혁의 의지가 굳세지 못했던 인종이 흔들리게 되었고, 경력 5년 정월 범중엄은 참지정사를 면직당하고, 오늘날 산시(陕西)성의 빈주(邠州) 지주(知州) 겸 중앙정부가 지방에 파견하는 직위인 섬서 안무사(安抚使)를 겸했다가 그 해 11월 안무사에서도 해직되고 등주 지주로 좌천되었습니다. 「악양루기」의 배경을 논하려면 저자인 범중엄의 경력 외에 「악양루기」를 부탁한 등자경의 경력을 언급하지 않을 수 없습니다. 범중엄과 오랫동안 사적인 친분을 쌓은 등자경은 문학 분야에서 많은 시를 남겼고, 정치적으로도 범중엄과 입장을 같이했습니다.

범중엄처럼 나라 사랑이 깊은 등자경도 여러 차례 좌천되었으나 이르는 곳마다 자신의 명예보다는 한 마음으로 백성들을 위하며 많은 좋은 일들을 실천했습니다. 등자경은 파릉군(巴陵郡)의 태수로 취임한 후 수리시설과 교육시설을 건설하면서 경제와 문화교육을 진흥시

컸습니다. 그래서 등자경이 파릉군 태수로 취임한 후 2년도 되기 전에 파릉군은 경제가 발전하고 문화가 흥기하며 풍기가 좋은 지역으로 바뀌게 되었습니다.

시진핑 총서기가 「악양루기」에서 "먼저 천하의 근심을 걱정하고, 후에 천하의 즐거움을 즐긴다."는 명구를 인용했는데, 이는 범중엄과 같은 고대 지식인들의 공통된 특징, 즉 사회적 책임감이 강하고 개인적인 영욕이나 득실에 의해 흔들리거나 변하지 않는다는 것을 보여줍니다. 범중엄과 등자경과 같은 지식인들은 강한 사회적 책임감을 가지고 있었기에 개인의 명예는 중요하게 생각하지 않았고, 나라와 백성을 위하는 애국심을 우선시했기에 개인의 희로애락을 생각하지 않았습니다. 이는 또한 중화민족이 어려움 속에서도 끊임없이 진보하는 정신적인 힘으로 작용하고 있는 것입니다.

사상 해설자 왕제

해설해주신 양위 교수님께 감사드립니다. 애국심이 민족의 마음이고 민족의 영혼인 이유는 무엇일까요? 세 가지를 말씀드리겠습니다.

첫째, 애국심은 중화민족의 가장 중요한 핵심 가치관입니다. 5천여 년 동안 중화민족은 상상할 수 없는 수많은 시련과 위기, 도전을 겪었지만, 일치 단결하여 끈질기게 투쟁하는 강인한 생명력으로 동방에서 우뚝 설 수 있었습니다. 그 가장 중요한 이유 중 하나는 중화민족이 깊은 애국주의 전통을 가지고 있다는 사실에 있습니다. 시진핑 총서기는 2019년 1월 17일 난카이대학(南開大學)을 방문한 자리에서 "애국심은 중화민족의 마음이자 영혼"이라고 말했습니다.

역사는 우리에게 우리가 애국주의의 위대한 기치를 고양하고 항상 높은 수준의 애국적 이념 의식과 행동의식을 유지하는 한, 중화민족은 반드시 진로의 각종 어려움과 험난함을 이겨낼 수 있을 것이며, 인민에 부끄럽지 않고 시대에 부끄럽지 않으며, 역사에 부끄럽지 않은 위대한 업적을 창조할 수 있을 것이라고 분명히 말했습니다.

둘째, 애국심은 한 사람의 입신과 처세의 근본입니다. 2018년 5월 2일 시진핑 총서기는 베이징대학(北京大学) 사생 좌담회에서 "애국심은 세상에서 가장 깊고 지속적인 감정이며, 한 사람의 덕을 쌓는 근원이자 공을 세우는 기초입니다."라고 말했습니다. 102년 전 중국 청년들은 새로운 세력으로 역사의 무대에 등장하여 위대한 애국주의 운동으로 잠든 중화민족을 깨우고 애국심을 핵심으로 하는 '5·4 정신'을 잉태시켰습니다. 102년 동안 5·4 정신은 대대로 중국 청년들을 격려하여, 중화민족의 위대한 부흥을 실현시키기 위해 분발하도록 하고 있습니다.

셋째, 애국심은 마음을 정화하는 시대의 정신적 힘이기도 합니다. 애국심은 모든 중화 아들딸들의 마음을 움직입니다. 역사시기에 따라 애국주의에 부여된 주제가 다르고, 발전단계에 따라 사람들이 나라를 사랑하는 방식도 다양합니다. 그러나 시대와 환경의 변화로 인해 애국심의 색조는 결코 퇴색하거나 변하지 않았습니다. 오늘날 우리 주변에는 조국을 위해 봉사하는 많은 영웅적인 인물이 등장했는데, 지뢰 제거 영웅 두푸궈(杜富国)는 그중에서도 뛰어난 대표자입니다.

2019년 7월 31일 국군의 날 전날, 28세인 두푸궈는 가족의 부축을 받으며 시진핑 중앙군사위원회 주석에게 걸어갔고, 그때부터 그는 '지뢰 제거 영웅전사'라는 새로운 명예 칭호를 얻게 되었습니다. 두 눈이 멀고 팔이 불구가 되어도 군례를 올리는 데는 지장이 없었지만, 그의 지뢰 제거 생애는 영원히 종지부를 찍어야 했습니다.

이것은 두푸궈가 입었던 방호복으로, 그의 마지막 지뢰 제거 순간에 대한 이야기를 담고 있습니다.

2018년 10월 11일 육군 모 지뢰제거대대 소속 전사 두푸궈는 고위험 수류탄을 발견하고 작업규정에 따라 부유물을 조심스럽게 제거하던 중 사고가 발생했습니다.

(화면: 전우가 피폭으로 의식을 잃은 두푸궈를 애타게 부르고 있다.)

전우의 육성:
푸궈！ 두푸궈! 정신 차려! 푸궈! 푸궈! 푸궈!

사상 해설자 왕제

그해 27세의 나이로 이미 8년간의 군복무를 해왔던 두푸궈는 막 결혼에 골인한 상태였습니다. 두 푸궈의 지뢰 제거 경력을 끝낸 경사면은 '댐 지뢰밭(坝子雷场)'으로 알려져 있던 곳이었습니다. 지난 세기의 국경 전투로 인해 이곳에는 수많은 지뢰와 폭발물이 남아있어 국경 주민들이 땅을 경작할 때 폭발물에 의해 사망하거나 부상을 입는 경우가 허다했습니다.

주민들에게 평화를 돌려주기 위해서는 누군가가 이 '죽음의 땅'에 들어가 지뢰를 완전히 제거해야 했습니다.

2015년 중국-베트남 국경에서 세 번째 대규모 지뢰 제거작업이 시작되었고, 두푸궈는 위험을 알면서도 지뢰 제거 대대에 전격 입대했습니다

(화면: 두푸궈가 이야기하고 있다.)

두푸궈의 육성:
군인이 되면 의미 있는 일을 해야 하고, 조국과 인민이 필요로 하는 일이라면 군인은 주저 없이 그 일을 해야 한다고 생각합니다.

사상 해설자 왕제

이후 3년여 동안 두푸궈는 1,000여 차례에 걸쳐 지뢰밭을 드나들며 2,400여 발의 각종 폭발물을 제거하고 20여 건의 위험한 상황을 처리했습니다.

2018년 11월 16일 두부국이 부상한 지 35일째, 지뢰제거대대는 목숨을 걸고 한 치 한 치 점검한 '댐 지뢰밭'을 주민들에게 인계했지만 두부국의 모습은 보이지 않았습니다.

(화면: 두푸궈가 이야기하고 있다.)

두푸궈의 육성:
저는 한 번도 후회한 적이 없습니다. 다시 한 번 기회가 주어진다면 천 번, 만 번이라도 다시 지뢰제거작업에 참여할 것입니다. 저는 군인이고 군인

이 조국을 위해 해야 할 일을 했으니까요.

진행자 캉훼이

2019년 7월 31일, 시진핑 총서기가 두푸궈에게 '지뢰 제거 영웅전사'라는 명예칭호를 수여했다는 소식을 뉴스 연합보도(新闻联播)를 통해 방송했던 것을 아주 생생하게 기억합니다. 그리고 오늘 이 프로그램 현장에 우리는 이 '지뢰제거 영웅전사'를 초대했습니다. 큰 박수로 맞이해주십시요.

두푸궈 씨, 안녕하세요.

두푸궈

안녕하세요.

진행자 캉훼이

두푸궈

오늘 프로그램 현장에는 두푸궈의 아버지 두쥔(杜俊) 동지와 두푸궈의 전우 장펑(张鹏) 동지가 함께했습니다. 두푸궈 씨, 인사말 한 마디 하시지요.

두푸궈

여러분 안녕하세요. 저는 남부전구 육군 지뢰제거대대 전사 두푸궈입니다.

진행자 캉훼이

역시 전사다운 모습입니다. 두푸궈 씨, 만날 때마다 늘 우리에게 놀라움을 안겨주곤 했지요. 요즘은 또 무슨 새로운 기능을 습득했습니까?

두푸궈

부상을 당한 이후 1년 동안 의족에 의지하여 식사하고 씻고 양치질하는 법을 배웠습니다. 최근에는 태블릿PC를 이용하여 전우들에게 위챗 메시지와 동영상을 보내고 전화하는 법을 배웠는데 매우 즐겁습니다. 매일 '뉴스 연합보도'를 꼭 듣고 있습니다. 모두 감사합니다.

진행자 캉훼이

두푸궈에게 특히 감사를 드려야겠습니다. 매일 우리 '뉴스 연합보도'를 듣고 있다니 말입니다. 오늘 이 프로그램의 주제는 '애국심'인데, 현장에 계신 여러분들과 공유할 애국에 관한 이야기가 있습니까?

두푸궈

어렸을 때, 청명절에 학교에서 홍군 위문단을 조직했는데, 그때부터 저는 군인이 되겠다는 꿈을 꾸었습니다. 입대한 후에도 매년 열사능원(烈士陵园)을 찾아 열사들을 참배했습니다. 960여 점의 묘비가 있었는데, 가장 나이가 어린 열사는 17세였고, 가장 많은 열사도 30대에 불과해 우리 모두는 마음이 무거웠습니다. 참배를 마치고 돌아오면 다들 반드시 지뢰 제거 임무를 잘 완수하여, 영웅과 선배들의 사심 없이 헌신했던 정신을 계승해나가리라고 다짐하곤 했습니다. 저와 전우들은 해골 표시가 있는 지뢰밭을 옥토로 바꾸었고, 손에 손잡고 지뢰밭을 건너 현지 백성들에게 이 지뢰밭이 이미 안전해졌다는 것을 증명했습니다. 저는 지뢰제거 병사로서 지뢰제거 임무를 잘 완수하는 것이 바로 애국이며, 이것이 바로 우리가 해야 할 일이라고 생각했습니다. 감사합니다, 여러분.

진행자 캉훼이

감사합니다! 두푸궈가 들려준 애국심에 대한 이야기는 저처럼 언어를 다루는 사람으로서 평가하자면, "말은 마음의 소리이다.(言为心声)"라고 평가하는 게 가장 알맞은 것 같습니다. 다시 한 번 박수 부탁드립니다. 오늘 방송 현장에는 또 베이징시 공안국 대테러 및 특수경찰 총대 팀원들을 모셨습니다. 환영합니다. 인민경찰은 우리 인민 군인들과 마찬가지로 항상 생사의 시련에 직면해 있습니다. 그래서 마음속으로 애국심에 대해 어떻게 생각하는지를 듣고 싶습니다. 어느 분이 이야기해주시겠습니까?

옌췬

여러분 안녕하세요! 저는 베이징시 공안국 대테러 및 특수경찰 총대에서 온 옌췬입니다. 제 옆에 앉은 사람들은 모두 제 전우들입니다. 사실 애국이라는 화두를 놓고 호언장담할만한 것은 없고, 실제로 우리가 하는 일에 반영되어 있다고 생각합니다. 저는 개인적으로 두푸귀 동지와 비슷한 일을 하고 있습니다. 우리 역시 폭발물 제거업무를 하고 있습니다. 저는 25년 동안 경찰생활을 했고, 25년 동안 폭발물 제거작업을 했습니다. 여러분께 제가 직접 경험한 가장 기억에 남는 일을 하나 말씀드리겠습

옌췬

니다. 그 해 여름 날씨가 매우 더웠습니다. 우리는 폭발물을 발견했다는 신고를 받고 바로 출동했지요. 현장에 도착해서 무거운 방탄복을 입고 이 폭발물을 관찰해보니 폭발물의 시계가 움직이지 않았습니다. 그런데 우리가 작업 규정대로 제거하려고 하자 시계가 다시 움직이기 시작하는 것이었습니다. 25년 동안 폭발물 철거를 했는데 그렇게 빨리 철거한 적이 없었습니다. 대략 2분 35초 걸렸었지요. 성공적으로 제거한 후 최종 감정을 통해 폭발까지 2분 25초 밖에 남지 않았다는 것을 알게 되었습니다. 영화와 드라마에서 우리는 마지막 순간에 특정 전선을 자르는 것을 흔히 볼 수 있습니다. 그러나 실생활에서는 폭발물을 처리하는 경찰관으로서 그 순간까지 기다리지는 않을 것입니다. 다음 순간에 어떤 일이 벌어질지 결코 알 수 없기 때문입니다.

애국심에 대해 말하자면, 국가와 국민이 우리에게 그렇게 무거운 짐을 주었기 때문에 우리는 그것을 선택할 수밖에 없습니다. 우리 업계의 말에 따르면 우리는 생명을 지키기 위해 생명을 사용하고 평화를 지키기 위해 생명을 사용합니다.

진행자 캉훼이

목숨을 걸고 생명과 평화를 지켜주셔서 감사합니다. 군인이든 경찰이든 이들의 몸에는 모두 애국심이라는 한 가지 공통점이 있습니다. 생명으로 생명을 지키고 생명으로 평화를 지키는 모든 분들께 박수와 존경을 보냅니다.

새로운 시대에 우리는 애국심을 고양함에 있어서, 곳곳에서 체현하고 우리 개개인의 실제 업무에 반영해야 할 것입니다. 총서기의 또 다른 말씀 한 구절을 들어보겠습니다.

(아래의 QR코드를 찍어서 시청하세요.)

 2. 애국심은 어디서 구현되는가

시진핑 :
"산발에 가득한 서리는 내 끓는 피인 듯(繁霜尽是心头血), 뭇 산봉우리를 단풍처럼 붉게 물들였네.(洒向千峰秋叶丹)" 라는 시가 있습니다. 과학원과 공정원 원사(院士)들은 국가의 재산과 국민의 자랑, 민족의 영광입니다. 오랫동안 과학자들은 대를 이어 깊은 애국심을 품고 두터운 학문과 넓은 과학적 시야로 조국과 인민을 위해 사서에 기록될 큰 기여를 했습니다.

총서기의 육성 14

경전 해설자 양위

방금 들으신 것은 시진핑 총서기가 2018년 5월 28일 중국과학원 제19차 원사대회, 중국공정원 제14차 원사대회에서 한 발언입니다. 여기서 총서기는 "서리 내리고 심장과 머리에 피가 돌았는지 (繁霜尽是心头血), 천개의 산봉우리에 가을단풍 붉게 물들었네(洒向千峰秋叶丹

).”라는 시를 인용했습니다. 명(明)나라 때의 애국 장군 척계광(戚继光)의 「망궐대(望阙台)」에 나오는 구절입니다. 척계광(戚继光)은 군인의 가문에서 태어났습니다. 역시 장군이었던 그의 부친 척경통(戚景通)은 56살 되던 해에 아들 척계광을 보게 되었습니다. 척계광이 늦둥이였지만 척경통은 무원칙적으로 아들을 사랑하지 않고 어릴 때부터 엄하게 키우며 장군 가문의 가풍을 이어받으라는 의미에서 이름을 계광(继光)이라 지었습니다.

명나라 가정(嘉靖) 34년 27살의 척계광은 왜구들이 가장 빈번하게 출몰하는 저장(浙江)의 방위를 맡게 되었습니다. 저장에 도착한 척계광은 강력한 군대 편성의 절박성과 필요성을 느끼고 온갖 어려움을 극복하며 '척가군(戚家军)'을 조직했습니다. 척가군은 척계광의 지휘 아래 왜구를 물리쳐 연해지역의 백성들을 평화롭게 살게 했으며 역사에 빛날 불후의 공훈을 세웠습니다.

명나라 가정 42년 척계광은 또 푸젠(福建)에 파견되어 연해지역을 침범하는 왜구를 격퇴시켰습니다. 척계광은 바로 이때 「망궐대」라는 시를 써서 자신의 애국심을 표현했습니다. '궐대(阙台)'는 높은 곳에 세워진 대를 말하지만 '궐(阙)'의 본뜻은 황궁을 말하고 여기서는 조정을 가리킵니다. 따라서 척계광은 「망궐대」라는 시를 빌려 자신이 어디에 있든 시종 변함없이 조정에 충성하고 나라를 사랑함을 보여주었습니다.

이 시의 전문은 도합 네 구절로 다음과 같습니다. "십 년 동안 찬 바다 속에서 왜구와 싸우며(十载驱驰海色寒), 이곳에 서서 저 멀리 경성의 궁궐을 바라보네.(孤臣于此望宸銮) 서리 내리고 심장과 머리에 피가 돌았는지 (繁霜尽是心头血), 천개의 산봉우리에 가을단풍 붉게 물들었네(洒向千峰秋叶丹)" 첫 구절 "십재구시해색한(十载驱驰海色寒

)"에서는 자신이 저장에서부터 푸젠까지 십여 년 동안 온갖 어려움을 극복하고 왜구를 물리치며 조국의 바다를 지켜온 것을 묘사하고 있습니다. 그리고 두 번 째 구절 "고신어차망신란(孤臣于此望宸鑾)"의 '신란(宸鑾)'은 황제의 어가를 뜻하는 말인데, 여기서는 나라의 중심지인 경성을 의미합니다. 척계광이 경성에서 멀리 떨어진 변경을 오가며 바다를 지키지만 그의 마음은 언제나 조정과 나라를 향했고 그런 뜨거운 애국심이 있었기에 모든 어려움을 극복하고 왜구를 물리칠 수 있었던 것입니다. 세 번째와 네 번째 구절인 "번상진시심두혈(繁霜尽是心头血), 세향천봉추엽단 (洒向千峰秋叶丹)"에서는 마침 가을이라 온 산에 가득한 단풍을 조국을 위한 끓는 피로 비유했습니다. 척계광은 서리와 단풍, 열혈(热血)과 단심(丹心) 등 시어로 나라를 사랑하는 자신의 애국심을 잘 표현했던 것입니다.

사상 해설자 왕제

양위 교수님의 해설에 감사드립니다. 둘째, 새로운 시대에 애국심은 어떻게 체현될까요? 구체적으로는 '두 가지 통합(两个相统一)'을 이루는 것입니다.

첫째, 나라사랑과 가족 사랑이 하나가 되는 것입니다. 가족은 가장 작은 국가이고 국가는 수천만 가족의 집합체입니다. 중국문명의 역사에서 가족과 국가는 분리된 적이 없습니다. 국가의 번영과 발전 없이는 가족의 행복과 성취도 없으며, 마찬가지로 수천만 가족의 행복과 성취 없이는 국가의 번영과 발전이 어디 있겠습니까?

따라서 시진핑 총서기는 2018년 신년 단배식에서 "사회주의 핵심가치를 적극적으로 육성하고 실천하며, 중화민족의 전통미덕을 고취하고 가족 사랑과 애국심을 통일하며, 개인과 가족의 꿈 실현을 국가와 민족의 꿈으로 통합해야 한다."고 하면서 "4억여 가정과 13억여 인민의 지혜와 힘을 결집해 새 시대 중국 특색 사회주의의 위대한 승리를 쟁취하고 중화 민족의 위대한 부흥이라는 "중국의 꿈"을 실현하기 위해 힘을 모아야 한다."고 강조했습니다.

둘째, 애국은 당을 사랑하고 사회주의를 사랑하는 것과 통일됩니다. 2015년 12월 30일 시진핑 총서기는 제18기 중앙정치국 제29차 집단학습에서 "애국은 당을 사랑하고 사회주의를 사랑하는 것과 통일될 때만 살아 있고 진실하다."고 강조했습니다. 린쥔더(林俊德) 중국공정원 원사의 이야기는 이러한 점을 잘 보여줍니다.

린하이천(林海晨)은 매일 아버지를 수없이 "만납니다." 2018년 "국방 과학기술에 헌신한 뛰어난 과학자"이자 중국공정원 원사인 그의 아버지 린쥔더는 전군(全軍)의 영웅모델로 선정되었습니다. 이때부터 그가 수시로 지나다니는 복도에 아버지의 초상화가 동춘뤄이(董存瑞), 추사오윈(邱少云) 등 영웅들의 초상화와 함께 나란히 걸렸습니다.

초상화의 주제는 린쥔더가 평생을 바친 대의인 즉 핵실험입니다. 이를 위해 그는 52년 이름을 숨기고 묵묵히 헌신했습니다. 그러다가 임종을 앞둔 행동으로 인해 중국 전체가 그를 알게 되었습니다.

(화면: 린쥔더와 친척이 대화하고 있다.)

린쥔더의 육성:
C드라이브는 끝났어? C드라이브를 완료했어?

친척의 육성:
C드라이브를 완료했어요. 그래요. 알겠어요. 또 뭘 할까요. D 드라이브도

해야죠?

사상 해설자 왕제

2012년 5월 4일, 린쥔더는 담관암 말기 진단을 받았습니다. 자신에게 주어진 시간이 얼마 남지 않았다는 것을 깨달은 순간부터 그는 컴퓨터에 있는 수만 건의 기밀문서와 미완성된 주요 과학 연구 프로젝트를 정리하기 시작했습니다.

(화면: 린쥔더와 친척이 대화하고 있다.)

친척의 육성:
의사가 좀 쉬라고 했잖아요.

린쥔더의 육성:
앉아서 쉬면 돼, 앉아서. 누우면 안 돼, 누우면 일어나지 못해.

(화면: 린하이천이 이야기하고 있다.)

린하이천의 육성:
아버지는 침대에서 내려오면 다시 침대에 누우려 하지 않았습니다. 아버지는 늘 "우리처럼 핵실험을 하는 사람들은 죽는 걸 두려워하지 않아. 다만 시간이 모자랄 뿐이야." 라고 말했습니다.

사상 해설자 왕제

이렇게 필사적으로 일하는 것은 린쥔더 원사에게는 흔한 일이었습니다. 1964년 10월 16일 중국 최초의 원자폭탄이 성공적으로 폭발했습니다. 환호하는 군중들을 뒤로 하고, 방호복을 입은 기술자 몇 명이

필사적으로 연기구름 속으로 뛰어 들어가고 있었습니다. 그중에는 겨우 26살이었던 린쥔더도 있었습니다.

이것은 당시 린쥔더가 필사적으로 찾아낸 장비입니다. 그가 팀을 이끌고 재래식 방법으로 독자적으로 개발한 이 시계식 압력 자동 기록기(钟表式压力自记仪)는 충격파 데이터를 정확하게 기록하여 원폭의 성공을 입증하는 중요한 근거가 되었습니다.

(화면: 린쥔더가 이야기하고 있다.)

친척의 육성:
모두들 애국 열정이 매우 높습니다. 이 일을 하는 것은 일반 기술자의 일과는 다릅니다. 우리는 항상 이곳에서 국가를 위해 최선을 다하려고 합니다.

사상 해설자 왕제

이때부터 린쥔더는 사막에 뿌리를 내리고 평생을 핵실험에 바쳤습니다.

5월 31일은 린쥔더의 기일입니다. 린하이천은 아버지의 묘에 제사 드리기 위해 다시 여행을 떠났습니다.

마란혁명열사능원(马兰革命烈士陵园)은 핵폭탄 사업에 헌신한 수많은 선열들이 묻힌 곳으로 린쥔더의 마지막 염원이었습니다.

(화면: 린쥔더가 이야기하고 있다.)

친척의 육성:
저는 가난한 집안에서 태어났기 때문에 해방이 없었다면, 공산당이 인민 정부를 세우지 않았다면 학교에도 갈 수 없었을 것입니다. 사람은 양심이 있어야 합니다. 국가와 인민이 키워줬으니 국가와 인민을 위해 무언가를 해야 합니다.

사상 해설자 왕제

린쥔더 원사 같은 사람은 아직도 많습니다. 그들은 모두 자신의 자리에서 묵묵히 헌신하고 나라를 위해 충성을 다합니다. 어릴 때부터 악비의 '정충보국(精忠报国)'의 영향을 많이 받은 시진핑은 '정충보국'이라는 네 글자를 가슴에 새겼습니다. 중국공산당 제18차 전국대표대회 이후 시진핑 총서기는 애국심의 숭고함과 무게감을 실제 행동으로 보여주고 있습니다. 업무가 아무리 바빠도 총서기는 시간을 내서 백성들을 만납니다. 매년 시진핑 총서기는 국경 초소, 가난한 산간 지역, 공장 작업장 등 일선을 돌면서 어려운 사람들을 만나고 위로하며 늘 인민과 함께합니다. 시진핑 총서기는 "나를 잊고 인민을 위할 것(我将无我，不负人民)"이라는 엄숙한 서약을 지키며 국가를 위해, 인민을 위해 자신의 모든 것을 기꺼이 바쳤습니다.

시진핑 총서기는 또 "애국주의 정신을 고양하려면 애국주의 교육을 영원한 주제로 삼아야 합니다." 라고 지적했습니다.

셋째로, 애국주의 정신을 어떻게 양성해야 할까요? 이어서 영상 한 편을 시청하도록 하겠습니다.

(아래의 QR코드를 찍어서 시청하세요.)

3. 애국심을 어떻게 양성할 것인가

> **시진핑 :**
>
> 중국인들은 중화민족의 역사를 알고 중화문화의 유전자를 이어 받으며 민족적 자긍심과 문화적 자신감을 가져야 합니다. 언제나 나라를 생각하고 어디서나 국민을 생각하며 "나라에 이로운 사람을 사랑하고(利于国者爱之) 나라에 해로운 사람을 비판(害于国者恶之)" 해야 합니다.

총서기의 육성 15

경전 해설자 양위

방금 들으신 것은 시진핑 총서기가 2018년 5월 2일 베이징대학에서 사생들과 가진 간담회에서 한 발언입니다. 이 발언에서 총서기는 "이어국자애지(利于国者爱之), 해어국자악지(害于国者恶之)"라는 두 구절을 인용했습니다. 이 두 구절은 『안자춘추(晏子春秋)』에 나오는 말입니다. 『안자춘추』는 후대 사람들이 춘추(春秋)시대 제(齐)나라의 명재상인 안영(晏嬰)의 언행을 기록한 책입니다. 제나라 때 제영공(齐靈公), 제장공(齐庄公), 제경공(齐景公) 등 여러 황제의 재상을 지낸 안영은 어진 정치를 펴고 백성을 자신의 몸처럼 아꼈으며, 박학다

식해서 사람들은 그를 '안자(晏子)'라 불렀습니다.

안자가 제경공의 재상으로 있을 때 제경공이 아부를 일삼는 사람에게 큰 상을 내리려 하자 담당 대신이 어지를 따르려 하지 않으므로 제경공이 크게 화가 났습니다. 이 일을 알게 된 안자가 황궁에 들어가 제경공을 알현하고 많은 이야기들을 했습니다. 이야기의 골자는 하(夏)나라 우(禹)임금과 상(商)나라의 탕(湯)왕, 주(周)나라의 문왕(文王), 무왕(武王)이 나라의 발전을 이룬 것은 그들이 "나라에 이로운 사람을 사랑하고, 나라에 해로운 사람을 비판했기 때문입니다"라고 했습니다. 다시 말하면 나라는 백성들이 몸을 담고 사는 근본이기 때문에, 나라에 이로운 일을 하는 사람은 자신의 이익이 손해를 보더라도 사랑과 보호를 받게 해야 하고, 나라에 불리한 일을 하는 사람은 개인의 이익에 도움이 된다 해도 비판하고 버려야 한다는 것이지요. 후에 사람들은 안자의 이 말을 『안자춘추』에 기록했고 이 고전은 오늘날까지 널리 전해지며 많은 사람들을 격려하고 있습니다.

어려서부터 큰 뜻을 키워 애국심의 모범이 된 인물이 또 하나 있습니다. 바로 명(明)나라 때의 우겸(于謙)입니다. 어려서부터 마음속에 큰 뜻을 품은 우겸은 성인이 되기도 전에 벌써 "이 몸이 가루가 되어도 두려울 것 없어라(粉骨碎身渾不怕), 오로지 청백함을 이 세상에 남기리.(要留清白在人間)"라는 명시를 썼으며 그는 성인이 되고 나서 어릴 때 세웠던 뜻을 행동으로 실천했습니다.

명나라 정통(正統) 14년에 몽골의 야선(也先)이 명나라를 침범했습니다. 당시 명나라 황제 영종(英宗)제가 환관의 말에 휘둘려 직접 군대를 이끌고 전쟁에 나갔다가 대패하고 적군에 생포되었습니다. 황제가 생포됐다는 소식이 전해지자 명나라 조정에는 혼란이 빚어졌습니다. 다행이 명석한 두뇌를 가진 우겸이 나서서 신속하게 요충지에 군대를 파견하고 대포를 이용하는 공격 전략을 취해 승리에 도취되어 교만해 있던 야선의 군대를 격퇴시켰습니다.

우겸의 노력으로 명나라 조정은 국도였던 북경(北京)을 지켰고, 조정의 혼란을 바로 잡을 수 있었습니다. 바로 우겸과 같이 능력을 갖춘 애국자들이 백성들의 마음속에 '철의 장성'을 쌓은 것입니다.

사상 해설자 왕제

양위 교수님의 해설에 감사드립니다. 그렇다면 애국주의 정신을 어떻게 고양할 수 있을까요? 2018년 5월 2일 베이징대 사제간담회에서 시진핑 총서기는 "애국심은 구호에만 머물러서는 안 되며, 우리의 이상과 조국의 미래, 우리의 삶과 국가의 운명을 긴밀히 연결하고 인민에 뿌리를 두고 국가를 위해 헌신해야 합니다."라고 말했습니다.

혁명전쟁의 시대에 수많은 혁명선열들이 민족해방을 위해 목숨을 걸고 뜨거운 피를 흘렸습니다. 위대한 공산주의 전사 팡즈민(方志敏)은 목숨을 초개같이 여기면서, 모든 동포들에게 어머니 조국에 대한 열렬한 사랑을 간절히 호소했습니다.

평화건설 시대에도 수많은 젊은이들이 삶의 이상을 국가와 민족의 대의에 의식적으로 연결했습니다. '2탄 1성(兩弾一星)' 공훈 메달 수상자이자 공화국 훈장 수상자인 위민(于敏)은 중국의 열핵무기 연구개발을 위해 수십 년 동안 이름을 숨겼고, 일반인이 상상할 수 없는 어려움에도 여전히 뜻을 굽히지 않고 연구에 매진했습니다. 위민은 이렇게 말했습니다. "사람의 이름은 언젠가 없어질 것입니다. 작은 힘이나마 조국이 강성해지는 데 녹여 넣을 수 있게 되어 다행입니다." 위민은 자신의 보국 의지를 조국건설의 위대한 사업에 녹여 넣어 나라를 위해 공을 세움으로써 자신의 최대의 가치를 실현하였습니다. "위대한 사업에 평생을 바치겠다."는 맹세를 지킨 것입니다.

우리 모두는 애국주의 정신의 실천자이자 전파자가 되어야 합니다. 신중국 건국 70주년 기념식은 14억 중국인을 대상으로 한 애국주의 집중 교육의 장입니다. 당시 '나와 나의 조국'이라는 노래는 거리 곳곳에서 불려지고, 인심이 전례 없이 결집되고 애국심이 전례 없이 고조되었습니다. 또한 모든 어려움을 극복하고 우리의 사업을 이뤄나가기 위한 강력한 민족적 구심력과 전투력을 결집하도록 했으며, 중화민족이 중국 특색 사회주의의 길을 걷겠다는 자신감과 결의를 더욱 굳혔습니다.

진행자 캉훼이

오늘 프로그램에서 해설을 해주신 사상 해설자 왕제 교수님과 고전 해설자 양위 교수님께 진심으로 감사드립니다. 시진핑 총서기는 새 시대에는 애국주의 정신을 힘써 고양해야 한다고 말했습니다. 우리 모두 애국심과 조국을 위해 봉사하겠다는 포부를 실제 행동으로 바꾸고 조국의 새로운 영광과 업적을 창조하기 위해 함께 노력해야 합니다. 친애하는 시청자 여러분 맨 마지막으로 애국심을 노래한 시를 함께 낭송하면서, 애국주의 정신을 다시 한 번 우리 마음에 불어넣어봅시다.

경전낭독

『사랑스러운 중국(可爱的中国)』(발췌)

팡즈민(方志敏)

우리는 중국이 밝고 칭찬받을 만한 미래를 맞이할 것이라고 믿습니다. 그때가 되면 도처에서 왕성하게 창조하고, 도처에서 하루가 다르게 발전하며, 기쁨의 노래가 비탄을 대신하고, 웃는 얼굴이 우는 얼굴을 대신할 것입니다. …… 그때가 되면 우리 민족은 부끄러움 없이 인류 앞에 설 수 있을 것입니다. …… 그러한 영광의 날은 결코 먼 미래가 아니라 아주 가까운 미래에 있을 것입니다.

我们相信，中国一定有个可赞美的光明前途。
到那时，到处都是活跃跃的创造，
到处都是日新月异的进步，
欢歌将代替了悲叹，笑脸将代替了哭脸……
这时，我们民族就可以无愧色地立在人类的面前……
这么光荣的一天，决不在辽远的将来，
而在很近的将来。

第 六 集

말 한마디는 백 냥의 황금보다 무겁다

一言为重百金轻

본 회의 개요

1. 왜 성실해야 하고, 신의를 지켜야 하나?
2. 성실과 신의의 의미는 무엇인가?
3. 성실과 신의의 사회를 어떻게 만들어야 하나?

성신(诚信)은 사회주의 핵심가치의 중요한 내용이며 시진핑 총서기가 여러 차례 강조한 내용이기도 하다. '성신'을 주제로 선택하면 우수한 전통문화의 정수를 홍보할 수 있을 뿐만 아니라 현 상황에 효과적으로 대응할 수 있으며, 성실하고 우호적이며 신의를 지키는 사회주의의 핵심 가치를 확립할 수 있다.

진행자 :

캉후이(康辉)

사상 해설자 :

왕제(王杰, 중국공산당 중앙당교[中共中央党校] 교수)

경전 해설자 :

리버(郦波, 난징사범대학[南京师范大学] 교수)

게스트 :

양하이예(杨海晔, 베이징시 천징런중학교[北京市陈经纶中学] 교사)
창더성(常德胜, 장쑤성 창수시 즈탕진장샹촌[江苏省常熟市支塘镇蒋巷村]
　　당서기)

진행자 캉훼이

현대사회 생활에서 신분증이 없으면 그
야말로 다니기가 매우 어렵습니다. 신분증
을 분실하면 더욱 번거로운 일이지만, 다행
인 점은 분실한 신분증을 재발급 받을 수
있다는 것입니다. 하지만 우리 모두는 두
번째 신분증을 가지고 있는데, 이 신분증은

캉훼이

잃어버리면 다시 찾기가 어렵습니다. 두 번째 신분증은 무엇일까요?
바로 성신(诚信) 즉 성실과 신의입니다. 옛날 중국인들은 "충성과 신
의가 없으면 세상에 바로 설 수 없다.(无忠信不可立于世)"라고 말했
습니다. 성실과 신의는 한 국가의 도덕적 자질뿐만 아니라 한 민족,
한 국가의 전반적인 이미지와 관련이 있습니다.

중국공산당 제18차 전국대표대회 이후 시진핑 총서기는 성실과 신
의에 대해 여러 차례 중요한 발언을 했습니다. 이러한 중요한 논술에

서 총서기는 종종 전례와 고사를 인용했습니다. 그럼 오늘 방송에서는 '성신'이라는 제목으로 시진핑이 좋아하는 전례와 고사를 읽으면서 새로운 시대에 우리가 어떻게 성실과 신의를 쌓을 수 있을지 함께 알아보도록 하겠습니다.

이제 이번 프로그램의 사상 해설자이신 중국공산당 중앙당교 왕제(王杰) 교수님을 모시고 해설을 들어보도록 하겠습니다.

사상 해설자 왕제

안녕하세요, 이번 회에서는 사회주의 핵심 가치의 중요한 부분인 '성신'에 대해 이야기해 보려고 합니다.

핵심 가치는 한 국가의 공통된 도덕적 토대이자 한 민족이 의존하는 정신적 유대입니다. 한 국가, 한 민족이 공통의 핵심 가치

왕제

관의 뒷받침이 없으면 그 영혼은 의지할 곳이 없을 것입니다. 중국공산당 제18차 전국대표대회는 우수한 중국 전통문화를 계승하고 세계 문명의 성과를 흡수하는 것을 바탕으로 시대적 특성과 요구사항을 결합한 사회주의 핵심 가치를 명확하게 제시했습니다. 사회주의의 핵심 가치에는 부강, 민주, 문명, 조화, 자유, 평등, 공정, 법치, 애국, 성신 등 24개의 글자가 있습니다. 주로 국가, 사회, 시민의 세 가지 수준과 관련된 이 24개 단어는 우리가 어떤 국가를 건설하고, 어떤 사회를 만들고, 어떤 시민을 양성하고자 하는지에 대한 주요 질문에 대한 답을 제시합니다. 그중에서도 '성신'은 사회주의 핵심 가치의 중요한 요소입니다.

그렇다면 사회주의 핵심 가치에서 성신이란 무엇을 의미할까요? 여러분 중 말씀해 주실 분이 계신가요?

게스트

성신은 성실과 신의를 의미합니다. 우리 모두가 진실하게 사람을 대하고 약속을 지켜야 한다는 것이지요. 그래야만 진실 된 신용사회를 건설할 수 있습니다.

사상 해설자 왕제

아주 잘 대답해 주셨습니다. '성신중국(诚信中国)' 이라는 노래가 있습니다. 그 중 두 구절의 가사가 인상적입니다. "네가 성심성의로 대하면 굳게 닫혔던 마음도 열리고, 내가 성심으로 응대하여 마음과 마음을 나눈다.(你精诚所至，金石为开；我以诚相待，以心换心)"는 구절이지요. 이는 중화민족이 성실함을 중시하고, 신용을 중시하며, 신용을 지키는 전통 미덕을 생생하게 묘사하고 있습니다.

아래에 '성신' 이라는 주제를 중심으로 세 가지 문제를 이야기해보도록 하겠습니다.

첫째, 왜 성실해야 하고 신의를 지켜야 할까요?

둘째, 성실과 신의의 의미는 무엇일까요?

셋째: 성실과 신의의 사회를 어떻게 만들어가야 할까요?

먼저 첫 번째 문제를 보겠습니다. 왜 성실해야 하고 신의를 지켜야 할까요? 이어서 영상 한 편을 시청하도록 하겠습니다.

(아래의 QR코드를 찍어서 시청하세요.)

시진핑 :

중국문화는 "말에는 신용이 있고(言必信) 행동에는 결과가 있어야 한다.(行必果)", "사람으로서 신용을 지키지 않으면 인간의 가치가 없다.(人而无信, 不知其可也)"는 것을 강조합니다. 이런 사상과 이념은 과거든 현재든 모두 선명한 민족적 특색을 가지고 있으며, 모두 영원히 퇴색하지 않는 시대적 가치를 보유하고 있습니다.

총서기의 육성 16

진행자 캉훼이

방금 들으신 것은 2014년 5월 4일 청년의 날에 시진핑 총서기가 베이징대학교 사생들과의 간담회에서 한 발언입니다. 성신을 이야기하면서 총서기는 "말에는 신용이 있고(言必信) 행동에는 결과가 있어야 한다.(行必果)", "사람으로서 신용을 지키지 않으면 인간의 가치가 없다.(人而无信, 不知其可也)"라는 구절을 인용했습니다. 우리가 너무나도 익숙하게 알고 있는 이 두 구절은 『논어(论语)』에서 나왔습니다. 이 두 구절에 담긴 심오한 의미는 무궁무진합니다. 이제 이번 프로그램의 고전 해설자인 난징사범대학의 리버 교수님을 모시고 해설을 들어보도록 하겠습니다.

경전 해설자 리버

시진핑 총서기가 인용한 이 두 구절을 모두가 잘 알고 있을 것입니다. 첫 번째 구절인 "언필신, 행필과(言必信, 行必果)"는 어린이들도 익히 알고 있는 구절로, 『논어 · 자로(论语 · 子路)』에서 유래했습니다. '신(信)'은 신의를 지킨다는 뜻이고 '과(果)'는 결과를 낳는다는 뜻입니다. 말을 할 때는 반드시 신용을 지키고, 일을 할 때는 반드시 끝까지 하며, 반드시 결과가 있어야 한다는 의

리버

미이지요. 이제 두 번째 구절을 중점적으로 이야기해보도록 하겠습니다.

　2500년 전 중국 고대의 사상가인 공자(孔子)는 사람으로서 성실과 신의를 잃으면 인간의 가치가 없다는 뜻으로 "인이무신(人而无信), 불지기가야(不知其可也)"라고 말했고 공자의 제자들은 그의 이 명언을 『논어 · 위정(论语 · 为政)』편에 수록했습니다. 공자는 이어 신의를 수레의 끌채를 고정하는 쐐기에 비유하면서 "대거무예(大车无輗), 소거무월(小车无軏), 기하이행지재(其何以行之哉)"라고 말했습니다. 사람이 신의가 없으면 끌채가 없는 수레처럼 달릴 수 없다는 것입니다. 고대에는 큰 수레 대거(大车)는 소가 끌고 작은 수레 소거(小车)는 말이 끌었는데, 대거의 '예(輗)'와 소거의 '월(軏)'은 모두 수레의 끌채를 고정하는 쐐기를 말합니다. 이 쐐기는 나사못처럼 눈에 잘 띄지 않지만 아무리 호화롭고 정교한 수레라고 해도 이 작은 쐐기가 없거나 이 쐐기의 품질이 떨어지면 아예 달릴 수 없거나 달리다가 수레가 해체되고 맙니다. 그러니 먼 길을 달린다는 것은 더욱 불가능하지요.

　성실과 신의는 이 '쐐기'처럼 하찮게 보이지만 사실 근본과 직결되는 핵심입니다. 그래서 공자는 "인이무신(人而无信), 불지기가야(不知其可也)", 즉 사람이 성실과 신의를 지키지 않으면 안 된다고 말했던 것이지요. 유가(儒家)는 성실과 신의를 아주 중요시해서 "인(仁)과

의(义), 예(礼), 지(智), 신(信)"을 사람이 지켜야 할 다섯 가지 덕목으로 뽑았습니다.

중국 전국(战国)시대 전략가들의 책략을 기록한 『전국책(战国策)』에도 로맨틱하면서도 시사점을 안겨주는 스토리가 기록되어 있습니다. 한 번은 위(魏)나라의 개국 임금 위문후(魏文侯)가 사냥을 가자고 아랫사람과 약속했습니다. 그리고 약속한 날이 되었는데 시간은 아직 이르고 마침 손님이 찾아와 위문후는 전각에 잔치를 차리고 주객이 술을 마시고 음식을 먹으면서 즐거운 시간을 보냈습니다. 그리는 중에 비가 내리기도 했습니다.

하지만 약속한 시간이 거의 다가오자 위문후는 자리에서 일어났습니다. 위문후의 곁에 있던 측근이 의아해하면서 물었습니다. "오늘 즐거운 술자리가 이어지고 비도 내리는데 대왕께서는 어디 가시려고 하옵니까?" 이에 위문후가 "내 부하와 사냥을 가기로 약속했다. 이 자리가 심히 즐거우나 어찌 그 부하와의 약속을 어기겠는가?"라고 대답했습니다.

한 나라의 개국 임금이 아랫사람과의 약속을 지키기 위해 비를 무릅쓰고 나선 것입니다. 그래서 『전국책』은 이 스토리의 뒤에 "위어시호시강(魏于是乎始强)"이라는 여섯 글자로 된 평어를 달았습니다. 즉, 위나라는 이로부터 강성해졌다는 것입니다. 이 평가처럼 신의를 지킨 위문후는 후에 전국시기의 첫 맹주가 되었습니다.

사상 해설자 왕제

리버 교수님의 해설에 감사드립니다. 시진핑 총서기는 여러 차례에 걸쳐 성실과 신의를 강조했습니다. 2013년 10월 인도네시아 의회연설에서 "사람은 서로 신의를 지킴으로써 교류하고, 국가는 성실과 신의로써 서로 사이좋게 지냅니다." 라고 말했습니다. 2019년 11월 시진핑 총서기는 제2회 중국 국제수입박람회 개막식에서 제1회 박람회에서 발표된 개방 조치가 대부분 이행되었다고 언급하면서, "우리는 약속을 지키는 나라이며, 우리가 한 말은 반드시 지킵니다." 라고 덧붙였습니다.

중국인에게 성실과 신의가 그토록 강조되고 중요하게 여겨지는 이유는 무엇일까요?

역사적으로 성실과 신의는 중화민족의 전통적인 미덕입니다. 중국문화에는 성실과 신의에 관한 속담과 격언이 아주 많습니다. 그만큼 중국인들이 성실과 신의를 중히 여긴다는 것입니다. 예를 들어 "말 한마디가 가마솥 아홉 개만큼 무겁다.(一言九鼎)", "한 번 입 밖에 낸 말은 사두마차로도 따라잡을 수 없다.(一言既出, 驷马难追)", "작은 신의부터 지켜야 큰 신의를 이룰 수 있다.(小信成则大信立)" 등입니다. 성실과 신의는 이미 중국인의 유전자와 혈통에 각인되었으며, 중국인들이 "수신(修身), 제가(齐家), 치국(治国), 평천하(平天下)"를 이루는 가치를 추구하게 되었습니다. 따라서 시진핑 총서기는 "중국의 우수한 전통문화에 내재되어 있는 인애(仁爱), 민본(民本), 성신(诚信), 정의(正义), 화합(和合), 대동(大同)의 시대적 가치를 깊이 발굴하고 규명하여 중국의 우수한 전통문화를 사회주의 핵심가치 함양의 중요한 원천으로 만들 것"을 강조했습니다.

현실적으로 성실과 신의는 "중국의 꿈"을 실현하기 위한 시대적 요구입니다. 시진핑 총서기는 "기업이 신의가 없으면 발전을 추구하기 어렵고, 사회가 신의가 없으면 모두가 위험에 처하며, 정부가 신의가 없으면 권위가 서지 않습니다." 라고 말했습니다. 따라서 중화민족의 위대한 부흥이라는 "중국의 꿈"을 실현하기 위해서는 사회 전체가 힘을 모아 성실과 신의의 사회를 건설해나가야 합니다.

사람들은 종종 "황금은 값을 매길 수 있지만 성신은 값을 매길 수 없다"고 말합니다. 아래에 제가 여러분께 소개드릴 이 노인은 자신의 실제 행동으로 금보다 성실이 더 소중하다는 것을 증명했습니다.

(화면: 친구가 두창성(杜长胜)에게 전화하고 있다.)

친구의 육성:
여보세요, 두 형, 몸은 좀 괜찮으세요? 시간 내서 한 번 찾아뵙겠습니다.

사상 해설자 왕제

올해 81세인 두창성 씨는 얼마 전 심각한 폐질환 진단을 받았습니다. 소식을 들은 후, 몇몇 친구들은 급히 병문안을 오려고 했습니다. 그리고 이 사람들의 방문은 그로 하여금 오래 된 옛일을 떠올리게 했습니다.

여기에 등록된 것이 병문안을 온 친구들의 이름이지만, 10년 전만 해도 그들은 '채권자'라는 또 다른 신분을 가지고 있었습니다.

채무자는 두창성의 큰아들로, 원래 이 330만 위안의 대출금으로 제 분소를 차리려고 했습니다. 그러나 돈을 빌린 지 얼마 되지 않아 큰아들과 큰며느리가 교통사고로 세상을 떠났습니다.

(화면: 두창성이 이야기하고 있다.)

두창성의 육성:
저는 한 푼도 남김없이 다 갚을 거라고 그에게 말했습니다. 양심을 저버리면 안 됩니다. 제 아들이 불행을 겪었다고 해서 다른 사람까지 곤경에 빠뜨

릴 수는 없지요. 남들의 돈도 하늘에서 뚝 떨어진 게 아니니까요.

사상 해설자 왕제

그러나 330만 위안이라는 거액의 빚을 대신 갚아주는 것은 국수 만들기로 먹고사는 두창성에게는 여간 어려운 일이 아니었습니다.

이 제분소는 장남의 생전 가장 큰 꿈이었습니다. 그러나 스스로 제분소를 운영할 형편이 못 되었던 두창성은 빚을 갚기 위해 울며 겨자 먹기로 헐값에 매각할 수밖에 없었습니다.

우리 법에 따르면, 자녀가 사망하면 부모는 법정 상속인이 되는데, 고인이 남긴 재산에서 채무가 더 많으면 상속인은 상속을 포기할 수 있습니다.

(화면: 두창성이 이야기하고 있다.)

두창성의 육성:
남의 돈을 빌리고 나 몰라라 하면 됩니까? 다 갚아야 합니다. 빈털터리가 되는 한이 있더라도 갚아야 합니다.

사상 해설자 왕제

빚을 갚기 위해 두창성은 자신에게 남겨질 수 있었던 옛집 철거 보상금과 맏며느리 사망 보상금까지 모두 내놓았습니다. 두창성 큰아들의 채권자였던 쉬후이 부부는 이른 아침부터 병문안을 위해 바쁘게 움직였습니다. 이들은 이 노인에 대해서 말할 수 없는 감정을 갖고 있었습니다.

(화면: 쉬후이(许辉)가 이야기하고 있다.)

쉬후이의 육성:
정말 대단한 분입니다. 매달마다 버는 족족 빚을 갚았는데, 매일 한 끼씩
먹으며 채소도 거의 사지 않았습니다. 상상하기조차 어려운 그런 고난을
이겨냈지요.

사상 해설자 왕제

두창성의 끈질긴 노력으로 3년 내에 거의 모든 빚을 청산할 수 있었
습니다. 심지어 차용증이 없는 빚까지 갚았습니다. "아들을 대신해 빚
을 갚은" 두창성은 수많은 사람들을 감동시켰고, 사람들은 그를 '신
의의 어르신(信义老爹)'이라고 불렀습니다. 또 덕분에 그는 제5회 전
국 성실과 신용 모범(诚实守信模范)으로 뽑혔습니다.

(화면: 두창성이 이야기하고 있다.)

두창성의 육성:
모범이라고 할 것까진 없습니다. 저는 다만 신용을 저버리지 않았을 뿐입
니다. 이 일을 원만하게 해결하고 나니, 양심적으로 홀가분합니다.

진행자 캉훼이

왕제 교수님의 해설에 감사드립니다. '신의의 어르신(信义老爹)'이
아들의 빚을 대신 갚은 이야기는 수많은 사람들의 마음 깊은 곳에 있
는 가장 순결한 신의의 빛을 밝혔으며, 사회 전체에 한 차례의 신의에
대한 교육을 진행했다고 볼 수 있습니다. 오늘 저희 프로그램 현장에
사정과 선생님 몇 분을 모셨는데 선생님들께서 수업시간에 '성신'에

대해 어떻게 강의하는지 듣고 싶습니다.

양하이예

　여러분, 안녕하세요! 사정수업에서 우리
는 성실과 신의가 학생들의 일상행위가 되
고 몸에 배게 하는데 역점을 둡니다. 예를
들어, 우리 학교에서는 이 10년 째 '성신 시
험장'을 도입하고 있습니다. 즉, 성신 시험
장에는 감독 선생님이 없으며, 시험장에서

양하이예

학생들의 행위는 주로 스스로의 성실과 신의에 의존합니다. 지난 10
년 동안 성신 시험장에서 단 한 명의 학생도 시험 규율을 위반하여 처
벌을 받은 적이 없었습니다. 이러한 행위의 훈련은 성실과 신의가 학
생들이 몸에 배게 하며, 이로써 삶의 모든 측면에서 체현이 될 것입니
다.

진행자 캉훼이

　감사합니다. 오늘날 중국은 인류 운명공동체 건설을 추진하고 있으
며, 중국의 성신관(诚信观)은 새로운 시대에 어울리는 새로운 의미를
부여받고 있습니다. 이 새로운 의미가 무엇인지에 대해 총서기의 말
을 들어보도록 하겠습니다.
　(아래의 QR코드를 찍어서 시청하세요.)

시진핑 :

"나라는 이익을 이로움으로 여기지 말고(国不以利为利) 의리를 이로움으로 여겨야 합니다.(以义为利也)" 중화민족은 예로부터 "군자는 의로움을 바탕으로 삼는다(君子义以为质)"고 주장해왔고 "의롭지 않게 얻은 부와 명예는(不义而富且贵) 내게 뜬구름과 같다(于我如浮云)"고 강조해왔습니다.

총서기의 육성 17

경전 해설자 리버

방금 들으신 것은 시진핑 주석이 2014년 7월 4일 한국을 국빈 방문하는 동안 서울대학교에서 "한·중 협력의 미래를 함께 창조하고 아시아의 부흥과 번영을 도모하자"는 연설의 한 대목입니다.

유가의 사상을 기록한 「대학(大学)」에는 "국불이리위리(国不以利为利), 이의위리야(以义为利也)"라는 말이 있습니다. 그 의미는 국가는 재물을 추구하지 말고 의로움을 추구하는 것을 목표로 삼아야 한다는 것입니다. 그리고 나라를 다스리는 지혜도 바로 여기에 있다는 것이다.

그렇다면 어떻게 나라를 다스릴 수 있을까요? 시진핑 총서기는 논어의 한 구절을 인용하여 "군자의이질(君子义以为质)"이라고 했는데, 이는 「논어·위령공(论语·卫灵公)」편에 나오는 것으로 공자가 군자를 묘사한 말입니다. 공자는 "군자는 의로움을 바탕으로 삼고(君子义以为质) 예로써 실행하고(礼以行之), 겸손한 말투로 표출하고(孙以出之), 신의로써 완성하니(信以成之), 참으로 군자도다!(君子

哉)"라고 말했습니다. 여기서 '손(孙)' 자는 통가자(通假字, 고대 사람이 어떤 글자를 쓸 때 본래 써야 할 글자 대신 쓰는 독음이 비슷하거나 같은 글자로 쓰는 것.)입니다. 즉 겸손이라는 의미의 '손(逊)'으로 이해하시면 됩니다.

공자에게 있어서, 성실함은 군자의 중요한 자질입니다. 군자는 "말이 충실하고 신뢰가 있어야 하고(言忠信)", "삼가며 일을 함으로써 백성들 신뢰를 얻어야 하며(敬事而信)", 사람을 대함에 있어서 "친구 대하듯 믿음이 있어야 합니다.(与朋友交言而有信)" 공자가 이후로 역대 군자를 언급할 때 성실을 말하지 않은 경우가 없었습니다. 청대에 이르러서는 계몽 도서인 『제자규(弟子规)』에도 "효와 공경이 먼저이고, 근신과 신용이 그다음이다.(首孝弟, 次谨信)"라는 말이 등장합니다. 이로부터 볼 때, 성실함은 군자의 핵심 덕목의 하나이고 반드시 행해야 하는 것입니다.

중국의 문명사에서 성실과 신의에 관한 사례는 아주 많습니다. 『후한서(后汉书)』에 재미있고도 시사점을 안겨주는 이런 이야기가 기록되어 있습니다.

당시 병주(并州)의 수장인 병주목(并州牧) 곽급(郭伋)이 근면하게 일하며 백성을 사랑해 백성들의 사랑을 받았습니다. 한 번은 곽급이 관할구역을 시찰하고자 먼 길을 떠나게 되었습니다. 그가 성문을 나서니 수백 명의 어린이들이 죽마(竹马)를 타고 도로 양쪽에 줄지어 그를 배웅했습니다. 그 중 한 어린이가 물었습니다. "주목님께서는 언제 돌아오십니까?" 곽급은 '비서'에게 돌아오는 일정을 물어보고 언제 돌아오게 된다고 대답했습니다. 그러자 어린이들은 "주목님께서 돌아오시는 날 다시 이곳에서 맞이하겠사옵니다."라고 말했습니다. 그런데 계획이 앞당겨져 곽급은 일정보다 하루 먼저 돌아오게 되었습니다. 곽급은 어린이들과의 약속을 지키기 위해 성 밖의 정자에서 하룻밤을 잔 후 이튿날 성에 들어왔습니다. 주목이라는 큰 관리도 어린이들과의 약속을 지키기 위해 이렇게 일정을 맞추었지요. 이 일화는 오늘날 다시 들어도 탄복하지 않을 수 없는 일입니다.

세월은 흘러가지만 의미는 영원합니다. 새로운 시대에는 새로운 군자가 필요합니다. 물방울이 모여 강과 바다가 되고, 정신이 모여 나라의 영혼이 됩니다. 국가의 부강과 민족 부흥의 희망은 경외심을 가지고 말과 행동을 진실하게 하는 모든 현대 군자들에게 있습니다.

사상 해설자 왕제

리버 교수님의 해설에 감사드립니다. 그렇다면 성신(诚信)의 의미는 무엇입니까? 우리가 한 말, 약속한 일은 반드시 지켜야 하고 반드시 실천해야 합니다. 이것을 성신이라고 합니다.

첫째, 성신은 인간교류의 전제 조건입니다. 우리는 항상 "남들과 사귀려면 말에 신용이 있어야 한다."고 말합니다. 중화민족의 가치관에서 신용은 "한 번 한 약속은 천금과도 같다.(一诺千金)", "말 한 마디가 백 냥의 황금보다 무겁다.(一言为重百金轻)", "천금을 잃더라도 신용을 잃지 않는다.(宁失千金, 不失诚信)"는 말로 개괄이 됩니다. 이것은 우리에게 사람은 신용을 자신의 삶의 가장 기본적인 원칙으로 삼아야 함을 알려줍니다.

둘째, 성신은 기업경영의 초석입니다. 일부 100년 된 가게와 장수기업들이 쇠퇴하지 않고 번영할 수 있는 비결은 어떤 풍랑과 좌절에도 정직과 기업 설립의 원칙을 고수하고 있음을 말해줍니다. 그들은 깃털을 아끼고 눈을 보호하는 것과 같이 기업의 신용과 명성을 중히 여겼습니다. 이것이 그들이 성공을 거둔 가장 중요한 열쇠입니다.

셋째, 성신은 관리의 근본입니다. 성신은 지도 간부의 명성뿐만 아니라 지도 집단의 결속력과 전투력과도 관련이 있습니다. 윈난(云南)성 바오산(保山)지구 당서기였던 양산저우(杨善洲)는 "고향 스디안(施甸)으로 돌아가 나무를 심고 백성을 위한 오아시스를 만들겠다."는 소박한 약속을 실천하기 위해 지도직에서 물러난 후, 도시에서 노후를 즐길 기회를 포기하고 다량산(大亮山)에 들어가 마을 사람들을 이끌고 나무를 심었습니다. 극도로 열악한 환경에서 22년 동안 56,000무(畝, 대략 1마지기로 150평에서 200평 사이로 지방마다 다름)의 황폐한 산을 오아시스로 만들고, 3억 위안 상당의 산림농장 운영 권한을 국가에 무료로 양도했습니다. 양산저우는 성실함과 신뢰로 백성들에게 했던 소박한 약속을 지켰고, 새로운 시대의 많은 당원들과 간부들에게 성실하고 실용적으로 일하는 귀감을 보여줬습니다.

시진핑 총서기는 지도 간부가 당의 기풍을 더욱 개선하고 당성 수양을 강화해야 한다고 하면서, 성실하게 일하고 규칙과 규율을 준수하며, 광명정대하고 언행이 일치해야 하고, 경외심과 명확한 기준을 가져야 하며, 당에 충성하고 대중에게 충성하고, 어떤 상황에서도 '탈선' 하는 일이 없어야 한다고 강조했습니다. 전국 성실과 신의의 모범(全国诚实守信模范)인 장쑤(江苏)성 창수(常熟)시 장샹(蒋巷)촌 당서기 창더성(常德盛)은 성실함으로 대중들의 신뢰를 얻었습니다.

2019년 10월 장샹촌의 마을 역사박물관은 젊은 손님들을 맞이했는데, 그들을 접대한 사람은 이곳에서 가장 오래된 '해설자' 인 75세의 창더성이었습니다. 사실 창더성은 전문 해설자가 아니라 장샹촌의 당위원회 서기라는 또 다른 신분을 가지고 있습니다.

(화면: 창더성이 이야기하고 있다.)

창더성의 육성:
저는 1966년에 입당했는데 당시 대대장이었습니다. 당시 저희 마을은 정말 가난해서 먹을 것이 턱없이 부족했습니다. 어느 정도로 가난했냐면, 11개 생산대 대장들이 회의를 하는데 앉을 쪽걸상이 모자랄 정도였지요. 당시 저는 이렇게 말했습니다. "가난은 뿌리가 있는 게 아니고, 부자도 타고난 것이 아닙니다. 농민들이 꼭 잘 살게 할 것입니다."

사상 해설자 왕제

"농민들이 꼭 잘 살게 할 것입니다." 그 해 23세의 젊은 공산당원은 마을 사람들 앞에서 약속을 했고, 그때부터 마을 사람들을 빈곤에서 벗어나 부자가 되게 하기 위해 최선을 다했습니다. 마을 역사박물관에서 멀지 않은 곳에 가을 추수가 한창이었는데, 이곳에서 창더성의 약속을 이행하기 위한 첫걸음이 시작되었습니다.

50여 년 전, 창더성의 지도 아래 장샹촌의 400명이 채 안 되는 노동력이 모두 동원되었습니다. 어깨와 대나무 바구니 두 개에 의지해 1,200무 저지대 땅을 모두 1m 높이로 높였습니다. 대략적으로 추산하면 한 사람당 축구장 서너 개 크기에 4~5층 건물 높이만큼의 진흙 산을 매립했던 것입니다. 이를 바탕으로 퇴비를 뿌려 밭을 일구어서, '몹쓸 땅'을 홍수와 가뭄에도 끄떡없는 옥토로 바꿨습니다.

생산량 증가와 풍성한 수확으로 마을 주민들은 마침내 빈곤에서 벗어나게 되었습니다. 하지만 진정으로 부의 약속을 실현하기 위해 창더성은 더 많은 대가를 지불해야 했습니다.

이 철강구조 공장은 1990년대에 세워진 것입니다. 이날도 중요한 손님들이 방문했는데, 만약 그들이 조금만 주의를 기울이면 창더성의 왼쪽 눈에 흉터가 있다는 것을 알게 될 것입니다. 그것은 그가 제품의 판로를 열기 위해 지불한 대가였습니다.

(화면: 창더성이 이야기하고 있다.)

창더성의 육성:
저는 당서기로서 무슨 어려운 일이든 해야 했습니다. 사람들이 모두 쉬고 있을 때에도 저는 여전히 강판의 판로를 위해 뛰었습니다. 1992년 저는 아침에 일찍 나갔는데, 운전기사가 마주오던 오토바이와 부딪히는 바람에 저는 한쪽 눈을 상해서 28바늘을 꿰맸습니다. 지금 시력이 0.2밖에 안 됩니다. 이런 상황에서 저는 항상 이 말을 합니다. 제가 숨이 붙어있는 한 장상촌을 반드시 더 잘 살게 만들겠다고요.

사상 해설자 왕제

손상된 눈으로 밤낮을 가리지 않고 노력하여, 창더성은 마침내 시골마을의 작은 공장을 점차 화동지역의 유명한 철골기업이 되게 했습니다. 이에 힘입어 장상촌도 도약을 이루었지요.

오늘날 장상촌의 총 생산액은 10억 위안을 초과했으며 마을 사람들의 1인당 연간 소득도 1978년 206위안에서 52,500위안 이상으로 증가했습니다. 50여 년의 세월도 어쩌면 한 순간입니다. 마을 사람들은 창더성이 여전히 그대로 변함이 없는데, 장상촌은 이미 몰라보게 변했다고 웃으며 말하지요.

진행자 캉훼이

왕제 교수님의 해설에 감사드립니다. 방금 왕제 교수님이 창더성이라는 성실한 공산당원에 대해 이야기했습니다. 오늘 프로그램 현장에 특별히 창더성 동지를 모셨습니다. 박수로 맞이해주세요.

어서 오십시오, 창 서기님. 장상촌에서 좀 나이가 드신 분들에게 물어보면, 다들 창더성 서기님께서 당년에 했던 약속을 기억하고 있습니다. "가난은 뿌리가 있는 게 아니고, 부자도 타고난 것이 아닙니다. 하늘은 바꿀 수 없지만, 땅은 꼭 바꿔야 합니다." 라는 호언장담이었지요. 당시 어떻게 이런 말을 하게 되었습니까?

창더성

이 말은 1960년대인 1966년에 한 말입니다. 그때 저는 높은 득표율로 막 대대장으로 선출되었지요. 나중에는 당서기가 되었습니다. 당시 우리 장상촌 농민들이 사는 집은 기본적으로 진흙으로 만든 초가집이

창더성

었습니다. 회의를 할 만한 마을 사무실조차 없었지요. 마을의 땅은 고르지 않고 기복이 심했고 강물도 멋대로 관통하여 흐르고 있었습니다. 그래서 당시 우리는 "가난은 뿌리가 있는 게 아니고, 부자도 타고난 것이 아니다. 우리들의 면모를 일신하고 농민들이 먹고사는 문제를 해결하기 위해서는, 하늘은 바꿀 수 없더라도 땅만은 꼭 바꿔야 한다."라고 제기하게 되었습니다.

진행자 캉훼이

지난 50여 년을 돌이켜볼 때, 그때 했던 약속을 차근차근 이행해 온 것이 가장 자랑스러울 것 같습니다. 그때의 약속이 이루어졌다고 생각합니까?

창더성

사실대로 말하자면, 우리는 원래의 약속을 초과해서 실현했습니다. 왜냐고요? 그동안 저는 순풍일 때에는 열심히 일하고 역풍을 만나면 더 필사적으로 일했습니다. 50년 동안 명절이나 휴일에도 쉬지 않았습니다. 한 걸음 한 걸음 발자취를 남겨왔지요. 농민들은 우리의 약속이 정말로 한 걸음 한 걸음 실현되는 것을 보면서, 다음 단계로 나아가는 적극성이 생겼습니다. 그래서 우리 장상춘 당 조직이 호소하기만 하면 너나없이 호응해 나선답니다.

진행자 캉훼이

이 한 마디를 평생 실천했습니다. 이것이 바로 중국 농민의 가장 소박한 성실함이고, 중국공산당의 인민을 위한 엄숙한 약속입니다. 그 약속을 평생을 실천하고, 또 평생을 들여 그 약속을 실현해왔습니다. 감사합니다!

다음으로, 우리는 계속해서 사상 해설자이신 왕제 교수님을 모시고, 새로운 시대의 중국공산당원들이 어떻게 하면 성실과 신의를 잘 지킬 수 있는지에 대해 들어보겠습니다.

사상 해설자 왕제

다음으로 네 번째 점을 말씀드리겠습니다. 성신은 국가교류의 관건입니다. 국제협력과 교류에서 우리나라는 항상 '진정성'이라는 단어를 고수하고, 진실한 마음으로 교제하고, 진실하게 대함으로써 정치

와 전략적 상호 신뢰를 공고히 하고 있습니다. 예를 들어 1960~1970
년대 새로 독립한 탄자니아와 잠비아의 경제발전을 지원하기 위해 5
만여 명의 중국 기술자들이 아프리카 대륙으로 건너가 탄자니아·잠
비아 국민과 함께 험악한 산악지대에서 피땀을 흘리며 탄자니아와 잠
비아를 연결하는 1,860킬로미터 길이의 철도를 부설했습니다. 이 '자
유의 길', '우정의 길'은 탐사부터 완공까지 꼬박 10년이 걸렸습니다.
당시 경제가 어려웠던 중국은 막대한 재력과 인력을 투입했는데, 총
69명의 중국 전문가들이 이 철도를 위해 고귀한 목숨을 바쳤고, 머나
먼 이역 땅에서 영면했습니다.

　요약하면 성신은 매우 소중한 품격으로서 한 사람이나 한 기업이
입신하는 근본이며, 성신은 또한 일종의 책임으로서 국가 간 우호 관
계의 열쇠라고 결론지을 수 있습니다. 공산당원의 입당 선서는 일반
당원들이 당에 한 엄숙한 약속입니다. 중국공산당 제18차 전국대표대
회 이후 시진핑 총서기는 제도적 차원에서 성신문화(诚信文化) 건설
을 추진하고 제도적 힘으로 성신 습관과 성신문화를 육성하는 데에
관심을 기울였습니다. 그렇다면 어떻게 성신제도를 구축할 수 있을까
요? 이어서 영상 한 편을 시청하도록 하겠습니다.

　(아래의 QR코드를 찍어서 시청하세요.)

3. 성실과 신의의 사회를 어떻게 만들어야 하나?

시진핑 :

"영원히 강한 나라도 없고(国无常强) 영원히 약한 나라도
없습니다(无常弱). 법을 받드는 것이 강하면 강한 나라가
되고(奉法者强则国强), 법을 받드는 것이 약하면 약한 나
라가 됩니다.(奉法者弱则国弱)" 장기간의 노력을 통해 중

총서기의 육성 18

국특색 사회주의 법률체계가 기본적으로 형성되어 우리나라와 사회생활의 각 분야에서 따를 법이 있게 되었습니다. 이는 우리가 거둔 중대한 성과이자 우리가 계속 앞으로 나아가는 새로운 기점이기도 합니다. 정세는 발전하고 시대는 전진합니다. 법률체계는 반드시 시대의 진보와 실천의 변화에 따라 끊임없이 발전해야 합니다.

경전 해설자 리버

이는 시진핑 총서기가 2014년 9월 5일 전국인민대표대회 성립 60주년 경축대회에서 한 중요한 발언입니다. 총서기는 이 발언에서 "국무상강(国无常强), 무상약(无常弱). 봉법자강즉국강(奉法者强则国强), 봉법자약즉국약(奉法者弱则国弱)"이라는 말을 인용했습니다. 중국 전국(战国)시대의 사상가이자 법가(法家)의 대표인 한비자(韩非子)의 사상을 집대성한 『한비자(韩非子)』의 「유도(有度)」편의 서두에 나오는 구절입니다.

그 의미는 영원히 강한 나라도 없고 영원히 약한 나라도 없으며 강하게 법을 집행하는 나라는 강하고 약하게 법을 집행하는 나라는 약하다는 것입니다.

한비자는 법을 받드는 것은 한 나라가 강해지는 관건이라고 여겨 법으로 나라를 다스린다는 '이법치국(以法治国)'이라는 개념을 제기했습니다. 물론 이 '이법치국(以法治国)'을 오늘날의 '의법치국(依法治国)'과 동일시할 수는 없지만, 우리는 2,200여 년 전 선진(先秦) 사상가들의 사상의 불꽃을 돌이켜보면 여전히 가슴 벅차고 자랑스럽습니다.

법률은 명문화된 도덕이고 도덕은 마음속의 법률입니다. 도덕과 법률이 병행되어야 나라를 잘 관리할 수 있습니다. 당(唐)나라 때의 유명한 법전인 『당률소의(唐律疏議)』는 유가사상을 받아들여 "덕과 예는 정치의 근본이고(德礼为政教之本) 형과 벌은 정치의 도구(刑罰为政教之用)"라는 견해를 제기했습니다. 궁극적으로 도덕과 예의는 나라를 관리하는 근본이고 형법과 형벌은 나라를 관리하는 수단으로 모두 없어서는 안 되는 요소인 것입니다.

명(明)나라 때의 청렴한 관리였던 해서(海瑞)는 덕(德)과 법(法)을 병행한 대표적인 인물입니다. 그가 저장(浙江)의 작은 현에서 지사로 있을 때 그의 상사는 저장(浙江) 총독 호종헌(胡宗宪)이었습니다. 막강한 권력자인 호종헌의 아들이 법을 어기자 해서는 권세를 두려워하지 않고 엄격하게 법을 집행해 호종헌의 아들을 구속했고 불법적으로 얻은 거액의 소득도 몰수했습니다. 이와는 달리 강남(江南)에 수재가 발생한 후 많은 이재민들로 인해 치안문제가 발생했지만 해서는 군대를 풀어 진압한 것이 아니라 수리시설 공사장에 이재민들을 고용하여 그들에게 살 길을 마련해 주는 것을 통해 문제를 지혜롭게 해결했습니다. 덕과 법을 병행한 훌륭한 예가 되겠습니다. 바로 이런 의미에서 우리는 해서를 '청렴관리'라고 부르는 것입니다.

사상 해설자 왕제

리버 교수님의 해설에 감사드립니다. 셋째, 어떻게 성실과 신의의 사회를 만들 수 있을까요? 성신은 도덕적 교화도 필요하고 법치의 보장도 필요합니다. 권선징악의 효과적인 메커니즘을 통해서만 약속을 지키는 사람은 존경 받고, 약속을 어기는 사람은 부끄러워하며, 신의가 없는 사람은 걱정하는 성실과 신의의 사회환경을 조성 할 수 있습니다.

2016년 3월 4일 시진핑 총서기는 전국인민정치협상회의 제12기 제4차 회의에 참석한 민건·공상연맹(民建工商联界) 위원들을 만나 토론하는 자리에서 다음과 같이 말했습니다. "모든 기업은 준법정신을 안신입명(安身立命)의 기초로 삼아 법에 따라 경영하고 법에 따라 기업을 다스리며 법에 따라 권리를 보호해야 합니다. 법의 마지노선을 깨뜨려서는 안 됩니다. 탈세, 밀수, 짝퉁 제조, 짝퉁 판매 등 불법적인 일은 단호히 배격해야 하며, 부실공사나 저울을 속이는 일도 절대 해서는 안 됩니다." 여기서 시진핑 총서기는 기업 운영자들을 상대로 말하고 있지만, 준법경영이나 성신경영은 또 우리가 성신사회를 구축하는 근본적인 지침이라는 점을 제공해주고 있습니다. 시진핑 총서기는 또 사회신용시스템 구축에 대서도 이야기했습니다. "신용 결핍이 두드러진 문제와 관련하여 사회전체를 포괄하는 신용시스템을 구축해야 할 뿐만 아니라, 준법 포상 메커니즘과 불법 징계 메커니즘을 보완하여, 사람들이 감히 법을 어기지 못하고 법을 어길 수 없도록 해야 합니다. 이익을 보고 정의를 잊고 위조품을 만들고 판매하는 불법행위에 대해서는 법 집행을 강화하여 법을 위반한 사람들이 처벌을 받고 대가를 치르도록 해야 합니다."

　　새로운 시대적 배경에서 신용시스템을 구축하려면 다음과 같이 해야 합니다.

　　첫째, 자기 수양을 강화하고 성실한 품행을 키워야 합니다. 신용시스템 구축을 강화하는 것은 시민의 자율, 신독(慎独), 정신수양, 자기반성 등의 의식함양과 불가분의 관계이며, 이는 사람들이 도덕적 실천에서 강한 자제력을 갖도록 촉구합니다.

　　둘째, 법치를 강화하고 부정행위를 엄중히 처벌해야 합니다. 시진핑 총서기는 도덕적 요구사항을 법치건설에 구현해야 한다고 강조하면서 동시에 법치방법을 사용하여 도덕 분야에 불거진 문제를 해결하고, 전 국민의 법치의식과 도덕의식을 향상시켜야 한다고 했습니다.

셋째, 신용 위반을 방지하기 위한 시스템 구축을 강화해야 합니다. 현대 신용사회를 건설하는 과정에서 우리는 시스템 구축을 강화하고 일련의 효과적인 행동강령과 법적 규범을 수립함으로써, 신용 위반을 강제적으로 교정하고 신용이 자리매김할 수 있도록 견고한 제도적 보장을 제공해야 합니다.

생각해 보십시오. 신용을 지키던 지역이나 그룹에서 누군가가 신용 규칙을 위반했는데 제때에 복구하지 않았습니다. 그러면 '깨진 유리창 이론'이 작동하게 됩니다. '깨진 유리창 법칙'은 범죄학의 이론입니다. 예를 들어, 건물의 창문 하나가 깨졌는데 적시에 수리되지 않으면 다른 사람들이 암묵적으로 더 많은 창문을 깨도록 부추길 수 있습니다. 이 이론에 따르면, 환경의 바람직하지 않은 현상을 방치하고 규제하지 않으면 사람들이 이를 모방하거나 심지어 강화하도록 유도하여 궁극적으로 환경악화로 이어지게 됩니다. 신용구축도 마찬가지입니다. 신용을 지키지 않는 사람이 적절한 처벌을 받지 않으면 더 많은 사람들이 신용을 지키지 않게 될 것입니다.

오늘날 '성신'과 같은 사회주의 핵심 가치를 육성하고 실천하는 것은 모든 사람이 신용을 중시하는 좋은 사회 분위기를 조성하고 사회 전체의 신용의식을 높이기 위한 것입니다. 그래야만 '성신'이 방출하는 강력한 긍정적인 에너지가 내면의 도덕성을 이끌어내고 대인관계를 규범화하며 사회통합에 영양을 공급하는 큰 역할을 할 수 있습니다.

진행자 캉훼이

이 프로그램에서 훌륭한 해설을 해주신 사상 해설자 왕제 교수님과 고전 해설자 리버 교수님께 감사드립니다. 중국공산당 제19차 전국대표대회 보고서는 성신 구축의 제도화를 추진할 것을 명확히 제안하고 있는데, 이는 우리나라 성신문화 구축의 실천에 큰 돌파구가 될 것입니다. 또한 시진핑 총서기의 성신에 대한 중요한 담론은 국가 성신문화 건설의 행동 지침입니다. "예로부터 성실과 신의로 사람들을 다스려 왔으며(自古驱民在信诚), 말 한 마디가 백 냥의 황금보다 무겁습니다.(一言为重百金轻)" 친애하는 시청자 여러분, 마지막으로 성신에 대한 전례와 고사를 다시 한 번 되새기면서 새롭게 그 힘을 느껴봅시다.

경전낭독

『제자규(弟子規)』(발췌)

이육수(李毓秀)

말을 함에 있어서 신용이 우선이고, 속임수를 쓰거나 횡설수설하지 마라.

말은 적게 하는 것이 좋고, 사실대로 말해야지 교묘하게 말하지 마라.

간사하고 교묘한 말, 저속하고 더러운 말을 해서는 안 된다.

권세에 아부거나 시정잡배와 어울리는 것은 절대 금하라.

진상을 알기 전에는 경솔하게 의견을 발표하지 마라.

진실을 모르는 소문은 가볍게 믿거나 다시 퍼뜨려서는 안 된다.

불합리한 요구에 대해 경솔하게 승낙하지 마라.

쉽게 승낙하면, 진퇴양난에 빠지게 된다.

凡出言信为先诈与妄奚可焉

话说多不如少惟其是勿佞巧

奸巧语秽污词市井气切戒之

见未真勿轻言知未的勿轻传

事非宜勿轻诺苟轻诺进退错

자강불식으로 나날이 새로워지자

自强不息日日新

본 회의 개요

1. 혁신이란 무엇인가?
2. 왜 혁신해야 하나?
3. 어떻게 혁신을 해야 하나?

'혁신'은 시진핑 총서기의 국정 운영의 핵심 이념 중 하나로, 신(新) 발전이념의 첫 자리를 차지한다. 이번 프로그램에서는 중국역사 발전과정에서 '혁신'의 가치와 역할을 설명하고, 시진핑 총서기의 '혁신'에 대한 논술을 해설한다.

진행자 :

캉훼이(康辉)

사상 해설자 :

궈젠닝(郭建宁, 베이징대학, 중국특색 사회주의이론체계 연구센터부실
　　　장·교수)

경전 해설자 :

캉전(康震, 베이징사범대학[北京师范大学] 교수)

게스트 :

스원타오(师文涛, 중국인민대학 부속중학교 교사)
양창펑(杨长风, 베이떠우[北斗] 위성항법시스템 총설계사)
인샹위안(尹相原, 베이떠우 발사시스템 청년대표)
왕단(王丹, 베이더우 위성시스템 청년대표

진행자 캉훼이

중국공산당 제18차 전국대표대회 이후 시진핑 총서기의 일련의 중요한 연설·논술·글 중 유독 많이 등장하는 단어가 있습니다. 얼마나 많이 등장할까요? 천 번이 넘습니다. 이 단어가 바로 '혁신'입니다. 시진핑 총서기는 늘 혁신을 말하고, 사사건건

캉훼이

혁신을 말하고, 곳곳에서 혁신을 모색하고 있습니다. 오늘 우리는 '혁신'이라는 주제를 중심으로, 시진핑이 좋아하는 전례와 고사를 해설함으로써 혁신 영역에서 총서기가 어떻게 솔선수범하고 앞장섰는지를 터득하는 시간을 가져봅시다. 이제 이 프로그램의 사상 해설자로 베이징대학 중국특색 사회주의이론체계 연구센터 부실장이신 궈젠닝(郭建宁) 교수를 모시겠습니다. 박수 부탁드립니다.

사상 해설자 궈젠닝

여러분 안녕하십니까. 중국 특색 사회주의는 새로운 시대에 접어들었고 우리는 그 어느 때보다 중화민족의 위대한 부흥을 실현하는 데 더 가까워졌습니다. 새로운 시대와 새로운 여정은 또한 새로운 문제와 새로운 도전에 직면했습니다. 국내적으로 진일

궈젠닝

보 개혁과 고품질 발전이라는 난제에 직면했고, 국제적으로는 복잡하고 예측하기 어려운 정세에 직면했습니다. 100년 동안 없었던 큰 변화의 갈림길에 다다른 것입니다. 이러한 상황에서 어떻게 전략적 정력(定力)과 자신감을 유지하고 자신의 일을 잘 할 수 있을까요? 어떻게 개혁개방을 더욱 추진하고 자주적 혁신과 발전의 길을 걸으며 혁신적인 국가를 건설할 수 있을까요?

혁신과 관련하여 시진핑 총서기는 중요한 논술을 많이 했습니다. 여러분들은 혁신에 관한 총서기의 어떤 명언들을 들어 보셨습니까?

게스트

기억에 남는 한 마디가 있습니다. "남들이 있으면 우리도 있어야 하고, 남들도 있으면 우리는 남들보다 강해져야 하며, 남들도 강하면 우리는 더 우수해져야 합니다.(人有我有、人有我强、人强我优)"

게스트

"핵심적인 영역과 열세한 분야에 공을 들여야 합니다.(在关键领域、卡脖子的地方下大功夫。)"

사상 해설자 궈젠닝

다들 잘 대답해주셨습니다. 오늘 우리는 '혁신'이라는 주제를 둘러싸고, 혁신이 무엇이고, 왜 혁신해야 하며, 어떻게 혁신해야 하는지 등 세 가지 문제에 대한 답을 찾아보도록 하겠습니다. 도대체 혁신이란 무엇일까요? 이어서 영상 한 편을 시청하도록 하겠습니다. (아래의 QR코드를 찍어서 시청하세요.)

 1. 혁신이란 무엇인가?

> **시진핑 :**
> 중화민족은 혁신 정신이 풍부한 민족입니다. 우리 선조들은 일찍이 "주수구방, 기명유신(周虽旧邦，其命维新)", "천행건, 군자이자강불식(天行健，君子以自强不息)", "구일신, 일일신, 우일신(苟日新，日日新，又日新)" 등과 같은 명제들을 제기했습니다. 이처럼 혁신정신이야말로 중화민족의 가장 뚜렷한 천부라고 할 수 있습니다.

총서기의 육성 19

진행자 캉훼이

방금 우리가 들은 시진핑 총서기의 이 육성은 2014년 6월 9일 중국과학원(中国科学院) 제17차 원사대회(院士大会)와 중국공정원(中国工程院) 제12차 원사대회에서 한 발언입니다. 여기서 총서기는 세 가지 경전을 인용했는데, 그 중 "천행건, 군자이자강불식(天行健, 君子以自强不息)"과 "구일신, 일일신, 우일신(苟日新, 日日新, 又日新)"은 우리에게 비교적 익숙합니다. 또 "주수구방, 기명유신(周虽旧邦, 其命維新)"이라는 구절이 있습니다. 이 구절은 어디에서 나왔고, 또 어떤 의미가 있을까요? 이 프로그램의 경전 해설자이신 베이징사범대학 강전(康震) 교수님을 모시고 해설을 들어보도록 하겠습니다.

경전 해설자 강전

"주수구방, 기명유신(周虽旧邦, 其命維新)"은 『시경·대아·문왕(诗经·大雅·文王)』에서 나왔습니다. 어떤 의미일까요? 주(周)나라는 작은 나라이고 또 오래된 나라이지만 끊임없는 혁신을 사명으로 삼아 부단히 앞으로 나아간다는 것입니다. "천행건(天行健), 군자이자강불식(君子以自强不息)"은 『역경(易经)』에 나온 말입니다. 군자는 굳세게 운행되는 자연처럼 추춤하지 않고 끊임없이 영원토록 진보해야 한다는 의미입니다. "구일신(苟日新), 일일신(日日新), 우일신(又日新)"은 『예기·대학(礼记·大学)』에서 나온 말입니다. 날마다, 달마다, 해마다 끊임없이 혁신해야 끊임없이 앞으로 발전할 수 있다는 의미로 인류의 문명과 발전, 창조만이 우리가 끊임없이 앞으로 나아가는 원동력이라는 의미입니다.

혁신의 대표적인 사례 중 하나로는 동한(东汉) 때 유명한 제지(造纸) 전문가 채륜(蔡伦)을 들 수 있습니다. 채륜은 아주 가난한 집에서 태어나 어릴 때 환관으로 궁에 들어갔습니다. 그는 상방령(尚方令) 직에

강전

올라 궁의 물건을 만드는 일을 담당하며 온갖 기기와 어용품의 제조를 감독했습니다. 상방령이 관할하는 업무 중 하나가 바로 종이를 만드는 일이었습니다. 고고학 발견에 의하면 서한(西汉) 때 벌써 마를 원료로 한 마지(麻纸)가 만들어졌다고 합니다. 하지만 마지는 아주 조악해서 사용하기 불편했고, 따라서 당시 어떻게 새로운 종이를 개발하느냐가 아주 절박한 문제로 대두되었습니다. 채륜은 늘 도처에 찾아다니며 종이를 만드는 데 필요한 원자재를 찾았습니다. 그가 보기에 나무껍질과 삼베 조각, 헌 헝겊, 낡은 그물 등은 모두 종이를 만들 수 있는 자재였습니다. 채륜은 반복적인 실험과 연구, 제작을 통해 끝내 품질이 좋은 종이를 만들어냈습니다. 채륜이 만든 종이는 사용하기에도 편리했고 원가도 아주 저렴해서 재빨리 보급되었습니다. 후에 사람들이 채륜을 제지의 비조라 칭하고 채륜이 만든 종이를 채후지(蔡侯纸)지라 불렀습니다. 이처럼 중화민족이 예로부터 무한한 지혜와 혁신의 능력을 보유하고 있었고, 이런 혁신과 지혜는 중국과 세계의 문명에 대해 모두 거대한 추진역할을 했음을 알 수 있습니다.

시진핑 주석이 이 연설에서 세 가지 전례와 고사를 인용한 것은 중화민족의 혁신정신을 전승하고 고양하며, 고대의 현자를 본보기로 삼아 끊임없는 혁신을 통해 중화민족의 위대한 부흥이라는 "중국의 꿈(中国梦)"을 실현하기 위해 노력할 것을 격려하기 위함입니다.

사상 해설자 궈젠닝

알기 쉽게 해설해주서서 감사합니다.

그렇다면 혁신이란 무엇일까요?

첫째, 혁신정신은 중화민족의 가장 뚜렷한 천성입니다. 중국인민은 위대한 창조정신을 가지고 있습니다. 고대중국에서는 사상학술에서 문학예술, 4대 발명에서 만리장성에 이르기까지 위대한 업적을 남겼습니다. 현대중국에서는 혁신 주도 발전전략이 심도 있게 추진되고 혁신형 국가건설의 성과가 아주 많습니다. '자오롱(蛟龙)'·'베이떠우(北斗)'·'톈궁(天宫)'·'톈옌(天眼)'·'모쯔(墨子)'·'우콩(悟空)' 등 많은 과학연구 성과를 올렸고 깡주아오대교(港珠澳大桥), 베이징 따싱(大兴) 국제공항 등이 큰 주목을 받고 있습니다. 중국 인민의 창조정신과 혁신의 활력이 전례 없이 분출되어 위대한 기적을 창조했습니다.

둘째, 혁신은 개혁과 개방의 생명입니다. 위대한 기적은 하늘에서 떨어지거나 다른 사람이 준 것이 아니라 우리 당이 인민을 지도하여 이론 혁신, 제도 혁신, 과학 기술 혁신, 문화 혁신 등 각 방면의 혁신을 추진하여 이룩한 것입니다.

셋째, 혁신은 미래를 결정짓고 개혁은 국운과 직결됩니다. 시진핑 동지가 샤먼(厦门)에서 근무할 때 추진한 샤먼항공(厦门航空) 합자경영의 개혁과 실천, 푸저우(福州)에서 근무할 때 내놓은 '즉시 처리(马上就办)'와 저장(浙江)에서 근무할 때 내놓은 '원스톱 서비스(最多跑一次)' 등 업무 요구 사항은 과감히 실천하고 실용을 중시하는 개혁과 혁신정신을 충분히 구현했습니다.

중국공산당 제18차 전국대표대회 이후 혁신의 중요성에 대한 우리의 이해는 새로운 수준에 도달했으며 전면적으로 개혁을 심화하고 지속적으로 노력했습니다. 시진핑 총서기가 계획하고 배치한 베이징-톈진-허베이 협동발전(京津冀协同发展), 창장삼각주 통합발전(长三角一体化发展), 광동-홍콩-마카오 밸리 건설(粤港澳大湾区建设), 하이난(海南)의 전면적인 개혁개방 심화, 창장경제벨트(长江经济带) 발전,

황허(黃河)유역 생태보호 및 고품질 발전은 모두 신시대 개혁개방의 새로운 실천이며, 신시대 개혁혁신의 새로운 진전입니다. 특히 깡주아오대교의 건설은 우리나라의 종합적인 국력과 자주적 혁신능력을 잘 보여주고 있습니다.

2018년 10월 23일 깡주아오대교 개통식 후, 시진핑 총서기는 깡주아오 대교 건설이 세계 최고를 여러 개 달성했다고 강조했습니다.

(화면: 시진핑 총서기가 강주아오 대교 개통식 후 연설하는 장면)

총서기의 육성:
진심으로 감사드립니다. 여러분들은 다시 짐을 꾸리고 출발할 것이고, 여러분들을 필요로 하는 곳으로 갈 것이라고 믿습니다. 여러분들은 큰 공을 세웠고 그만큼 노고도 많았습니다. 이것이 바로 여러분들의 삶의 가치입니다. 스스로를 자랑스럽게 여기십시오. 우리도 여러분들을 자랑스럽게 생각합니다. 한 나라가 온갖 고난을 겪으며 오늘에 이르기까지, 산을 만나면 길을 열고 물을 만나면 다리를 놓는다는 것을 여러분들이 가장 형상적으로 보여주었습니다. 중국 특색 사회주의가 그렇게 걸어왔고, '일국양제(一国两制)'가 그렇게 걸어왔습니다.

사상 해설자 궈젠닝

깡주아오 대교, 55km에 이르는 이 거대한 용은 파란만장한 링띵양(伶仃洋) 위에 우뚝 서 있습니다. 8년간의 건설과정에서 신소재, 신공정, 신 장비, 신기술이 끝없이 등장했습니다. 6.7km의 터널은 오늘날 세계에서 가장 긴 침매터널입니다. 이처럼 긴 침매터널을 실현하기 위해 외국 회사와 기술협력을 시도했지만 10억 위안 이상의 높은 가격은 감당하기 어려웠습니다. 중국 엔지니어들은 그때 느꼈지요. 깡주아오대교 터널 건설은 많은 어려움을 이겨내야만 하는 혁신의 길이라는 것을.

(화면: 인하이칭(尹海卿)의 발언)

인하이칭의 육성(깡주아오 대교 터널프로젝트 부사장):
이 터널은 바닷 속 부분이 5km 이상입니다. 양쪽에서 동시에 시작해서 앞으로 나아가다가 가운데서 만나 연결해야 하기에 설치 정확도가 아주 중요합니다. 우리의 요구는 오차가 5cm를 넘지 않아야 한다는 것이었습니다.

사상 해설자 궈젠닝

겉보기에는 작은 관절(管節)이지만 실제로는 축구장 두 개 크기로 무게가 8만t에 육박하는데, 이를 이동시키는 데만 함대 하나가 동원됩니다. 중국 교량 건설팀은 이 거물을 이동해야 할뿐만 아니라 해저에서 도킹해야 했습니다. 엔지니어의 말에 따르면 이는 바다 밑에 바늘을 꿰는 것 못지않게 어렵습니다.

바다에서 '블록 쌓기'를 하고 바다 밑에서 '바늘 꿰기'를 했습니다. 크게는 인공섬 건설에서 작게는 개개의 철근 용접까지, 깡주아오대교 건설에서 이룬 혁신은 1,000개가 넘습니다. 이 가운데 혁신 공법만 40개 이상에 달합니다. 또한 63개의 기술표준을 형성하고, 600개 이상의 기술 특허를 획득했습니다. 깡주아오 대교의 성공적인 건설은 중국 엔지니어의 자주적 혁신과 노력의 결정체일 뿐만 아니라 세계 대교 건설 역사의 이정표이기도 합니다.

혁신・조화・친환경・개방・공유에서 혁신은 새로운 개발개념의 첫자리를 차지합니다. 혁신은 시진핑 신시대 중국 특색 사회주의사상의 두드러진 특징입니다. 이어서 총서기의 육성이 담긴 영상 한 편을 시청하도록 하겠습니다.

(아래의 QR코드를 찍어서 시청하세요.)

시진핑 :

혁신은 제일가는 원동력으로서, 고품질 과학기술 공급을
제공하는 현대화 경제시스템 구축의 버팀목임을 충분하
게 인식해야 합니다. 『묵경(墨经)』에는 "역, 형지소이분야
(力, 形之所以奋也)"라는 말이 있습니다. 즉 원동력은 물
체를 움직이게 하는 원인이라는 것입니다.

총서기의 육성 20

발전의 원동력이 발전의 속도, 효율성 및 지속 가능성을 결정합니다. 우
리나라와 같은 거대 경제체(经济体)에서 원동력 문제가 해결되지 않으면
경제의 지속 가능한 발전을 실현하기 어렵고, 경제총량과 국민소득의 증
가목표를 달성하기 어렵게 됩니다. 물론 조화로운 발전, 친환경 발전, 개
방적인 발전 및 공유 발전도 모두 발전의 원동력 증대에 유리합니다. 하
지만 핵심은 혁신에 있습니다. 혁신을 잡으면 경제 사회 발전 전체를 움
직이는 '코뚜레'가 잡힙니다.

경전 해설자 캉전

여러분이 방금 보신 이 육성 영상에는 시진핑 총서기의 연설 두 단
락이 있습니다.

첫 번째 단락은 2018년 5월 28일 중국과학원 제19차 원사대회
(院士大会) 중국공정원 제14차 원사대회에 참석한 시진핑 총서기의
연설입니다.

두 번째 단락은 2016년 1월 18일 시진핑 총서기가 중국공산당 중앙

위원회 제18기 5중전회(十八届五中全会) 정신을 연구하고 관철하기 위한 성급 및 장관급(省部级) 주요 지도자들의 특별 세미나에서 한 연설입니다.

첫 번째 연설에서 시진핑 총서기는 "역, 형지소이분야(力, 形之所以 奋也)"라는 고사를 인용했습니다. 전국시대 유명한 묵가의 저서인 『묵경(墨经)』에서 나온 말입니다. 이 말은 무슨 뜻일까요? 역량은 물체가 이동하고 변화하는 수단이라는 것입니다. 즉, 역량의 개념을 소박하게 정의한 것입니다. 내용이 아주 풍부한 『묵경』은 그야말로 위대한 저서입니다. 오늘날의 시각으로 봐도 이 저서는 철학과 물리학, 수학 등 많은 분야의 지식을 아우르며 아주 중요한 과학적 가치를 지니고 있습니다.

또한 우리나라 역사에는 고대 과학기술을 기록한 많은 저서가 있습니다. 예를 들어 송나라의 심괄(沈括)은 매우 유명한 책인 『몽계필담 (梦溪笔谈)』을 썼고, 명나라의 송응성(宋应星)은 천공개물(天工开物) 을 썼습니다. 이러한 책들은 고대중국의 과학기술을 기록하여 중국문명의 발전과 번영을 촉진하는 데 큰 역할을 했습니다.

중국 고대의 과학기술역사를 보면 많은 유능한 장인들이 있습니다. 이를테면 삼국(三国)시기 위(魏)나라 부풍(扶风)사람 마균(马钧)은 숙련된 장인이었습니다. 오늘날의 말로 하면 마균은 아주 뛰어난 기계제조사이자 발명가였다고 할 수 있습니다. 가난한 집에서 태어난 마균은 읽은 책도 많지 않았고 언변도 없었습니다. 하지만 마균은 생각하기와 손 놀리기를 좋아했지요. 그는 특히 기계분야에 집중했고 많은 발명품을 만들어 내서 끝내는 '천하의 명장(天下之名巧)' 이라는 명예를 얻게 되었습니다.

그렇다면 마균은 기계공학 방면에서 도대체 어떤 발명과 창조가 있었을까요? 제가 여러분께 말씀드리겠습니다.

그는 당시의 직조기를 개조했는데 지금의 직조기와 맞먹어, 효율을 4~5배 향상시켰습니다. 그는 또 번거(翻车)라고 하는 수차를 만들어 큰 힘을 들이지 않고 물을 낮은 곳에서 높은 곳으로 끌어 올렸습니다. 오늘날 물을 낮은 곳에서 높은 곳으로 끌어 올리려면 펌프가 있어야 하고 펌프를 사용하려면 전력이 필요합니다. 하지만 그 때는 전력이 불필요한 엔지니어링 기계로 기존 수차의 효율을 향상시켜, 당시 가장 선진적인 수리시설을 만든 것이지요. 이렇게 기묘한 인재가 있었다니 놀랍지 않습니까? 그는 발명가이자 기계공학 전문가였습니다.

그래서 시진핑 총서기가 "역, 형지소이분야(力, 形之所以奮也)"라는 말을 인용한 것은, 사회주의 현대화 강국을 건설하는 데 있어 과학기술 혁신의 중요성을 강조하고 부각시키기 위한 것이라고 할 수 있습니다.

진행자 캉훼이

감사합니다. 캉전 교수님이 방금 말씀하셨듯이 총서기가 "역, 형지소이분야(力, 形之所以奮也)"라는 말을 인용한 것은 과학기술혁신의 중요성을 다시 한 번 강조한 것이며, 혁신이 제1의 동력임을 충분히 인식해야 함을 강조한 것입니다. 만약 이 동력이 없거나 부족하다면, 중국이라 이 거대한 배의 행진은 어떤 영향을 받을까요?

이어서 사상 해설자 궈젠닝(郭建宁) 교수님께 설명을 부탁드리겠습니다.

사상 해설자 궈젠닝

다음으로 우리는 왜 혁신해야 하는지에 대해 이야기해봅시다. 역사는 한 나라의 강대함이 경제 총량에만 국한된 것이 아니며, 한 민족의 강건함도 인구규모나 영토 크기만으로 결정될 수 없다는 진리를 알려주고 있습니다. 근현대사에서 우리나라가 낙후하게 된 근원 중 하나는 뒤떨어진 기술력입니다.

오늘날 세계에서는 종합적인 국력과 과학 기술 혁신 경쟁이 전례 없이 치열합니다. 우리는 "핵심 기술은 그냥 가져올 수도 없고, 살 수도 없으며, 빌려올 수도 없다."는 것을 깨닫고 자주적 혁신에 모를 박아야 합니다. 대형 여객기 C919는 좋은 예입니다. 중국이 자체 제작한 대형 항공기를 하늘로 띄우는 것은 국가의 의지와 국민의 기대였으며, 자주적 혁신 능력을 향상시키고 국가의 핵심 경쟁력을 강화하기 위한 전략적 결정이었습니다.

방금 항공에 대해 이야기했는데, 이제 우주비행에 대해 이야기해봅시다.

'공화국 훈장' 수상자인 쑨자동(孫家棟)은 평생 위성 연구에 몰두하여, 우리나라 항공과학 기술산업의 혁신과 발전을 촉진했습니다. 그는 수십 년의 실천을 통해 핵심 기술은 살 수 없고 첨단 항공우주 제품도 살 수 없다는 것이 증명되었고, 우리는 우리 힘으로 우주기술을 발전시켜야 한다고 말했습니다. 가난과 빈곤의 시대에 쑨자동과 같은 우주인들은 끊임없는 노력을 통해 중국인도 우주 사업을 발전시킬 수 있다는 것을 세계에 증명했습니다.

중국 특색 사회주의는 새로운 시대에 접어들었고 혁신의 중요성은 점점 더 두드러지고 있습니다.

우선 날로 늘어나는 인민들의 '아름다운 삶'의 요구를 충족시키고 불균형하고 불충분한 발전 문제를 해결함에 있어서 혁신은 원동력을 제공합니다.

다음으로 혁신은 '크기만 하고 강하지 못한' 문제를 해결하는 열쇠입니다. 대국에서 강국으로 거듭나고, 뒤따르던 데로부터 선두로 도약하며, 떨쳐 일어나 부유해지고 강대해지기 위해서는 혁신, 특히 과학 기술혁신에 의존해야 합니다.

마지막으로 100년 동안 없었던 큰 변화에 직면하여 중화민족의 위대한 부흥을 실현하려면, 핵심 기술을 자신의 손에 틀어쥐어야 합니다. 남들에게 '코뚜레'가 잡혀 끌려가서는 절대 안 됩니다.

"혁신은 발전을 이끄는 첫 번째 원동력"이라는 말은 혁신을 국가 발전의 핵심 위치에 두고 사회적으로 혁신의 붐을 일으키기 위한 것입니다.

오늘날 중국에서 혁신은 핫 이슈로서 사회 각계, 특히 우리 청소년 친구들이 특히 주목하고 있습니다.

오늘 저희 현장에는 중학교 사상정치학 교사 한 분을 모셨습니다. 우리 선생님들이 수업시간에 혁신에 대해 어떻게 학생들에게 강의하는지 궁금합니다.

스원타오(중국인민대학 부속중학교 교사)

저는 중학교의 사상정치학 교사입니다. 중학교 사상정치학 과목은 두 가지 측면에서 혁신에 대해 다루고 있습니다.

첫 번째 측면은 혁신을 강의하는 것입니다. 혁신에 대한 많은 지식이 교재에 수록되어 교육 콘텐츠로 활용되고 있습니다.

스원타오

두 번째 측면은 혁신적인 강의입니다. 즉, 교육과 교학의 효과를 더 잘 달성하기 위해 혁신적인 교육과 교학방법을 모색하고 있습니다.

이를테면 지난해 국경절 연휴 기간, 우리는 고등학교 1학년생들에게 홍색 문화여행을 주제로 한 문화관광 코스를 설계하는 숙제를 내주었습니다. 결과 학생들의 열정이 대단했고 숙제의 완성도도 매우 높았습니다.

다음으로 우리가 주도적으로 도입하는 것입니다. 인민대학부속중학교와 하이뎬구(海淀区) 세무국은 공동으로 제1회 '하이쉐이컵(海税杯)' 청소년 세금 포스터(税收海) 디자인 대회를 개최했습니다. 여기 1등과 2등 수상작 두 점을 가져왔는데, 이 두 포스터는 사회주의 국가의 세금은 국민에게서 거두고, 국민에게 사용된다는 점을 아주 명확하게 표현한 것 같습니다.

또한 우리는 학생들이 교정을 벗어나 사회 실천에 참여하도록 장려합니다. 그래서 고등학교 사상정치 수업을 할 때, 우리는 모의 정치협상회의를 조직하여 학생들이 정치에 참여하는 법을 배우도록 하는데, 학생들의 성과도 매우 뛰어납니다. 이러한 방식을 통해 학생들은 단순히 수업시간에 배우는 것보다 더 큰 책임감을 느끼고 더 큰 수확을 얻을 수 있다고 생각합니다.

사상 해설자 궈젠닝

네, 선생님께서 공유해주셔서 감사합니다. 혁신발전과 혁신구동(创新驱动)을 강조하는 것은 주로 발전동력의 부족과 발전방식의 전환문제를 해결하는 것입니다. 혁신을 이루어야만 주도권을 잡고, 우위를 점하고, 미래를 차지할 수 있습니다. 세계의 새로운 과학기술 혁명과 국내발전 방식의 전환에 직면하여, 우리는 어떻게 혁신을 이루어야 할까요? 이어서 총서기의 육성이 담긴 영상 한 편을 시청하도록 하겠습니다.

(아래의 QR코드를 찍어서 시청하세요.)

 3. 어떻게 혁신해야 하나?

시진핑 :
혁신은 원래부터 구사일생의 일입니다. 하지만 우리는 "이 또한 바라는 바이니(亦余心之所善兮), 아홉 번 죽는다 해도 후회하지 않는(虽九死其犹未悔)" 호방함을 갖추어야 합니다. 과학기술자들은 강력한 혁신의 자신감과 의지를 가지고 자신을 하찮게 보지도 말며 잘났다고 뽐내지도 말아야 합니다. 과학기술자들은 과감하게 난제를 극복하고 탁월함을 추구하며, 승리를 향해 나아가 과학기술 경쟁과 미래발전의 고지를 선점해야 합니다.

총서기의 육성 21

경전 해설자 캉전

　여러분이 방금 보신 시진핑 총서기의 육성 영상은 2018년 5월 28일 중국과학원 제19차 원사대회와 중국공정원 제14차 원사대회에서 한 발언입니다. 이 발언에서 총서기는 "이 또한 바라는 바이니(亦余心之所善兮), 아홉 번 죽는다 해도 후회하지 않는다(虽九死其犹未悔)"라는 경전을 인용했습니다. 이는 굴원(屈原)의 『이소(离骚)』에서 나온 말입니다. 그 의미는 내가 바라는 바이고, 내가 추구하는 이상이기 때문에 이런 추구와 이런 이상을 위해서는 목숨을 바친다 해도 후회하지 않겠다는 뜻입니다. 여기서 아홉 번 죽는다는 구사(九死)는 생명을 바침을 과장적 수법으로 묘사한 것이지요. 따라서 이 전례와 고사에서 굴원은 이상을 위해서라면 생명을 바치는 것도 서슴지 않는 굳은 의지를 가졌음을 알 수 있습니다.

　명(明)나라 때에 이르러 이런 사람이 또 나타났는데, 신기한 약재를 위해서 '아홉 번 죽는다 해도 후회하지 않는다(虽九死其犹未悔)'고 했습니다. 명나라 가정(嘉靖) 연간에, 후베이(湖北) 치췬(蕲春)의 한 약사가 북방에 만다라 꽃(曼陀罗花)이라고 하는 신기한 약재가 있다는 말을 듣게 됩니다. 그는 결연히 고향을 떠나 온갖 어려움을 극복하고 북방에 이르러 끝내 만다라 꽃을 찾았습니다. 의서에는 이 꽃을 복용하면 어지럽고 현기증이 난다고 기록되어 있었습니다. 그런데도 그 약사는 이런 약초의 성질을 알아보기 위해 직접 약초를 복용했습니다. 과연 머리가 어지럽고 눈앞이 아찔해졌습니다. 약리학의 분석에 의하면 이 만다라 꽃은 대뇌를 자극하는 동시에 말초신경을 마비시키는 약효를 가지고 있었지요. 이런 약초를 직접 맛본 약사가 바로 후세 사람들로부터 '약의 성인(药圣)'이라 불린 이시진(李时珍)입니다. 16

세기 전의 중의약(中医药)을 체계적으로 집대성한 그의 저서 『본초강목(本草纲目)』은 인류의 근대과학 및 의학발전에 중대한 기여를 했습니다.

다시 말하면 혁신을 위해서라면 "목숨을 바친다 해도 후회하지 않는" 의지가 있어야 온갖 어려움을 극복할 수 있고, 실패한다 해도 두려워하지 않으며 궁극적으로 성공의 정상에 오를 수 있는 것입니다.

사상 해설자 궈젠닝

감사합니다, 캉전 교수님.

다음으로 우리는 주로 어떻게 혁신해야 하는지에 대해 이야기해봅시다.

"혁신은 종래로 구사일생이다."라고 한 과학자가 말한 적이 있습니다. 가장 성공한 과학자라 하더라도 그가 처음 구상한 열 가지 중 성공할 수 있는 것은 한 가지도 안 됩니다. 우리나라 노벨상 수상자인 투유유(屠呦呦) 교수는 아르테미시닌 추출에 190여 차례 실패한 끝에 성공을 거두었습니다. 이러한 상황은 과학 실험에서 드문 일이 아닙니다. 베이떠우(北斗) 위성항법시스템이 그 대표적인 예입니다.

양창평(杨长风)은 우리나라 베이떠우 위성항법시스템 프로젝트의 총설계사입니다. 우리나라는 미국·러시아에 이어 세 번째로 독자적인 위성항법시스템을 갖추고 있습니다. 우리나라 베이떠우 위성항법시스템은 국내 서비스를 시작으로 아시아 태평양 서비스, 글로벌 서비스까지 이뤄냈습니다. 매우 힘겨운 과정이었지요. 양창평과 그의 팀은 수많은 어려움을 극복하고 불가능을 가능하게 했고 현실로 만들었습니다.

(화면: 양창펑의 발언)

양창펑의 육성:
베이떠우 시스템은 우리나라 우주 안전의 생명선입니다. 이것이 자신의
손에 있어야 비로소 남들에 의해 통제되지 않을 수 있습니다.

사상 해설자 궈젠닝

　중국의 베이떠우, 미국의 GPS, 러시아의 글로너스, 유럽연합의 갈
릴레이는 세계 4대 위성항법시스템입니다. 이 가운데 베이떠우 시스
템만이 "내가 어디에 있는지"를 알 수 있을 뿐만 아니라 상대에게 "내
가 어디에 있는지"를 알려줄 수 있습니다.

　이것이 바로 베이떠우 시스템의 혁신적인 단문 메시지(短報文) 기
능입니다. 오늘날 베이떠우는 구조, 어업 및 기타 분야에서 널리 사용
되고 있는데, 그 이면에는 수십 년 동안 자주적 혁신과 어려움을 극복
해온 중국 베이떠우 개발팀의 끊임없는 노력이 스며있습니다. 혁신은
스스로를 거인으로 만들 수 있습니다. 지금도 베이떠우는 미래를 향
해 많은 가능성을 만들어나가고 있습니다.

진행자 캉훼이

　시청자 여러분, 오늘 저희가 방송 현장에 특별히 양창펑 총설계사
님을 모셨습니다. 박수로 맞이해주십시오. 총설계사님, 안녕하세요?
　총설계사님, 우리는 이미 글로벌 네트워크 구축을 완료했습니다.
이게 도대체 무엇을 의미합니까? 실제 국민들의 삶에 피부로 느낄만
한 변화가 있습니까?

양창펑

  일하기가 더 편해지고 생활도 더 편해집
니다. 우리가 외출할 때, 특히 '길치'들은
내비게이션을 켜기만 하면 원하는 곳으로
쉽게 찾아갈 수 있습니다. 노인들의 경우는
건강 상태를 실시간으로 모니터링할 필요
가 있습니다. 이때 우리 베이떠우가 역할을
발휘하지요. 베이떠우의 단문 메시지(短报文)와 위치추적 기능을 이

양창펑

용하면, 관련된 정보를 실시간으로 우리 의료 감시 센터에 전달할 수
있습니다. 또한 우리 아이들의 경우는, 유치원이나 학교에서의 상황
을 실시간으로 파악할 수 있습니다. 이밖에도 우리 베이떠우로 할 수
있는 일은 아주 많습니다.

진행자 캉훼이

  자주적 혁신에서 우리는 핵심 기술과 핵심 부품을 강조합니다. 베
이떠우 시스템에서 칩이 매우 중요하다는 것을 우리는 알고 있습니
다. 이러한 칩 개발은 우리의 자주적 혁신의 매우 중요한 상징이기도
합니다.

양창펑

  네, 이렇게 작은 칩인데 크기가 작고 전력 소비가 적으며 비용이 상
대적으로 저렴하다는 특징이 있습니다. 외국에서 수입할 때는 2,000

위안이었는데, 현재 우리의 비용은 6위안밖에 안 됩니다. 게다가 이미 양산을 실현했지요.

진행자 캉훼이

지금은 반대로 외국에 수출하겠네요.

양창펑

네, 이제는 외국에서 구매하러 옵니다. 우리는 칩 개발에서 비약적인 발전을 이루었습니다. 우리는 무에서 유를 창조하여 역사적인 도약을 실현했습니다. 이러한 도약은 실제로 우리나라 전체의 산업화와 규모화를 이끌었습니다.

진행자 캉훼이

손에 잡아보니 아주 작은데 크기에 비해서는 꽤 무게가 있군요. 우리는 베이떠우 시스템이 사실 매우 큰 팀이라는 것을 알고 있습니다. 왜냐하면 이처럼 방대한 임무는 여러 방면이 엔지니어들이 함께 완수해야 하기 때문입니다. 그래서 오늘 현장에 관중 몇 분도 모셨습니다. 총설계사님과 같이 베이떠우 팀에서 일하는 젊은이들입니다. 박수로 맞이해주세요.

양창펑

우리 베이떠우 팀의 연령은 대략 32세 좌우입니다.

진행자 캉훼이

평균 연령이 32세라는 얘기군요.

모든 분야에는 특별한 혁신 요구가 있고 거기에 따른 혁신의 어려움이 있습니다. 따라서 베이떠우 팀원들도 혁신과정에서 온갖 고초를 경험했을 것입니다. 구체적으로 어떤 어려움을 겪어왔는지 오늘 여러분과 공유해 주시기 바랍니다.

인샹위안(尹相原, 베이떠우 발사장 시스템 청년대)

인샹위안

발사장의 혁신은 베이떠우 시스템과 떼려야 뗄 수 없는 관계입니다. 예전에는 우리가 매번 한 발씩 로켓을 시험 발사하는데 한 달 이상이 걸렸습니다. 하지만 베이떠우의 대규모 네트워크 구축 작업이 시작된 이후 매년 발사해야 하는 위성의 수가 몇 배로 늘어났습니다. 그러나 우리의 인원수는 조금도 늘지 않았기에 업무적으로 큰 부담이 되었습니다. 따라서 우리는 반드시 혁신을 해야만 했습니다. 그래서 과감하게 시도하고 탐색 끝에 로켓 1발당 시험발사 주기를 17일 정도로 앞당겼습니다. 동시에 우리는 한 번에 한 발만 발사할 수 있었던 시험발사를, 한 번에 세 대의 로켓이 동시에 진입하여 두 개의 스테이션에서 번갈아 발사할 수 있게 했습니다. 이리하여 연간 발사 빈도가 단번에 15회로 늘어났습니다. 2018년에는 무려 17

회에 달했습니다. 2018년에 전국적으로 총 34회 발사했으니, 우리가 절반을 차지하는 셈입니. 그리고 지금까지 베이떠우 위성은 모두 우리 시창(西昌) 발사장에서 발사되었습니다. 또한 지금까지 우리 발사장에서 베이떠우 위성발사 성공률은 100%입니다. 거의 기적에 가까운 일이지요.

진행자 캉훼이

감사합니다. 고밀도의 성공적인 발사가 있었기에 우리가 좀 더 빨리 달릴 수 있었습니다.

양창펑

맞습니다.

왕단(王丹, 베이더우 위성 시스템 청년대표)

예를 하나 들어볼게요. 사실 베이떠우 3호 위성에는 많은 혁신들이 숨겨져 있습니다. 총설계사님께서 큰 부분에 대해 말씀하셨으니 저는 세세한 부분을 얘기하겠습니다. 내비게이션 신호가 지속적으로 안정적으로 작동하려면 두 개의 원자시계가 동시

왕단

에 작동해야 합니다. 한 개가 끊기면 즉시 다른 것으로 전환해야 하니까요. 우리는 심리스 스위칭(无缝切换) 기술을 통해 단 20피초 만에

이러한 전환이 이루어지도록 했습니다. 여기서 1피초는 1조분의 1초에 해당합니다. 이 기술은 현재도 국제적으로 앞서 있습니다. 사실 우리 사용자의 입장에서 보면 내비게이션 신호가 수신될 때 안정적이고 연속적이며 끊기지 말아야 좋은 사용자 경험을 얻을 수 있습니다.

진행자 캉훼이

그래서 말씀하신 것처럼, 벤치마킹할 수 있는 혁신이 거인의 어깨에 서 있는 것이라고 한다면, 우리가 스스로 혁신을 이뤄내면 스스로 거인이 될 수 있다는 의미가 됩니다. 모든 베이떠우 팀원들과 우리의 모든 과학 기술자들이 큰 파도를 헤치고 더 멀리 나갈 수 있기를 기원합니다.

양창평

감사합니다!

진행자 캉훼이

계속해서 우리의 사상 해설자 궈젠닝 교수님을 모시고 여러분께 설명을 드리도록 하겠습니다.

사상 해설자 궈젠닝

한 세대는 한 세대의 분투가 있고, 한 세대는 한 세대의 책임이 있습니다. 당시 첸쉐썬(钱学森)과 덩자셴(邓稼先)으로 대표되는 '2탄 1성(两弹一星)' [2] 공신들은 이름까지 숨겨가면서 묵묵히 헌신하여 큰 업적을 이뤄냈습니다. 이는 기성세대 과학자들의 간고분투와 과학보국(科学报国)이라는 '2탄 1성' 정신을 보여주는 일입니다. 오늘날 또 황다녠(黄大年), 리바오궈(李保国), 난런둥(南仁东), 종양(钟扬)으로 대표되는 신세대 과학자들과 베이떠우, 자오롱(蛟龙), 톈궁(天宫), 탄웨(探月) 등 과학 연구팀은 꾸준하게 갈고 닦으면서 어려움을 극복해나가고 있습니다. 이들은 신세대 지식인의 사명과 책임, 애국적인 마인드를 충분히 반영하고 있습니다.

발전은 최우선 과제이고 혁신은 첫 번째 원동력이며 인재는 첫 번째 자원입니다. "문제는 혁신의 출발점이자 혁신의 동력원입니다."라는 시진핑 총서기의 논술은 문제와 혁신의 내적 연관성을 충분히 설명했습니다. 우리는 국내의 개혁과 발전에 초점을 맞추고 인민 대중의 가장 큰 관심사에 대답하고 인민들의 물음에 답해야 합니다. 그것은 100년 동안 볼 수 없었던 큰 변화를 둘러싸고 시대의 최전선에 서서 시대의 물음에 답하는 것입니다.

"연못이 왜 이리 맑나 물었더니, 샘이 쉬지 않고 솟아나기 때문이라네.(问渠那得清如许，为有源头活水来)" 혁신은 국가와 민족의 끊임없는 생존과 발전과 진보의 원천입니다. 시대에 발맞추어 인민을 중심으로 인민에게 봉사하고, 명덕(明德)으로 풍조를 선도하며, 과감하게 혁신하고, 과감하게 최고봉에 올라 세계가 괄목할 만한 새롭고 더 큰 기적을 창조해나갑시다!

---

2) 중국이 자력으로 개발하여 자랑으로 삼는 원자 폭탄, 수소 폭탄과 인공위성을 이름. -역자 주.

진행자 캉훼이

　이번 프로그램의 사상 해설자 궈젠닝 교수님과 경전 해설자 캉전 교수님께서 멋진 강의를 해주셔서 감사합니다. 새로운 시대는 "개혁자만이 진보하고 혁신자만이 강하며 개혁하고 혁신하는 자만이 승리합니다." 새로운 시대에 우리는 모두 꿈을 추구하는 사람이어야 하고 우리는 모두 분투하는 사람이어야 하며, 우리 모두 혁신을 우리의 목표와 방향으로 삼아야 합니다. 우리 함께 혁신과 지혜로 중국을 이끌고 안정적으로 멀리 갈 수 있도록 해야 합니다.

　친애하는 시청자 여러분, 마지막으로 우리 함께 경전을 다시 읽고, 새겨봅시다. 다시 한 번 중화민족의 위대한 혁신 정신을 깨우쳐봅시다.

경전낭독

　　『수조가두 · 유영(水调歌头·游泳)』

마오쩌동

　방금 전에 창사의 물을 마셨는데 지금 또 우창의 생선을 먹네.

　만리 창장 강을 헤엄쳐 건너며 머리 들어 끝없이 넓은 하늘을 바라보네.

　바람과 파도도 아랑곳하지 않으니 마치 한적한 정원을 거니는 것 같고, 오늘 나는 마침내 마음껏 즐기노라.

　공자가 강기슭에서 탄식하여 말하기를, 세월은 흘러가는 물처럼 사라지누나!

강 위에 돛배들이 떠있고 거북산과 뱀산이 묵묵히 서있는데 가슴속에서는
원대한 계획이 솟아오르네.

큰 다리가 하늘을 가로질러 남북을 이어주니 창장 강의 천연적인 험한도
통행을 가로막지 못하네.

나는 이에 더하여 창장 강 서쪽에 큰 댐을 세우고 비 많은 우산의 홍수를
막고 싼샤를 호수처럼 잔잔하게 만들겠노라. 신녀가 그때까지도 무사할
것이니 세상의 변한 모습 보고 경악을 금치 못하리.

才饮长沙水，又食武昌鱼。

万里长江横渡，极目楚天舒。

不管风吹浪打，胜似闲庭信步，今日得宽馀。

子在川上曰：逝者如斯夫！

风樯动，龟蛇静，起宏图。

一桥飞架南北，天堑变通途。

更立西江石壁，截断巫山云雨，高峡出平湖。

神女应无恙，当惊世界殊。

만물은 함께 자라며 서로 해하지 않는다

万物并育而不相害

본 회의 개요

1. 녹색성장이란 무엇인가?

2. 왜 녹색성장을 실현해야 하나?

3. 어떻게 녹색성장을 실현할 것인가?

"녹수청산이 곧 금산이고 은산(绿水青山就是金山银山)"이라는 시진핑 총서기의 유명한 논조는 이제 사람들의 마음속에 자리 잡고 있다. 중국공산당 제18차 전국대표대회 이후 '5위일체(五位一体)'의 중요한 부분으로서 생태문명 건설도 단계적 승리를 거두었다. '녹색성장'을 주제로 삼는 것은 시진핑 신시대 중국 특색 사회주의 사상을 보다 포괄적으로 이해하고 시대정신과 중국 특색을 풍부하게 하는 데 도움이 될 것이다.

진행자 :
캉훼이(康辉)

사상 해설자 :
왕빙린(王炳林, 베이징사범대학, 마르크스주의아카데미 교수)

경전 해설자 :
양위(杨雨, 중난대학[中南大学] 교수)]

게스트 :
왕위청(汪玉成, 저장성 안지현 위촌[浙江省安吉县余村] 당지부서기)
장훼이펑(张会峰, 베이징대학 마르크스주의아카데미 부교수)
천옌셴[陈彦娴, 싸이한빠 임장[塞罕坝林场] 1세대 관리인)
장리민(张利民, 싸이한빠 임장 2세대 관리인)
궈즈뤠이(郭志睿, 싸이한빠 임장 3세대 관리인)

진행자 캉훼이

『예기·중용(礼记·中庸)』에는 "만물은 함께 자라며 서로 해하지 않고, 도는 함께 가며 서로 어긋나지 않는다.(万物并育而不相害，道并行而不相悖)"라는 말이 있습니다. 시진핑 총서기가 이 말을 인용한 적이 있습니다. 이 말을 듣고 우리가 바로 떠올

캉훼이

릴 수 있는 단어는 무엇일까요? 조화, 맞죠? 우리는 사람과 사람 사이에 "도가 함께 가면서 서로 어긋나지 않는" 조화로운 공존을 추구합니다. 우리는 또한 인간과 자연 사이의 "만물은 함께 자라며 서로 해하지 않는" 조화로운 공존을 추구합니다.

오늘 우리는 시진핑 총서기의 생태문명 건설에 관한 일련의 중요한 연설, 글, 논술에서 인용했던 경전을 해독함으로써 시진핑 생태문명 사상의 진수를 더 배우고 이해하려고 합니다. 이제 이 프로그램의 사

상 해설자인 베이징 사범대학 마르크스주의아카데미 왕빙린 교수님
을 모셔보겠습니다.

사상 해설자 왕빙린

안녕하세요, 여러분! 오늘은 '녹색성장'
에 대해 이야기를 나눠보겠습니다.

녹색은 자연의 바탕색이며 생명을 상징
하는 색입니다. 우리는 일반적으로 건강에
유익한 식품을 '녹색 식품'이라고 부르고,

왕빙린

막히지 않고 잘 통하는 도로를 '녹색 통로(綠色通道)'라고 부릅니다.
오늘날 녹색성장은 아름다운 중국의 바탕색으로 간주되고 있고 더 나
은 삶을 위한 희망이 되었습니다. 녹색성장을 견지하고, 국민들이 신
선한 공기를 마시고, 깨끗한 물을 마시며, 안심할 수 있는 음식을 먹
고, 살기 좋은 환경에서 생활할 수 있도록 하는 것이 시진핑 총서기의
오랜 염원입니다.

시진핑 총서기의 생태문명 건설 관련 명언에는 어떤 것들이 있는지
알고 있는 분 계십니까?

관객 1

푸른 산이 곧 아름다움이고 푸른 하늘이 곧 행복입니다. 산을 볼 수
있고 물을 볼 수 있어야 하며 향수(乡愁)를 느껴야 합니다.

관객 2

생태환경을 눈처럼 보호하고 생명처럼 소중히 여겨야 합니다.

관객 3

자연을 존중하고 순응하고 보호해야 하며 인간과 자연이 조화롭게 공존해야 합니다.

사상 해설자 왕빙린

좋아요, 아주 좋습니다! 인간과 자연의 조화로운 공존. 시진핑 총서기는 녹색 발전은 본질적으로 인간과 자연의 조화로운 공존 문제를 해결하는 것이라고 지적했습니다. 19차 당 대회는 인간과 자연의 조화로운 공존을 새로운 시대 중국 특색 사회주의의 기본 전략 중 하나로 삼았습니다. 19기 중국공산당 중앙위원회 제4차 전체회의에서도 생태문명 건설은 중화민족의 지속 가능한 발전을 위한 천년 계획이며, "녹수청산이 곧 금산이고 은산(绿水青山就是金山银山)"이라는 이념을 실천하고, 자원 절약과 환경 보호라는 국가 기본 방침을 견지해야 한다고 강조했습니다.

오늘 우리는 '녹색성장'이라는 키워드에 초점을 맞춰, 녹색성장이란 무엇인지, 왜 녹색성장인지, 어떻게 녹색성장을 달성 할 수 있는지 등 세 가지 문제를 논의 할 것입니다. 먼저 첫 번째 이슈인 녹색성장이란 무엇인가에 대해 이야기해 보겠습니다. 먼저 시진핑 총서기의 육성이 담긴 짧은 동영상을 시청해 보겠습니다.

(아래의 QR 코드를 찍어서 시청하세요.)

1. 녹색성장이란 무엇인가?

시진핑 :

『제민요술(齊民要术)』에는 "순천시(顺天时), 양지리(量地利), 즉용력소이성공다(则用力少而成功多)"라고 기록되어 있습니다. 하늘과 땅과 사람을 하나로 통합시키고 자연의 생태와 인류의 문명을 연결하며 자연의 법칙에 따라 적절한 시간에 취하고 적당하게 사용해야 함을 강조하는 이런 관념들은 인간과 자연 사이의 관계 처리에 대한 우리 선인들의 중요한 인식을 보여줍니다.

총서기의 육성 22

진행자 캉훼이

방금 우리가 들은 것은 시진핑 총서기가 2018년 5월 18일에 열린 전국 환경생태보호회의에서 한 연설입니다. 이 회의는 18차 당 대회 이후 우리나라에서 열린 생태 문명 진흥에 관한 회의 중 가장 주목도가 높고 규모가 크며 범위가 가장 넓은 대회입니다. 이번 대회의 가장 큰 하이라이트이자 가장 중요한 이론적 성과는 '시진핑 생태문명사상'을 확립한 것입니다.

방금 전 연설에서 시진핑 총서기는 몇 가지 경전을 인용했는데, 그 중 『제민요술(齊民要术)』의 "순천시(顺天时), 양지리(量地利), 즉용력소이성공다(则用力少而成功多)"라는 구절이 있습니다. 이 문장은 한눈에 봐도 매우 명확하고 이해하기 쉽습니다. 이 인용문은 오늘날 친환경 개발과 생태 문명을 촉진하는 데 있어 우리에게 어떤 새로운 통찰력을 가져다줄까요? 이제 본 프로그램의 경전 해설자이신 중남대학교 양위 교수님을 모셔서 설명을 들어보도록 하겠습니다.

경전 해설자 양위

이 말은 북위(北魏) 가사협(賈思勰)의 저
서 『제민요술』에서 나온 것입니다. 이 작품
은 서기 533년에서 544년 사이에 쓰여 졌으
며 중국 역사상 가장 오래 보존된 농업 관
련 저작입니다. 총 10권 92편으로 구성되어
있으며, 각종 농작물의 재배, 가금류 및 가

양위

축의 사육, 농산물의 가공과 부업 등을 다루고 있습니다.

"순천시(順天时), 양지리(量地利), 즉용력소이성공다(则用力少而成
功多)"라는 말은 『제민요술 · 종곡(种谷)편』에 나옵니다. 자연의 섭리
를 따르고 지리적 이점을 감안하면 작은 노력으로 큰 성공을 거둘 수
있다는 의미입니다. 가사협은 종자를 뿌리는 구체적인 사례로 어떻게
'순천시, 양지리' 할 것인지를 설명했습니다. 예를 들어 '지세유양박
(地势有良薄)', 즉 토질에도 좋고 나쁨이 있다는 말이 나옵니다. 그래
서 땅이 비옥하면 조금 늦게 씨를 뿌려도 되지만, 땅이 척박하면 좀
일찍 씨를 뿌려야 한다고 했습니다. 척박한 땅에 씨를 늦게 뿌리면 좋
은 수확을 얻을 수 없다는 이유에서였지요. 또 '산택유이의
(山泽有异宜)', 즉 산지와 습지에 따라 맞는 곡식과 맞지 않는 곡식이
있다고 했습니다. 산지에는 바람과 서리 등 열악한 기후에 강한 곡식
을 심어야 하고, 습지에는 약한 곡식을 심어야 하는데, 그래야만 좋은
수확을 얻을 수 있다는 것이지요. 그러면서 가사협은 시기와 지리적
여건에 따라 농작물의 종자를 뿌리면 '용력소이성공다(用力少而成功
多)', 즉 적은 종자로 많은 소출을 낼 수 있지만 그 반대로 자연의 법
칙을 어기고 임의로 종자를 뿌리면 노력이 헛수고가 되고 아무런 수

확도 얻지 못할 것이라고 했습니다.

"자연의 법칙을 따르고 지리적 이점을 감안하면 적은 노력으로 큰 성공을 거둘 수 있다"는 가사협의 철학적 지혜는 농업에만 적용되는 것이 아니라 인간과 자연간 관계의 모든 분야에 적용할 수 있습니다.

시진핑 주석은 2018년 5월 중국 전국 생태환경 보호대회에서 인간과 자연이 조화롭게 공존하는 대표적인 사례로 두장옌(都江堰)을 언급했습니다. 오늘은 두장옌에 대해 다시 한 번 이야기해볼까 합니다.

두장옌은 청두(成都) 벌판 서쪽의 민강(岷江)에 위치하고 있으며 2000여 년 전 전국시대에 건설되었습니다.

두장옌은 민강의 홍수 법칙과 청두 벌판이 강바닥보다 낮은 지리적 특징에 근거해 건설한 대 규모 생태 수리시설입니다. 옛날 청두 벌판은 홍수와 가뭄 등 자연재해가 빈발하는 지역이었고, 역대 제왕들은 모두 자연재해 대응책을 중히 여겼습니다. 이를테면 별령(鱉콧)이 홍수방지에서 큰 공을 세우자 당시 황제였던 두우(杜宇)는 황제자리를 별령에게 내주었습니다. 자연재해를 얼마나 중시했는지를 알 수 있는 대목입니다.

별령이 만든 수리시설이 청두 벌판의 자연재해를 다소 줄이기는 했지만 홍수 방지의 효과는 그리 이상적이지 못했습니다. 그 후 진(秦)나라 소왕(昭王) 때에 이르러 진정한 복음이 청두 벌판을 찾아왔습니다. 촉군(蜀郡)의 태수(太守) 이빙(李冰) 부자가 별령이 조성한 기존의 수리시설을 기반으로 두장옌을 건설하면서 민강이 더는 범람하지 않았고 청두 벌판에서는 사람들이 편하게 농사를 지을 수 있게 되었던 것입니다. 이빙 등은 강의 중심부에 둑을 쌓아 물줄기를 두 가닥으로 분류해 물의 범람을 막았습니다. 물길은 수심이 어느 정도 깊어 배가 오갈 수도 있고 관개용으로도 사용했습니다. 두장옌은 진(秦)나라의 중국 통일에 경제적 버팀목을 제공했으며, 자자손손 이 땅에서 사는 사람들에게 복을 내려주고 있습니다.

생태가 흥성하면 문명이 흥성하고, 생태가 쇠락하면 문명이 쇠락합니다. 자연과 인간간의 조화로운 상생은 바로 중국 전통 지혜의 핵심적 이념 중 하나이며, 이는 또한 "순천시(順天時), 양지리(量地利), 즉 용력소이성공다(则用力少而成功多)"라는 사상의 원천이기도 합니다.

사상 해설자 왕빙린

멋진 강연을 해주신 양위 교수님께 감사드립니다.

중국공산당 제18차 전국대표대회 이후 시진핑 동지를 핵심으로 하는 당 중앙위원회는 생태문명 건설을 매우 중요하게 여겼습니다. 생태문명을 추진하려는 결단력과 추진력 및 그 효과는 모두 전례가 없는 것이었으며 생태문명 건설과 환경보호의 새로운 국면을 열었다고 할 수 있습니다.

그렇다면 녹색성장이란 무엇일까요? 녹색성장은 자원 절약과 환경보호, 지속 가능한 성장이라는 국가의 기본 정책을 준수하는 것을 의미합니다. 우리는 생산을 발전시키고, 생활을 발전시켜 좋은 생태를 가진 문명을 발전시키는 길을 따르기로 결심했습니다. 우리는 자원절약형 친환경 사회를 건설하고 사람과 자연이 조화롭게 살아가는 새로운 현대화 구도를 형성하기 위해 노력하고 있습니다. 우리는 아름다운 중국을 건설하고 세계 생태 안보에 새로운 기여를 할 것입니다. 따라서 녹색 발전은 녹색 강국(绿色强国)을 건설하고 국민에게 더 많은 녹색 생태 제품을 제공하여 국민이 더 조화롭고 살기 좋은 환경에서 살 수 있도록 혜택을 주는 것을 의미합니다.

시진핑 총서기는 자오위루(焦裕禄)에 대한 이야기를 여러 번 들려주었습니다. 우리 모두 알다시피 자오위루는 당의 훌륭한 간부이자 현(縣) 당서기의 좋은 본보기였으며 황사 통제 및 황사 관리 분야의 훌륭한 간부이자 녹색 발전 촉진의 생생한 사례이기도 했습니다.

50여 년 전, 자오위루는 란카오(兰考)현 당서기가 되었습니다. 당시 란카오에는 모래바람이 만연했고 침수가 심각했으며 토지는 알칼리화가 되어있었습니다. 당시 밀 수확량은 묘당 40근에 불과했습니다. 이러한 상황을 바꾸기 위해 자오위루는 병을 앓으면서도 일을 계속했고, 백성들을 이끌고 바람을 막고 모래가 날아가지 않게 오동나무(泡桐)를 심었습니다. 오동나무는 생존율이 높았고 빠르게 자랐습니다. 지금은 어떨까요? 자오위루가 직접 심은 나무는 아름드리나무로 자랐고, 사람들은 자오위루의 이름자를 따서 이 나무를 애칭하는 말로 자오통(焦桐)이라고 합니다. 현재 란카오에서는 오동나무가 좋은 악기 재료가 되었습니다. 이와 같은 대량 재배는 지역 주민들에게 좋은 수입을 가져다주기도 했습니다. 이 사례는 환경 보호와 경제 발전이 조화를 이룰 수 있다는 것을 보여줍니다.

우리는 다음으로 두 번째 질문에 대해 이야기하겠습니다. 왜 녹색 성장을 실현해야 할까요? 이어서 총서기의 육성이 담긴 영상 한 편을 시청하도록 하겠습니다.

(아래의 QR코드를 찍어서 시청하세요.)

 ## 2. 왜 녹색성장을 실현해야 하나?

시진핑 :

"자연의 운행에는 고유의 법칙이 있고(天行有常)", "이 법칙에 순응해 다스리는 자는 길할 것이다(応之以治则吉)”라는 말이 있습니다. 중국의 개혁 개방정책은 발전과 혁신을 이루고 잘 살려는 중국인들의 역사적 요구에 순응한 것이고, 발전과 협력, 평화로운 생활에 대한 세계인들의 시대적 소망을 따른 것입니다.

미래를 지향하면 우리는 자연을 경외하고, 지구를 사랑하면서 녹색과 저탄소, 지속가능 발전의 이념을 수립하고, 자연 생태를 존중, 보호하고 이에 순응해야 합니다. 또한 기후변화와 환경의식, 에너지 감축 등 분야에서 교류와 협력을 강화하고, 경험을 공유하며, 함께 도전에 직면하면서 생산을 발전시키고, 잘 살며 좋은 생태를 유지하는 문명의 길을 끊임없이 개척해 우리의 자손들에게 푸른 하늘과 푸른 바다, 녹수청산을 남겨주어야 합니다.

총서기의 육성 23

경전 해설자 양위

이는 시진핑 총서기가 2018년 보아오 아시아 포럼 개막식에서 한 발언입니다. “천행유상(天行有常)”, “응지이법즉길(应之以法则吉)”이라는 말은 『순자·천륜(荀子·天论)』에서 발췌한 것입니다. 원문은 아래와 같습니다. “천행유상(天行有常), 불위요존(不为尧存), 불위순망(不为舜亡), 응지이법즉길(应之以法则吉), 응지이난즉흉(应之以乱则凶), 강본이절용(强本而节用), 즉천불능빈(则天不能贫), 양비이동시(养备而动时), 즉천불능병(则天不能病)”. 뜻은 자연의 운행에는 고유의 법칙이 있고, 이 법칙은 현명한 요(尧) 임금 때문에 존속하지도 않고, 포악한 걸(桀) 임금 때문에 망하지도 않는다. 이 법칙에 따라 다스리는 자는 길하고, 이 법칙을 거스르는 자는 흉할 것이다. 농업을 발전시키고 지출을 줄이면 세상에 가난한 사람이 없고, 물자가 충족하고 자연의 법칙을 따르면 세상에 아픈 사람이 없을 것이다.”라는 의미입니다. 인류의 활동이 자연법칙을 따르면 좋은 결과를 가져오고, 그

반대면 좋지 않은 결과를 낳게 된다는 것이지요.

여기까지 말하니 불현 듯 한 사람이 떠오르네요. 바로 신기질(辛弃疾)입니다. 많은 사람들 마음속에 있는 신기질은 "취중에 등불을 밝혀 검을 보고(醉里挑灯看剑), 일어나면 뿔 피리를 불며 군영을 도는(梦回吹角連营)" 장군이자 "군마를 타고 전장을 달리는 그 기세 호랑이도 삼키는(金戈铁马, 企吞万里如虎)" 애국영웅입니다. 그런데 이런 철의 사나이 신기질은도 아주 강한 생태의식을 가지고 있었습니다.

예를 하나 들어봅시다. 건도(乾道) 8년(1172년) 신기질은 오늘날 시장 직에 해당하는 저주(滁州) 지주(知州)로 임명되었습니다. 송(宋)나라와 금(金)나라 국경선에 가까운 저주는 지리적으로 군사요충지에 위치해 있었습니다. 송나라 때 '정강의 치(靖康之耻)'와 '남도(南渡)'를 거치고 난 뒤, 저주일대는 이어지는 전란으로 원래 번화하던 도시는 폐허가 되고 백성들은 깨어진 벽돌과 기와 위에 임시로 지어 바람이 불면 금방이라도 무너질 듯한 오두막에서 살았습니다. 그렇다면 어떻게 해야 이런 상황을 타개할 수 있을까요?

두뇌가 명석하고 추진력이 뛰어난 신기질은 저주에 이르자 저주의 자연환경과 생활환경을 변화시키는 일련의 조치를 취했습니다. 민생 분야에서 신기질은 세금을 줄일 것을 조정에 요구했고 자연환경 분야에서는 현지의 기후여건과 토지환경에 근거해 밭을 일구고 농업을 발전시켰습니다.

저주의 환경이 좋아지자 전란으로 고향을 떠났던 난민들이 다시 고향으로 돌아왔고 그러면서 지방의 재정수입이 대폭 증가되어 세금을 감면한 상황에서도 조세가 그 전해보다 대폭 증가했습니다. 어떻습니까? 신기질이 싸움만 잘하는 일개 무장이 아니라는 것을 알 수 있겠지요?

오늘날까지도 선인들의 사상은 우리의 환경 인식과 녹색 생태에 대한 실천 활동에 적용될 때 여전히 현실적인 지도적 의의가 있습니다. 시진핑 총서기가 "녹수청산은 곧 금산이고 은산"이라고 말한 것처럼, 우리는 번영하고 풍요로운 삶을 영위하는 동시에 미래 세대를 지속가능한 녹수청산을 남겨주어야 합니다.

사상 해설자 왕빙린

멋진 강연을 해주신 양위 교수님께 다시 한 번 감사드립니다. 이제 왜 녹색성장을 해야 하는지에 대해서 얘기해봅시다. 저는 두 가지를 말씀드리려고 합니다.

첫째: 녹색성장은 천년대계(千年大計)입니다.

인간과 자연은 조화롭고 공존하는 관계에 있습니다. 이러한 녹색성장을 고수하는 것은 국민의 안녕과 국가의 미래를 위한 천년대계이며, 중화민족의 위대한 부흥을 위한 위대한 전략적 과제입니다. 동서고금의 역사적 경험은 생태가 번성하면 문명이 번성하고, 생태가 실패하면 문명이 실패한다는 것을 충분히 증명해 주었습니다. 엥겔스는 그의 저서 『자연변증법』에서 이런 이야기를 한 적이 있습니다. 그는 어떤 지역의 주민들이 경작할 땅을 얻기 위해 숲을 파괴했지만, 오늘날 그 지역이 불모지가 될 것이라고는 꿈에도 생각하지 못했다고 말했습니다. 따라서 엥겔스는 자연에 대한 인간의 승리에 너무 기뻐해서는 안 되며, 우리가 그러한 승리를 거둘 때마다 자연이 우리에게 복수할 것이라는 점을 깊이 지적했습니다. 즉, 인간과 자연은 흥하면 같이 흥하고 망하면 같이 망하는 생명공동체(生命共同體)라는 것입니다.

그래서 사람들은 "과거에는 의식주를 추구했지만 지금은 환경보호를 추구하고, 과거에는 생존을 추구했지만 지금은 생태를 추구한다."라고들 말합니다. 따라서 환경을 보호해야만 우리의 미래 목표를 달성할 수 있고 국민의 행복과 안전을 보장할 수 있습니다.

둘째, 녹수청산은 곧 금산이고 은산입니다.

녹색성장을 달성하는 열쇠는 "녹수청산은 곧 금산이고 은산"이라는 이념을 이해하고 실천하는 것입니다. 왜냐하면 녹수청산은 자연경관을 말하는 것이고, 금산과 은산은 부를 상징하는 것이기 때문입니다. 시진핑 총서기는 이 두 가지를 생생하고 심오하게 연결함으로써 환경 보호와 경제발전 사이의 변증법적 관계를 제시했던 것입니다.

"녹수청산은 곧 금산이고 은산"이라는 이념과 관련하여 시진핑 총서기의 '두 산(兩山)'이라는 개념의 발상지인 저장(浙江)성 안지(安吉)현의 위촌(余村)을 언급하지 않을 수 없습니다.

마을에 들어서면 푸른 물이 굽이쳐 흐르고 푸른 언덕이 서로 펼쳐져 있습니다. 삼면이 산으로 둘러싸여있는 이곳은 대나무 숲이 바다를 이루고 있으며, 푸른 물이 졸졸 흐르고 있습니다. 그야말로 푸른 산과 푸른 물이 한눈에 안겨오는 곳이지요. 그래서 매일 이 마을을 찾는 사람들의 발길이 끊이질 않습니다.

(화면: 시진핑 총서기가 2020년에 저장성의 위촌을 고찰하고 있는 모습)

시진핑 총서기의 육성:
시간이 참 빠르네요. 그때의 상황이 아직도 생생하게 기억납니다. 지금 여러분이 이룬 것은 우리가 올바른 길을 가고 있다는 증거입니다. 경제 발전은 생태계를 파괴하는 대가로 이루어질 수 없습니다. 생태 자체가 경제입니다. 생태계를 보호하면 생태계는 또 그만큼 우리에게 되돌려주게 되어 있습니다.

사상 해설자 왕빙린

마을에서 불과 수백 미터 떨어진 광산 유적은 십 수 년 전의 추억을 떠올리게 합니다. 그때의 위촌(余村)은 상상하기조차 어렵습니다. 지난 세기 말에 위촌은 대규모 광산 채굴을 시작하여 현에서 가장 큰 석회암 채굴 지역이 되었으며 현에서 가장 부유한 마을이 되었습니다. 그러나 과도한 채굴은 생태환경을 심각하게 파괴했습니다. 이러한 상황에 직면한 위촌은 광산과 오염 기업을 폐쇄하게 됩니다. 하지만 이 때문에 마을 집단 경제의 연간 수입은 300만 위안에서 20만 위안으로 급격히 떨어졌습니다. 결국 위촌 주민들은 갈등과 고민에 빠져버렸습니다.

2005년 8월 15일, 당시 저장성 당서기였던 시진핑이 이 산골 마을을 찾아왔습니다.

(화면: 시진핑이 연설하는 장면)

시진핑 총서기의 2005년 육성:
더 이상 옛 길을 가려고 하지도 말아야 하거니와, 과거의 그런 발전 모델에 연연해서도 안 됩니다. 녹수청산은 곧 금산이고 은산입니다. 우리가 과거에 녹수청산과 금산 은산을 모두 원한다고 했는데, 사실 녹수청산이 바로 금산이고 은산이었던 것입니다.

사상 해설자 왕빙린

지금의 위촌은 단정하게 늘어선 건물과 깨끗한 거리로 완전히 새로운 모습으로 변모했습니다. 그 당시 광산은 현재의 공원으로 변했고 시멘트 공장 부지에 푸르고 싱싱한 묘목이 무럭무럭 자라고 있습니

다. 10여 년 동안 이 작은 산간마을은 열악한 생태환경에서 현재의 녹
수청산으로 탈바꿈했습니다.

진행자 캉훼이

십여 년 동안 위촌 사람들만큼 "녹수청산이 곧 금산이고 은산"이라
는 의미를 뼈저리게 느낀 사람은 아마 없었을 것입니다. 오늘 우리는
저장성 안지현 위촌 당지부서기인 왕위청(汪玉成) 동지를 현장에 초
대했습니다. 자, 어서 오십시오.

진행자 캉훼이

왕 서기님은 위촌에서 나서 자라셨죠?

왕위청

네, 맞습니다.

진행자 캉훼이

왕위청

지금 10여 년 전 위촌의 모습을 떠올리면 가장 기억에 남는 것은 무
엇입니까?

왕위청

1970년대와 1980년대에 위촌은 산을 폭파하고 광산을 개척하고 시멘트 공장을 세우기 시작했습니다. 당시 위촌은 안지현에서 경제적 수입 면에서 가장 부유한 마을 중 하나였습니다. 당시 부모님도 광산에서 일하셨는데, 어렸을 때 유행하던 해학시가 아직도 기억에 남습니다. "큰 대포가 하늘을 뒤흔들고 검은 연기와 먼지가 뿌옇게 흩날리네, 대나무의 푸른 잎은 색이 변하고 흰 옷은 그을려 노란 옷이 되었네(大炮一声震天响，黑烟灰尘雾茫茫。翠竹绿叶变颜色，白衣晒成黄衣裳。)."

진행자 캉훼이

그때는 비록 부유했지만 생태환경이 특히 열악했지요.

왕위청

생태환경이 파괴되었을 뿐만 아니라 당시 광산에서는 예상치 못한 사고와 부상이 빈번하게 발생했습니다. 당시 마을사람들은 이것이 장기적인 해결책이 아니라고 판단하여 2000년 초 녹색경제를 발전시키기 위해 광산과 시멘트 공장을 폐쇄하기로 결정했습니다. 광산이 폐쇄 된 후 마을의 공동소득은 300만 위안 이상에서 20만 위안 이상으로 떨어졌고, 주민들의 소득도 영향을 받았습니다. 그러나 마을이 발전하지 않으면 상급자들이 만족하지 않았고, 그렇다고 환경파괴를 대가로 한 발전은 또 백성들이 동의하지 않았습니다. 당시 간부들도 진퇴양난에 빠졌고 주민들도 막막해했습니다. 2005년 8월 15일 당시 저장성 당위원회 서기였던 시진핑 동지가 조사연구를 하러 위촌에 왔는데, 광산 폐쇄와 녹색경제 발전에 대한 우리의 보고를 듣고 훌륭한 조치라고 칭찬했습니다. 그는 "녹수청산이 곧 금산이고 은산"이라고 하면서 녹색 경제의 길을 확고하게 걸어갈 것을 주문했습니다. 당시 총서기가 우리에게 발전방향을 제시해 주었기에 지금의 우리 위촌이 있게 된 것입니다.

진행자 캉훼이

위촌은 돌을 캐고 광산을 파던 시절에도 안지현 전체에서 손꼽히는 부유한 마을이었다고 방금 전에 말씀하셨습니다. 그렇다면 현재의 경제발전 수준과 주민들의 생활수준으로 봤을 때, 위촌은 안지현 전체에서 몇 번째에 속합니까?

왕위청

5위 안에 들 것입니다.

진행자 캉훼이

5위에 드는군요.

왕위청

맞습니다. 2019년 우리 마을은 연간 80만 명의 방문객을 맞이하여 총 경제 수입이 521만 위안에 달했습니다. 그중 영업 수입은 253만 위안에 달했고, 우리 마을 주민의 1인당 순소득은 5만 위안에 육박해 안 지뿐만 아니라 저장성 전체에서도 앞자리를 차지합니다.

진행자 캉훼이

그러니깐 녹수청산이 곧 금산이고 은산이라는 것이 사실로 증명되었군요.

왕위청

그렇습니다.

진행자 캉훼이

오늘 우리는 방송현장에 대학교 사정과목 선생님 몇 분을 모셨습니다, 특히 사정과목 선생님들께서 시진핑 생태문명사상을 어떻게 수업에 반영했는지, 어떤 좋은 생각과 방법이 있는지를 듣고 싶습니다.

장훼이펑 (베이징대학 마르크스주의아카데미 부교수)

우선 생태문명 환경보호의 중요성에 대해 이야기하고 학생들에게 환경보호와 생태문명 문제는 누구도 예외가 될 수 없다는 점을 강조했습니다. 또한 주변에 작은 일부터 시작하여 저탄소 생활, 녹색 이동(綠色出行), 쓰레기 분리수거에 적극적으로 협력할 것을 주문했습니다.

쓰레기 분리수거에 대해 학생들에게 세 가지 질문을 한 적이 있습니다.

장훼이펑

첫째, 쓰레기를 함부로 버리는 것이 부도덕하다는 것을 알고 있습니까?

둘째, 쓰레기를 제대로 분리하지 않는 것은 결국 함부로 버리는 거랑 마찬가지라는 것을 알고 있습니까?

셋째, 쓰레기를 함부로 버린 적이 있습니까?

모두가 침묵했습니다. 상하이, 베이징 등 많은 도시에서 쓰레기 분리수거에 대한 강제적인 법률이 속속 시행됨에 따라 앞으로 쓰레기를 함부로 버리면 도덕적 문제뿐만 아니라 심각한 경우 불법이 될 수도 있습니다. 따라서 우리는 모든 사람을 포함하여 생태문명사상이 구호에 머물러서는 안 되며 마음속에 깊이 뿌리 내리고 행동에 옮겨야한다고 말하고 싶습니다.

진행자 캉훼이

네, 감사합니다! 젊은이들에게 시진핑 생태문명사상을 가르치는 것은 반드시 그들의 생활과 밀접하게 결합되어야 합니다. 녹색발전은 우리 개개인의 생활 속에 녹아들어 우리의 생활양식이 되어야 하기 때문입니다. 다음으로 총서기의 육성을 들어보도록 하겠습니다.

(아래의 QR코드를 찍어서 시청하세요.)

🌸 3. 어떻게 녹색성장을 실현할 것인가? 🌸

시진핑 :

우리는 자연을 사랑해야 합니다. "취함에 있어서 제한하고(取之有度) 사용함에 있어서 아끼는(用之有節)" 것은 생태문명의 진리입니다. 우리는 검소하고 적절한 녹색 저탄소의 방식으로 생활하고, 사치와 낭비를 반대하며, 문명하고 건전한 생활의 풍조를 형성해야 합니다. 친환경 의식과 생태의식을 제창하고 전 사회가 공동으로 참여하는 환경 거버넌스 체계를 구축해 생태환경 사상이 사회생활의 주된 문화가 되게 해야 합니다.

총서기의 육성 24

경전 해설자 양위

이는 2019년 4월 28일 중국 베이징 세계원예박람회 개막식에서 총서기가 한 연설입니다. 이 연설에서 총서기는 "취함에 있어서 제한하고(取之有度) 사용함에 있어서 아껴야 한다(用之有節)"는 고사를 인용했습니다. 이 말은 북송(北宋)의 사마광(司马光)이 편찬한 『자치통감(资治通鉴)』제234권 『당기오십·덕종신무성문황제 10년(唐纪五十·德宗神武圣文皇帝十年)』에 나오는 말입니다.

당(唐)나라 때의 관료이자 학자인 육지(陸贽)는 덕종(德宗)에게 여섯 가지 제안을 제출했는데, 그 중 두 번째 제안이 "자연이 만드는 자원과 사람이 만드는 제품의 자원은 제한되어 있으므로(夫地力之生物有大限), 취함에 있어서 제한하고(取之有度) 사용함에 있어서 아끼면(用之有节) 자원은 항상 인간의 수요를 만족시킬 수 있고(则常足), 취함에 있어서 제한하지 않고(取之无度), 사용함에 있어서 아끼지 않으면(用之有节) 자원은 금방 사라지게 된다(则常不足)"는 것이었습니다.

육지는 토지자원이 제한되어 있기 때문에 토지를 무제한으로 취하지 말고 그 취득과 사용을 제한해야 한다고 했습니다. 토지의 비옥함과 척박함, 토지 산출의 다소는 모두 자연법칙에 의해 정해지기 때문에 사람들이 어느 정도의 양을 어떻게 소모하는지가 관건이라는 것입니다. 육지는 수입에 맞게 지출함으로써 토지와 백성이 모두 부담을 줄이고 생산을 지속하며 안정적인 사회질서를 유지할 수 있게 해야 하며 이것이야말로 나라가 부강하고 백성들이 잘 사는 영구적인 해법이라고 제안한 것입니다.

물론 육지의 이런 사상은 단번에 형성된 것이 아니라 중국의 유구한 사상적 지혜가 이어져 내려오면서 점차적으로 형성된 것입니다. 예를 들어 중국은 세계적으로 가장 먼저 '환경보호부'를 설립한 국가입니다. 일찍이 서주(西周) 왕조 때 벌써 '우(虞)'라는 부서가 있었습니다. 이 부서의 관리는 '우인(虞人)'이라 불렸으며, 이 부서의 직무는 산과 호수, 짐승을 관리하는 일이었습니다. 또 한 가지 사례를 보면, 「예기・월령(礼记・月令)」에는 "수목방성(树木方盛), 내명우인입산행목(内命虞人入山行木), 무유참벌(毋有斩伐)"이라고 명시되어 있습니다. 즉 여름이 되어 수목이 무성하게 자라는 때면 정부는 '우인'을 산림에 파견해 돌아보게 했으며 벌목을 금지했다는 것입니다. 보세요, 오늘날 우리가 벌목을 금하고 식목을 하며 어로 금지기간을 설립하는 제도와 일맥상통하지 않나요?

"취지유도(取之有度), 용지유절(用之有節)"은 생태문명의 진리라고 할 수 있습니다. 자연의 부담을 덜어주고 자연에 원기를 회복할 수 있는 시간과 공간을 만들어 주는 것은 사실 우리들에게 더 넓고 더 지속

가능한 발전의 공간과 생존환경을 창조해주는 일입니다.

사상 해설자 왕빙린

훌륭한 발표를 해주신 양위 교수님께 감사드립니다. 다음으로 오늘 논의할 세 번째 주제인 녹색 발전을 어떻게 달성할 것인가에 대해 말씀드리겠습니다.

첫 번째는 녹색 발전방식과 생활방식의 형성을 촉진시키는 것입니다.

하나는 경제발전 방식을 바꾸고 산업 구조를 조정하며, 투자 비율이 높고 오염도가 높은 과거 발전방식을 바꾸고 혁신 발전과 녹색 발전을 촉진케 하는 것입니다. 다른 하나는 환경오염에 대한 종합적인 처리를 강화하고 대기·수질·토양 오염에 대한 종합적인 정화를 실시하는 것입니다. 시진핑 총서기가 강조했듯이 생태환경은 눈처럼 보호하고 생명처럼 취급해야 합니다.

동시에 국토를 녹화하고 생태복원의 중요한 방법인 조림을 촉진시키기 위한 노력을 강화해야 합니다. 시진핑 총서기는 전 국민의 나무 심기 의무화를 앞장서서 추진하면서, 아무리 바빠도 청명절 전후에는 반드시 식목활동에 참여해왔습니다.

(화면: 2017년 시진핑 총서기가 수도의 의무식목 행사에 참가한 모습)

시진핑 총서기의 육성:
생태건설에서 녹화는 매우 중요합니다. 녹색 장벽을 구축하여 사람들이 모두 녹색 그늘에서 살 수 있도록 해야 합니다. 이것은 우리가 대를 이어 노력해야 할 방향입니다.

사상 해설자 왕빙린

시진핑 총서기는 3대에 걸쳐 숲을 조성하고 황야를 숲의 바다로 바꾼 싸이한빠(塞罕坝) 사람들의 노력을 높이 평가하며 생태문명 건설을 촉진시킨 생생한 사례라고 칭찬했습니다.

싸이한빠는 추위, 높은 고도, 강풍, 사막화, 적은 강우량 등 다섯 가지 극한 조건으로 인해 황무지나 다름없던 곳이었습니다.

신중국 건국 후 싸이한빠 사람들은 이러한 상황을 바꾸기로 결심했습니다. 세대를 거듭한 50여 년의 투쟁 끝에 싸이한빠 황무지 전체가 인공 숲으로 변모하였습니다. 이곳 사람들은 황무지가 녹음의 바다로 바뀌는 기적을 일으키며 생태 문명 발전의 영광스러운 장을 써내려가고 있습니다.

진행자 캉훼이

2019년 9월 신중국 건국 70주년 축제 직전에 허베이 싸이한빠 임장(林場)의 선진그룹은 전국에서 '가장 아름다운 분투자(最美奮斗者)'로 표창을 받았습니다. 그리고 오늘 우리는 이 '가장 아름다운 분투자'들 중 몇 명의 대표들을 프로그램 현장에 초대했습니다. 어서 오십시오!

여러분도 아시겠지만, 이들은 3세대에 걸친 싸이한빠 사람들의 대표입니다. 이들이 오늘 「평어근인」 방송 현장에 나왔습니다. 그럼 1세대 싸이한빠 출신인 천 아주머니(陈阿姨)부터 시작해서 힘들게 창업했던 당시의 상황을 얘기해 주시기 바랍니다.

천옌셴 [싸이한바 1세대 임업인]

우리가 처음 그곳에 갔을 때는 집이 없었습니다. 그래서 움막이나 마구간, 창고 또는 아주 낮은 초가집에서 살았습니다. 여름에 밖에서 큰비가 내릴 때면 집안에서는 작은 비가 내렸지요. 밖에서 비가 그쳐도 집안에는 여전히 물이 뚝뚝 떨어졌습니다. 가

천옌셴

장 힘들었던 것은 싸이한빠의 기온이 영하 40도를 넘나드는 겨울이었습니다. 당시 귀리짚을 깐 초가집에서 살았는데, 잠을 잘 때에도 솜옷과 솜바지를 입고 솜모자를 써야 했습니다. 아침에 일어나면 솜옷과 솜바지와 이불, 눈썹에는 하얗게 성에가 껴 있었지요.

1962년과 1963년에는 조림에 실패했지만 원인을 찾아낸 후 1964년 마티컹(马蹄坑) 일대에 대규모 조림을 실시해 약 97%의 생존율을 기록했습니다. 여기에서 자신감을 얻은 우리는 인내하고 또 인내하여 지금처럼 싸이한빠를 현재와 같은 100만 묘(畝, 약 161㎡)의 숲으로 만들 수 있었습니다.

진행자 캉훼이

오늘날 우리는 그런 어려운 환경 속에서도 한 그루 한 그루의 작은 묘목이 하늘 높은 나무로 자랄 수 있도록 열심히 일해 왔다는 것은 상상하기도 어렵습니다. 감사합니다, 천 아주머니, 감사합니다!

장 선생님, 당신은 제2세대 싸이한빠 출신입니다. "창업도 어렵지만 사업을 지키는 것도 더 어렵다"는 말이 있습니다. 그렇다면 지금의

싸이한빠 사람들은 어떤 일을 하고 있습니까?

장리민 [싸이한바 2세대 임업인]

우리는 선배들이 우리에게 물려준 바통을 이어받아 대를 이어서 해나가야 합니다. 전 세대가 다음 세대를 이끌고 이 청사진을 완성해나가야 합니다. 우리는 싸이한빠의 숲을 만들고, 관리하고, 보호하는 데 더 많

장리민

은 노력을 기울임으로써, 숲의 생태적, 사회적, 경제적 혜택을 더 잘 활용할 수 있도록 할 것입니다.

진행자 캉훼이

오늘날 싸이한빠의 환경과 여건은 과거에 비해 몰라보게 달라졌습니다. 그렇다면 오늘날 젊은이들은 싸이한빠의 정신을 어떻게 이해하고 있습니까?

궈즈뤠이 [싸이한바 2세대 임업인]

저희는 싸이한빠의 3세대로서 선배 세대의 "공이 반드시 나에게만 있는 것이 아니다(功成不必在我)"라는 영광스러운 전통을 이어받아 초심을 잃지 않고 사명을 되새기

궈즈뤠이

며 평범한 일터에서 실천하는 자세로 임해 싸이한빠의 정신을 대대로

계승해 나가겠습니다.

진행자 캉훼이

감사합니다. 여러분들에게 경의를 표합니다. "사명을 명기하고, 간고하고 창업하여, 녹색 발전을 이룬다.(牢记使命、艰苦创业、绿色发展)"는 싸이한빠의 정신은 대를 이어 사람들에게 감동을 주고 있습니다. 또 한 세대, 또 한 세대의 사람들을 격려하여 우리의 녹색발전과 생태문명 건설을 앞으로 추진하고 있습니다. 다음으로 사상 해설자이신 왕빙린 교수님을 모시고 해설을 들어보도록 하겠습니다.

사상 해설자 왕빙린

이제 두 번째 요점인 가장 엄격한 생태 및 환경 보호 시스템의 구현에 대해 말씀드리겠습니다.

우리는 녹색발전은 우리의 발전방식, 생활방식, 가치관 및 사고방식과 관련된 심각한 변화이고, 우리 모든 사람과 관련이 있으며 모든 측면을 포함하므로 시스템과 법률로 보장해야 한다고 말합니다. 최근 몇 년 동안 우리는 '물 10개 조항(水十条)' 및 '대기 10개 조항(大气十条)'과 같은 엄격한 법률제도를 마련했습니다. 2014년에는 '역사상 가장 엄격한 환경법'이 통과되어, '생태 레드라인(生态红线)'과 '녹색 마지노선(绿色底线)'을 구축했습니다.

그동안 우리의 노력으로 녹색 발전은 세계가 주목하는 성과를 거두었습니다. 쿠부치(库布其) 사막은 더 이상 '죽음의 바다'가 아니고, 싸이한빠는 더 이상 '새들이 보금자리를 틀 나무가 없는 불모지'가 아닙니다. 오늘날 녹색 발전은 점점 더 사람들의 마음에 파고들고 있다고 할 수 있습니다. 우리가 "녹수청산은 금산이고 은산"이라는 발전 이념을 실천하기만 하면 미래 세대를 위해 하늘과 땅이 푸르고 물이 깨끗한 아름다운 환경을 남길 수 있고, 인간과 자연의 조화로운 공생의 밝은 미래를 더 잘 얻을 수 있습니다.

진행자 캉훼이

이 프로그램의 사상 해설자이신 왕빙린 교수님과 경전 해설자이신 양위 교수님의 훌륭한 해설에 깊이 감사드립니다.

시진핑 총서기는 지구는 모든 인류가 생존을 위해 의존하는 유일한 고향이라고 지적했습니다. 이는 우리에게 생태 문명 건설을 촉진케 하는 역사적, 현대적 책임을 짊어져야 할 사명이 여전히 남아 있음을 상기시켜 주고 있습니다. 우리는 이 바통을 이어받아 하늘이 푸르고 산이 푸르며 물이 맑아지는 아름다운 지구를 함께 건설하고 인류생명공동체의 더 나은 미래를 함께 열어가야 합니다.

친애하는 청취자 여러분, 이번 방송의 마지막 부분에서 녹색과 관련된 전례와 고사 시편을 다시 한 번 되새기면서, 고대 선현의 생태에 대한 지혜를 느껴보고, 시진핑 생태문명 사상의 정수를 깨닫도록 해야 할 것입니다.

경전낭독

『음주 5』

도연명

사람 사는 마을에 초가집 짓고 살아도
수레나 말 울음소리 시끄럽지 않구나.
그대에게 묻노니, 어떻게 이럴 수 있는가?
마음이 멀어지면 사는 곳도 자연히 외진 곳이 된다오.

동쪽 울타리 밑에서 국화를 따노라니
유연히 남산이 눈에 들어오네.

산 기운은 저녁에 아름답고
날아다니던 새들도 무리지어 돌아오네.

이 가운데 참뜻 있으니
말하고자 해도 이미 말을 잊었다네.

『饮酒』其五

陶渊明

结庐在人境，而无车马喧。
问君何能尔，心远地自偏。
采菊东篱下，悠然见南山。
山气日夕佳，飞鸟相与还。
此中有真意，欲辨已忘言。

본 회의 개요

1. 왜 공유해야 하나?
2. 무엇을 공유할 것인가?
3. 어떻게 공유할 것인가?

중국공산당 중앙위원회 제18기 5중전회(十八届五中全会)는 '공유'를 5대 발전 이념 중 하나로 포함시켰고 발전은 인민을 위한 것이고, 발전은 인민에 의존하며, 발전의 과실은 인민과 공유해야 한다고 주장했다. '인민'이라는 용어는 시진핑 총서기의 일련의 중요한 연설과 시진핑 신시대중국특색사회주의 사상의 이론적 실천을 관통한다. 이번 프로그램에서는 시진핑 총서기의 '공유'에 대한 사상적 의미를 해설한다.

진행자 :

캉훼이(康辉)

사상 해설자 :

아이쓰린(艾四林, 칭화대학[清华大学] 마르크스주의학원 원장·교수)

경전 해설자 :

양위(杨雨, 중난대학[中南大学] 교수)

게스트 :

펑샹(冯祥, 르카쩌시 인민병원[日喀则市人民医院] 정형외과 주치의)

잉하오(应灏, 상하이시 아동병원[上海市儿童医院] 정형외과 주임(主任))

더지춰무(德吉措姆, 상하이시 아동병원 '코스모스의 사랑[格桑花之爱]'
      프로젝트 수혜)

뤄사(洛莎, 더지춰무의 할아버지)

푸부푸츠(普布普尺, 더지춰무의 외사촌누나)

위원보(于文博, 베이징화공대학[北京化工大学] 부교수)

진행자 캉훼이

중국공산당 중앙위원회 제18기 5중전회
(十八届五中全会)에서는 혁신, 조정, 녹색,
개방, 공유라는 다섯 가지 주요 발전개념을
제시했습니다. 이는 경제 및 사회발전의 법
칙에 대한 당의 이해가 지속적으로 심화되
고 있음을 반영합니다. 그중에서도 공유는
새로운 시대, 새로운 문제, 새로운 특성, 새

캉훼이

로운 수요에 대응하는 새로운 발전개념이기도 합니다. 시진핑 총서기
는 공유발전에 대해 여러 차례 중요한 발언을 했는데, 이는 중국의 우
수한 전통문화에서 풍부한 자양분을 얻은 결과이기도 합니다. 오늘
방송에서는 '공유'를 주제로 시진핑 총서기가 좋아하는 고사를 읽고
공유 발전개념의 풍부한 의미를 배우고 이해해 보겠습니다.

본 프로그램의 사상 해설자이신 칭화대学교 마르크스주의학원 원장 아이쓰린 교수님을 모시고 설명을 들어보겠습니다.

사상 해설자 아이쓰린

시청자 여러분, 안녕하세요!

중국공산당 제18차 전국대표대회 이후 시진핑 동지를 핵심으로 하는 당 중앙은 항상 인민을 가장 높은 위치에 두고 공유발전을 적극 추진하여 인민들에게 실질적인 획득감(获得感)을 안겨주었습니다. 시진핑

아이쓰린

총서기는 우리의 위대한 발전성과는 인민에 의해 창조되고 인민에 의해 공유되어야 한다고 강조했습니다. 그렇다면 왜 공유해야 하고, 무엇을 공유해야 하며, 어떻게 공유해야 할까요? 왜 공유해야 하는지 먼저 말씀드리겠습니다.

저는 여러분께 먼저 묻고 싶습니다, 여러분의 일상생활에서 접하는 공유와 관련된 것들은 과연 어떤 것들이 있을까요? 어느 분이 말씀하시겠습니까?

관객 1

제가 보건대 가장 흔한 것이 바로 공유 자전거입니다.

관객 2

공유 자전거 말고도 공유 자동차, 공유 충선소 등을 들 수 있습니다.

관객 3

공유 서점, 공유 KTV, 공유 농구장, 공유 헬스클럽 등도 있습니다.

관객 4

공유 자동판매기, 공유 생맥주머신, 공유 우산, 공유 세탁기 등도 있습니다.

사상 해설자 아이쓰린

네 분 모두 좋은 답변을 해주셨습니다. 우리가 일상에서 공유하는 것들을 다양한 측면에서 설명했는데 모두 옳다고 생각합니다. 그렇다면 공유의 본질은 무엇일까요? 방금 여러분들의 대답이 대체로 현상적인 차원에 머물러 있기 때문입니다. 공유의 본질을 우리는 어떻게 파악하고 이해해야 할까요? 이어서 시진핑 총서기는 이에 대해서 어떻게 말했는지를 들어보도록 합시다.

(아래의 QR코드를 찍어서 시청하세요.)

 1. 왜 공유해야 하는가?

시진핑 :
공유이념의 실질은 바로 인민 중심의 발전사상을 견지하는 것이고, 공유이념의 구현은 함께 잘 사는 수요를 실현하는 것입니다. 함께 잘 사는 것은 마르크스주의 기본 목표 중 하나이자 예로부터 중국인들의 기본적인 이상 중 하나

총서기의 육성 25

입니다. 공자는 '적음을 근심하지 않고 고르지 못함을 근심하며(不患寡而患不均), 가난함을 근심하지 않고 편안하지 않음을 근심해야 한다(不患貧而患不安)'고 말했고, 맹자(孟子)는 '내 부모를 섬기듯 다른 노인을 대하고(老吾老以及人之老), 내 아이를 키우듯 다른 아이를 대해야 한다(幼吾幼以及人之幼)'고 말했습니다. 또 『예기·예운(礼记·礼运)』은 '샤오캉(小康)' 사회와 '대동(大同)' 사회의 상황을 세부적으로 생동적으로 묘사했습니다.

진행자 캉훼이

이는 시진핑 총서기 2016년 1월 18일 성부급(省部级) 주요 지도간부들의 중국공산당 제18차 5중 전회 정신 학습 세미나에서 한 발언입니다.

이번 세미나의 주요 목적은 5대 발전이념의 깊은 의미를 연구하고 이해하는 것입니다. 시진핑 총서기는 이 대목에서 몇몇 전례와 고사를 인용했습니다. 바로 공자의 말, 맹자의 말, 『예기·예운』에 나오는 말입니다. 다음으로, 이번 프로그램의 경전 해설자인 중난대학교(中南大学) 양위(杨雨) 교수님을 모시고 그 해설을 들어보겠습니다.

경전 해설자 양위

여러분 안녕하십니까! 『논어·계씨(论语·季氏)』에는 "불환과이환불균(不患寡而患不均), 불환빈이환불안(不患贫而患不安)"이라는 공자의 말이 기록되어 있습니다. 이 전례와 고사의 의미는 나라든, 가정이든 땅과 부, 인구의 많고 적음을 근심하지 말고 빈과 부가 고르지 못함을 근심하고 백성들이 편안하게 살지 못함을 근심해야 한다는 것

입니다. 부가 고르면 가난하든 잘 살든 중
요하지 않고 백성들이 한 마음이면 인구가
적어도 괜찮으며 나라는 무너질 위험이 없
이 평화롭다는 것입니다. 반대로 빈부의 고
르지 못함과 백성들의 편안하지 못함을 근
심하지 않으면 화근이 될 것이라는 의미입
니다.

양위

또 이런 이야기가 있습니다. 제선왕(齊宣王)이 맹자에게 춘추(春秋)
시기 제환공(齊桓公)과 진문공(晉文公)이 세상을 제패하던 경험을 자
문했습니다. 이에 맹자는 공자 등 유학자들은 제환공이나 진문공이
세상을 제패하던 일을 전파한 것이 아니라 유가사상 중의 덕정(德政)
과 왕도(王道)사상을 전해 왔다고 대답했지요. 그 중 한 가지가 바로
"노오로이급인지로(老吾老以及人之老), 유오유이급인지유(幼吾幼以
及人之幼)"입니다. 이 전례와 고사는 맹자의 말을 기록한 『맹자』에 수
록되어 지금까지 전해져 내려오고 있습니다.

이 전례와 고사에서 '노(老)'는 존경과 섬김을 뜻하고 '유(幼)'는 사
랑하고 키워주는 것을 뜻합니다. 이 전례와 고사의 의미는 자신의 부
모를 존경하고 모시는 동시에 이런 존경과 섬김의 마음을 다른 노인
들도 느끼게 하며, 자신의 자식을 사랑하고 키우는 동시에 이런 마음
을 다른 아이들도 느끼게 해야 한다는 것입니다.

시진핑 주석이 『논어』와 『맹자』에 나오는 두 전례와 고사를 인용한
것은 아름다운 사회는 국민들이 창조한 것이기 때문에 당연히 국민들
이 공유해야 하고 이는 또한 중국 전통문화 중 줄곧 전해져 내려오는
샤오캉(小康)사회와 대동(大同) 사회를 향한 사회적 이상이기도 함을
설명하기 위해서입니다.

진행자 캉훼이

양위 교수님의 상세한 해설에 감사드립니다. 실제로 중국의 우수한 전통문화에는 항상 샤오캉(小康)과 대동(大同)을 추구하는 사회적 이상이 있으며 이러한 이상은 오늘날에도 계속되고 있습니다. 중국공산당 중앙위원회 제18기 5중 전회에서 제안한 공유 발전이념은 인민중심의 발전 이념을 실천하는 것이며, 인민을 위해 성심성의껏 봉사하는 근본 목적을 반영한 것입니다. 그렇다면 신시대 중국 특색 사회주의 사업에서 공유발전 이념의 본질은 무엇일까요? 계속해서 사상 해설자이신 아이쓰린 교수님을 모시고 설명을 들어보도록 하겠습니다.

사상 해설자 아이쓰린

공유의 본질에 대해, 방금 보신 자료에서 총서기가 이미 매우 명확하게 논의했습니다. 즉, 공유는 중국 특색 사회주의의 본질적 요구 사항입니다. 그 본질은 주로 두 가지에 반영됩니다.

하나는 인민 중심의 발전사상을 견지하는 것입니다. 공유발전을 견지하는 것은 인민 중심의 발전사상을 견지하기 위한 불가피한 요구사항입니다. 누구를 위해 발전합니까? 누구에게 의지하여 발전합니까? 발전의 결과는 누가 향유합니까? 이것은 발전 중의 중대한 문제입니다. "샤오캉(小康)을 실현했느냐의 관건은 백성들이 인정하느냐에 달려있습니다." 시진핑 총서기는 공유발전을 견지하려면 인민을 위한 발전을 견지하고, 인민에 의지하여 발전하며, 발전의 성과는 인민이 공유해야 한다고 강조했습니다. 이게 첫 번째입니다.

두 번째는 공동 번영의 점진적인 실현에 대한 요구사항을 반영하는 것입니다. 사회주의의 가장 큰 우월성은 무엇입니까? 그것은 함께 잘 사는 것입니다. 가난은 사회주의가 아닙니다. 소수의 사람들이 부유하고 다수의 사람들이 가난한 것도 사회주의가 아닙니다. 그래서 시진핑 총서기는 빈곤퇴치와 민생개선, 공동번영을 강조하는 것이 사회주의의 본질적 요구라고 하는 것입니다.

1996년 10월 푸젠성(福建省) 당위원회와 성 정부는 닝샤후이족자치구(宁夏回族自治区) 후원 지도소조(领导小组)를 설립했습니다. 당시 푸젠성 당위원회 부서기였던 시진핑 동지가 소조의 리더였습니다. 1997년 4월 시진핑 동지는 직접 닝샤에 가서 6일 동안 조사를 진행하여 맞춤형 빈곤퇴치 아이디어를 내놓습니다. 그 후, 닝샤 대지에 민닝신촌(闽宁新村)³)이라는 새로운 마을들이 나타났고 점차 민닝진(闽宁镇)으로 발전했습니다.

(화면자료: 셰싱창(谢兴昌)의 발언)

셰싱창의 육성(민닝진 푸닝마을[福宁村] 원 당지부 서기, 민닝진 이주민 1세대)
이 사진은 22년 전에 찍은 것입니다. 저의 고향이 바로 여기였지요. 보십시오, 전부 토굴에서 살았습니다. 하늘에는 새가 없고, 땅에는 풀이 자라지 않았습니다. 사방이 온통 모래밭이고 바람만 기승을 부릴 뿐, 인가가 하나도 보이지 않습니다.

사상 해설자 아이쓰린

민닝진은 전형적인 빈곤퇴치 이주민 진(镇)입니다. 민닝진 발전의 산증인 셰싱창은 마을 사람들이 처음에는 버섯을 심고 구기자를 심다

---

3) 푸젠성(福建省)의 간칭인 민(闽)과 닝샤후이족자치구(宁夏回族自治区)의 간칭인 닝(宁)을 결합해서 만든 이름임. -역자 주

가, 나중에는 황소를 기르고 노동력을 수출하면서 점점 더 번창해지
는 과정을 모두 지켜보았습니다. 현재 민닝진에는 푸젠 양식의 건물
들이 들어서고 있는데, 이곳은 미래에 상업 및 무역 서비스센터로 건
설될 것입니다.

중국공산당 제18차 전국대표대회 이후 민닝진은 발전의 고속도로
에 올라섰습니다. 재배 · 양식 · 노무 · 태양광 및 관광의 5대 산업 패
턴을 형성했으며, 많은 농민들이 호미를 내려놓고 기업에 들어가 산
업노동자가 되었습니다.

루젠화(路建花) 가족은 산골에서 살다가 민닝진 위안룽촌(原隆村)
으로 이주했는데, 이들은 민닝진의 3세대 이주민이자 마지막 세대 이
주민입니다. 전에는 아이를 업고 매일 수십 킬로미터의 산길을 걸어
서 학교에 보냈는데, 지금은 동네 학교가 코앞에 있지요. 루젠화 네
생활도 하루가 다르게 좋아지고 있습니다.

민닝은 빈곤퇴치를 위해 태어났고 빈곤퇴치를 위해 건설되었습니
다. 20년 동안 무에서 유를 창조하고 가난을 떨쳐내고 부를 이뤘습니
다. 민닝은 맞춤형 빈곤퇴치라는 큰 성과를 이루었고 빈곤퇴치의 새

로운 방법을 모색했으며, 중국 특색의 개발식 빈곤퇴치의 주요 혁신이자 성공모델이 되었습니다.

진행자 캉훼이

아이쓰린 교수님의 해설에 감사드립니다.

민닝진의 20년간의 발전변화는, 전면적으로 샤오캉을 실현함에 있어서 소수민족이 한 명도 빠지거나 뒤처질 수 없다고 한 시진핑 총서기의 발언을 실감하게 합니다. 우리는 인민을 중심으로 발전해야 하며, 모든 인민이 개혁개방의 성과를 공유하도록 해야 합니다. 이것이 바로 중국공산당원들이 새로운 시대에 내놓은 메시지이며 엄숙한 약속입니다.

그렇다면 새로운 시대에 어떻게 진정으로 인민을 위해 발전하고, 인민에 의지하여 발전하며, 발전의 성과를 인민이 공유할 수 있을까요? 이어서 총서기의 연설을 들어보도록 합시다.

(아래의 QR코드를 찍어서 시청하세요.)

 2. 무엇을 공유할 것인가?

시진핑 :

"나라를 다스리는 데는 변하지 않는 법칙이 있으니 (治国有常) 그 근본은 백성들이 이익을 보게 하는 것(而利民为本)"이라는 말이 있습니다. 인민 중심의 발전사상은 추상적이고 현묘한 개념이 아니며, 말로만 그치고 사상에만 머물러서는 안 되며, 경제사회발전의 여러 과정에 구현되어야 합니다. 인민 중심의 위상을 고수하고 아름다운 생활에 대한

총서기의 육성 26

> 대중들의 소망을 향해 나아가며 가장 광범위한 인민들의 근본적인 이익을 끊임없이 실현, 수호, 발전시키면서 인민을 위해 발전하고, 인민에 의지해 발전하며, 발전성과를 인민들이 공유하게 해야 합니다.

경전 해설자 양위

이 연설에서 시진핑 총서기는 두 마디 전례와 고사를 인용했는데, 이는 『회남자·범논훈(淮南子·氾论训)』에 나오는 말입니다. 『회남자(淮南子)』는 『회남홍렬(淮南鸿烈)』이라고도 하는데, 서한(西汉)의 회남왕(淮南王) 유안(刘安)과 그 막하의 문인들이 저술했습니다. "치국유상(治国有常), 이이민위본(而利民为本)"이라는 말은 「회남자」의 정치사상 중 민본의식을 보여주는 것입니다.

치국유상(治国有常)이라는 것은 나라를 다스리는 데는 일정한 법칙이 있으나 그 법칙의 본질은 백성에 유리한 것이라는 의미입니다. 시대가 발전함에 따라 기존의 제도가 현재의 현실과 요구에 부합하지 않을 수도 있습니다. 그러면 이를 폐지하거나 개혁해야 하는데, 개혁의 근본 목적은 인민을 이롭게 하는 것입니다.

여기서 저는 대학 선생님으로서, 역사 연혁의 관점에서 교육자원 공유의 발전과정에 대해 이야기하고 싶습니다.

이런 이야기가 있습니다. 상고시대에는 제한된 교육자원이 모두 왕실과 귀족들에게 독점되었고 교육자원의 공유는 송(宋)나라 때에 이르러서야 실현되었다고 할 수 있습니다. 송나라 때 유명한 역사학자이자 문학자인 송기(宋祁)는 젊었을 때 형인 송상(宋庠)과 함께 학문에 정진했습니다. 송씨 형제가 만약 가문에 의해 운명이 결정되던 시기에 태어났다면 그들의 학문이 아무리 뛰어나도 출세할 수 없었을 것입니다. 하지만 다행스럽게 그들은 북송(北宋) 때에 살았습니다. 북송 때 바로 과거제도가 보완되어 출신이 미천한 선비들도 명문가의 자손들과 함께 학문의 고저를 겨룰 수 있었기 때문입니다. 과거제도로 인해 다양한 계층의 사람들이 상류층 진입 통로에 들어설 수 있게 되었습니다. 또한 교육자원을 공유하고 공평한 교육제도 실현하는 난제가 해결되었습니다.

송상과 송기 형제는 모두 과거시험에서 급제했고 형 송상은 장원급제로 관직이 재상에까지 이르렀으며, 동생 송기도 공부상서(工部尚书) 벼슬을 지냈으며 고대 지식인의 최고 명예인 한림학사승지(翰林学士承旨)를 지내기도 했습니다.

시진핑 총서기는 "치국유상, 이이민위본"이라는 이 전례와 고사를 인용해 더 높고 더 넓은 차원에서 자원의 공유와 국민이익의 보장에 대한 요구를 제출했습니다. 이런 자원들에는 교육자원과 의료자원 등 인민들의 이익과 직결되는 자원의 공유가 망라됩니다.

사상 해설자 아이쓰린

방금 양위 교수님께서 아주 훌륭한 해설을 해주셨습니다. 저도 듣고 깨달은 바가 있습니다. 공유발전의 의미는 매우 풍부하고 심오합니다. 그럼 공유란 무엇이며, 우리는 어떻게 이를 파악해야 합니까?

우리는 총서기의 논술에서 네 가지 방면에서 파악할 수 있습니다.

첫째, 공유는 전 국민 공유입니다. 즉 공유의 범위는 전체 국민들이라는 것입니다. 시진핑 총서기는 다음과 같이 강조했습니다. "공유발전은 모든 사람이 향유하고 각자 자신의 몫을 얻는 것이지, 소수의 사람들만 공유하거나 일부만 공유하는 것이 아닙니다." 전면적으로 부유한 사회를 건설하려면 한 사람, 한 민족, 한 지역도 빠뜨려서는 안 됩니다.

여기서 저는 여러분에게 티베트 자치구 르카쩌(日喀则)시에서 발생한 예를 하나 들고 싶습니다.

2017년에 의료 '하늘 길(天路)'이 하나 뚫렸습니다. 4,000km 떨어진 상하이의 의사가 원격의료 플랫폼을 통해 티베트 자치구 르카쩌시의 환자를 직접 진료해 지역 주민들이 일류 의료자원을 공유할 수 있도록 한 것입니다.

티베트 자치구 르카쩌시는 칭하이-티베트 고원의 남서부에 위치하고 있는데 평균 해발 4,000미터 이상이며 세계에서 가장 높은 에베레스트 산이 그 경내에 위치하고 있습니다. 이곳에는 고원 특유의 질병이 많이 발생하는데, 열악한 자연환경 때문에 많은 환자들이 제때 치료를 받지 못하고 있습니다.

(화면: 더지춰무(德吉措姆), 9세, 발달성 고관절 탈구 환자, 5년 전에 상하이에서 수술을 받고 현재 재활치료를 받고 있음.)

잉하오(应灝) 육성(상하이시 어린이병원 정형외과 주임):
발달성 고관절 형성이상은 티베트 자치구에서 특히 많이 발생하는데, 이 질병은 제때에 치료받지 않으면 초기에는 걸음이 비틀리고 말기에 노동력을 잃게 됩니다.

(화면: 2019년 9월 16일, 더지춰무는 르카쩌시 인민병원에서 특별 진료를 받았다. 멀리 상하이에 있는 전문가가 그녀를 위해 수천 킬로미터를 넘는 원격 진료를 진행한 것이다.)

미마둬지(米玛多吉) 육성(르카쩌시 인민병원 원장):
2017년부터 원격진료센터, 모바일 로봇 검진, 원사(院士) 워크스테이션 등 다양한 플랫폼 구축을 통해 상하이의 우수한 자원을 우리 시와 공유하는 것을 실현했으며, 100여 명의 난치병 환자에 대한 원격진료를 진행했습니다. 또한 200여 명의 지방 의료진에 대한 원격의료교육을 실시해 기초 이론, 기본 기술, 기초 지식을 크게 향상시켰습니다.

사상 해설자 아이쓰린

현재 티베트 자치구에는 12개의 구(区) · 시(市) · 현(县)급 병원이 있으며 베이징 · 상하이 · 광저우(广州) 등 지역의 병원과 원격 의료 상담 플랫폼을 구축하여 영상 · 초음파 · 심전도 및 병리와 같은 다양한 분야의 원격 진단을 실현했습니다.

(화면: 펑샹(冯祥)이 환자를 둘러보고 있는 모습)

펑샹(冯祥) 육성: (르카쩌시 인민병원 정형외과 주임의)
우리의 가장 큰 소망은 의료 자원 공유를 통해 진정한 의료 '하늘길'을 여는 것입니다. 앞으로 더 많은 더지췌무와 같은 아이들이 더 빨리 의료 지원을 받을 수 있을 것입니다. 점점 더 많은 티베트 의사가 최첨단 의학지식을 더 쉽게 얻어 의사로서 더 많은 가치를 실현할 수 있게 될 것입니다.

진행자 캉훼이

티베트와 상하이는 수천 킬로미터나 떨어져 있는데, 이 의료용 '하늘길'은 어떻게 뚫을 수 있었을까요? 오늘 그 이야기를 들려드리겠습니다.

이번 방송에서는 티베트 자치구 르카쩌시 인민병원 정형외과 펑샹(冯祥) 부주임 님을 모셨습니다. 박수로 맞이해주시기 바랍니다.

방금 우리는 발달성 고관절 탈구라는 전문 의학용어를 배웠습니다.

어떤 질병일까요? 티베트 어린이들 사이에서 이 질병의 발병률이 높은 이유는 무엇입니까?

평샹

이 질병은 주로 티베트 동포의 생활습관과 관련된 다양한 원인으로 인해 발생합니다. 아시다시피 티베트는 일반적으로 추운 기후를 가진 고지대지역입니다. 그래서 티베트 동포들은 영유아를 담요로 꽁꽁 감싸

평샹

는 습관이 있습니다. 이 때문에 고관절 활동이 제한되고 고관절의 발달에 영향을 미쳐서 고관절 탈구가 발생하게 됩니다.

진행자 캉훼이

그렇다면 티베트 지역이나 르카쩌 지역의 의료자원과 의료 조건에만 의존한다면 이 문제를 어느 정도 해결할 수 있겠습니까?

평샹

현재 우리는 조기 검사 방면에서 약간의 역할을 할 수 있습니다. 우리는 변방 소수민족 지역에 속하기 때문에 의료 조건과 의료 기술은 여전히 상대적으로 낙후되어 있으며, 복잡하고 어려운 일부 수술에 대해서는 여전히 무력합니다.

진행자 캉훼이

따라서 이 시점에서 멀리 상하이의 고품질 의료자원과 티베트지역의 의료자원을 공유하는 것이 특히 중요합니다. 상하이 어린이병원은 티베트 르카쩌지역의 많은 발달성 고관절탈구 어린이들이 건강을 회복할 수 있도록 돕기 위해 '코스모스 사랑(格桑花之愛)'이라는 의료지원 프로젝트를 진행하고 있습니다.

오늘 우리는 또한 상하이 어린이병원의 정형외과 잉하오 주임님을 프로그램 현장에 초대하였습니다. 박수로 맞이해 주시겠습니까?

주임님 안녕하세요!

상하이 어린이병원의 '코스모스 사랑' 지원 프로젝트에 대해 소개해 주십시오. 어떤 계기로 상하이 어린이병원이 이 일을 시작하게 되었습니까?

잉하오

'코스모스 사랑' 프로젝트는 2013년 상하이의 티베트 지원 제7기 간부들이 티베트에 파견되어 사업을 수행하면서 시작되었습니다. 우리는 르카쩌지역 전체에서 발달성 고관절탈구 발병률이 여전히 매우 높다는 사실을 발견했습니다. 우리가 그곳에

잉하오

가기 전까지, 현지 어린이들은 기본적으로 치료법이 전혀 없는 상태였습니다.

더지취무는 양측 고관절탈구를 앓고 있었는데, 도착 당시 4살 3개

월이었습니다. 이 아이의 할아버지가 2016년에 우리한테 데려왔지요. 언어장벽이 있었습니다. 할아버지는 한어를 할 줄 몰랐고, 저는 티베트어를 할 줄 몰랐습니다. 하지만 할아버지의 눈빛에서, 저희의 치료를 통해 아이가 치유되기를 바라는 절절한 마음을 읽을 수 있었습니다. 이후 두 번의 수술 끝에 아이는 완전히 완치되었습니다.

진행자 캉훼이

나중에 더지춰무를 다시 만난 적이 있습니까?

잉하오

그 이후로 본 적이 없습니다. 왜냐하면 저희 프로젝트가 그러니까 완치수술은 저희 쪽에 있고 나중에 강판이나 나사를 제거하는 일은 현지에서 할 수 있기 때문에 수술 후에는 보지 못했습니다. 하지만 펑 주임이 알려준 바에 따르면 수술은 매우 성공적이었습니다.

진행자 캉훼이

그렇다면 수술의 성과를 지금 확인해보세요. 당신이 구한 아이입니다.

더지춰무를 현장에 초대했으니 박수로 환영해 주십시오. 할아버지 로사(洛莎)와 사촌언니 푸뿌푸츠(普布普尺)도 현장에 함께 왔습니다.

의료진에게 티베트식 존경의 의식인 하타(哈达)를 올리며 감사의 마음을 전하고 있습니다.

안녕, 더지춰무, 한어를 할 줄 알아요?

더지춰무

안녕하세요, 여러분!

진행자 캉훼이

더지춰무

정말로 감사합니다. 이처럼 건강하고 씩씩한 아이가 어렸을 때 양측 고관절탈구로 걷지도 못했다니, 정말로 상상하기가 힘들군요. 어떠십니까, 잉하오 주임님? 더지춰무를 보고나니 성취감이 들지 않습니까?

잉하오

키가 많이 컸군요. 많이 컸습니다. 방금 걸어 들어오는 자세를 보니 완전히 회복한 것 같습니다.

진행자 캉훼이

완전히 회복되었습니다.

잉하오

그래요. 정말로 기쁩니다.

진행자 캉훼이

할아버지와 함께 오지 않았더라면 알아보지도 못하셨겠죠?

잉하오

맞습니다. 아이들은 빨리 자라고 변화가 크니까요. 하지만 할아버지는 한 눈에 알아봤습니다.

진행자 캉훼이

할아버지, 당년에 손녀의 수술을 집도했던 잉하오 주임님을 오늘 또 만나셨습니다. 소감 한 말씀 부탁드립니다.

로사

당과 국가, 상하이 인민의 도움으로 좋은 의사를 만나게 되었습니다. 훌륭한 의료기술로 어린 손녀의 다리를 성공적으로 치료해 주셔서 대단히 감사합니다!

로사

진행자 캉훼이

할아버지와 푸뿩푸츠와 더지춰무는 오늘 현장에 오면서 감사패를 가지고 왔습니다. 우리 의사선생님한테 드리시는 거죠?

푸부푸츠

맞습니다.

진행자 캉훼이

푸부푸츠

"덕성과 의술을 겸비한 훌륭한 의사(德医双馨, 妙手回春)"라고 적힌 감사패는 상하이어린이병원 정형외과 잉하오 주임님을 비롯한 모든 의료진에게 드리는 것입니다. 이 감사패는 한때 허약했던 '코스모스'를 건강하게 피워낸 모든 의료진을 위한 것이라고 생각합니다.

보시다시피 더지춰무는 무대에서 이리저리 움직이며 몸을 풀고 준비를 하고 있습니다. 아까 무대 아래에서 의사 선생님들과 여러 친구들을 위해 티베트 귀장춤(锅庄舞)을 추고 싶다고 말했습니다. 큰 박수를 보내주세요.

진행자 캉훼이

코스모스가 티베트인의 마음속에 만개하여 세상에서 가장 아름다운 풍경을 이루었습니다. 더 많은 티베트 아이들과 더 많은 외딴 지역의 아이들이 양질의 의료자원을 누릴 수 있고 건강하고 활기차게 자랄 수 있도록 하는 것은 신시대 중국 특색의 사회주의의 가장 아름다운 풍경입니다. 우리 함께 노력합시다!

사상 해설자 아이쓰린

방금 더지춰무의 이야기를 듣고 저도 매우 감동했습니다. 4,000km가 넘는 원격의료는 더지춰무 개인의 운명을 바꿨을 뿐만 아니라 국민 모두를 위한 공유의 생생한 해석이기도 합니다. 이것은 공유발전의 첫 번째 측면, 즉 전 국민 공유입니다.

둘째, 공유는 포괄적인 공유입니다. 이것은 공유의 영역에 관한 것이지요. 우리가 말하는 공유는 단일 영역이 아니라 전 영역, 전방위적인 공유입니다. 시진핑 총서기는 공유발전은 국가 경제, 정치, 문화, 사회 및 생태 건설의 성과를 공유하고 모든 측면에서 인민의 합법적 권익을 전면적으로 보호해야 한다고 지적했습니다.

여기서 젊은 사상정치이론 교사 몇 분에게 여쭤보고 싶은데, 교수 경험과 일상생활 경험을 결합하여 공유발전에 대한 이해에 대해 말씀해 주시기 바랍니다.

위원버 (베이징 화공대 부교수)

우선 여러분들에게 에피소드 하나 들려드리도록 하겠습니다.

윈난성 남부 변방 훙허 하니족·이족 자치

위원버

주(红河哈尼族彝族自治州)의 위안양현(元阳县)에서 올해 14세인 왕순 (王洵)은 우연히 무크(MOOC, 온라인 교육과정의 하나)를 접한 적이 있습니다. 그는 인터넷에 접속할 수 있는 컴퓨터만 있으면 대학 과정 을 무료로 배울 수 있다는 사실에 감격했습니다. 당시 초등학교 5학년 이었던 왕순이 선택한 첫 번째 무크 과목은 무엇이었을까요? 아마 생 각지도 못하셨을 겁니다. 바로 다들 어려워하는 고문서학입니다. 수 업 내용이 어려웠지만 관심이 많아 매일 하교 후 대부분의 시간을 이 과목을 공부하는데 썼고, 이 과목만 7권이나 메모를 했습니다. 몇 년 후, 왕순은 유명한 무크 달인이 되었습니다.

제가 근무하는 대학은 내몽골자치구(内蒙古自治区) 퉁랴오시 (通辽市) 커얼친 좌익중기(科尔沁左翼中旗)를 지원하고 있는데, 고품 질의 무크 자원을 그곳에 가져갔습니다. 아이들은 종종 스크린 속의 선생님이 들려주는, 콧수염이 더부룩한 마르크스의 이야기에 매료된 답니다. 또한 선생님의 원격 시범 아래 여러 가지 신기한 실험을 시도 하기도 합니다. 어떤 아이들은 나중에 꼭 베이징의 대학에 합격하여 강의실에 가서 이 선생님들의 멋진 강의를 경청할 것이라고 말했습니 다. 양질의 교육자원은 정보화를 통해 최대한 공유되어 학교의 '담 장'을 허물어버렸습니다.

사상 해설자 아이쓰린

공유발전의 의미는 매우 풍부합니다, 방금 말씀드린 전 국민 공유 와 전면 공유 외에 또 무엇이 있을까요? 셋째는 함께 건설해나가는 공 유입니다. 이것은 공유를 실현하는 방법에 관한 것입니다. 시진핑 총 서기는 함께 건설해야 공유할 수 있고, 함께 건설하는 과정도 공유의 과정이라고 지적했습니다. 따라서 우리는 공유발전에 대해 이야기할 때 한편으로는 모든 사람이 향유해야 한다고 강조하지만 다른 한편으로는 모든 사람이 참여하고 최선을 다해야 한다고 강조합니다.

넷째는 점진적 공유입니다. 이것은 공유발전의 과정에 관한 것입니다. 공유는 하루아침에 이루어지는 것이 아니라 과정이 있습니다. 시진핑 총서기는 "한 입 먹는다고 바로 살이 찌지는 않는다."며 "공유발전은 반드시 저급에서 고급으로, 불균형에서 균형으로 가는 과정이 있을 것"이라고 지적했습니다. 우리의 빈곤퇴치는 목표를 낮추어도 안 되지만, 무작정 목표를 높여서도 안 됩니다. 발전단계를 넘어서는 일은 할 수 없습니다.

위에서 저는 전 국민 공유, 포괄적 공유, 함께 건설해나가는 공유, 점진적 공유 등 네 가지 측면에서 공유의 의미에 대해 설명했습니다. 이 네 가지 측면은 유기적인 전체이며, 체계적이고 전체적으로 파악해야만 공유 발전의 깊은 의미를 파악할 수 있다고 생각합니다.

진행자 캉훼이

여러 가지 각도와 차원에서 공유발전 개념의 풍부한 의미를 설명해 주신 아이 실린 교수님께 감사드립니다. 전 국민 공유, 포괄적 공유, 함께 건설해나가는 공유, 점진적 공유라는 이념은 궁극적으로 실현될 것이며 우리가 실현해나가야 합니다. 그렇다면 새로운 시대에 어떻게 하면 개혁과 발전의 과실을 모든 국민이 공유할 수 있을까요? 이점에 대해 총서기의 연설을 다시 들어 보겠습니다.

(아래의 QR코드를 찍어서 시청하세요.)

3. 어떻게 공유할 것인가?

> **시진핑 :**
>
> "가까운 길도 가지 않으면 도달하지 못하고(道虽迩, 不行不至), 작은 일도 행하지 않으면 성취되지 않는다(事虽小, 不为不成)"는 것은 불변의 진리입니다. 사람됨이나 일을 함에 있어서 가장 무서운 것은 말만 하고 행동하지 않는 것입니다. 배움이든 일이든 모두 실천이 중요하며 실천 속에서만이 진정한 지식을 배울 수 있습니다.

총서기의 육성 27

경전 해설자 양위

이는 시진핑 총서기가 2018년 5월 2일 베이징대학교 사생들과의 간담회에서 했던 발언입니다. 이 간담회에서 시진핑 총서기는 『순자·수신(荀子·修身)』의 "도수이(道虽迩), 불행불지(不行不至); 사수소(事虽小), 불위불성(不为不成)"이라는 말을 인용했습니다. 그 의미는 아주 가까운 길도 한 발자국씩 걸어야 목적지에 도달할 수 있고, 아주 작은 일도 반드시 행해야 성공할 수 있다는 것입니다. 매일 빈둥거리며 아무 일도 하지 않으면 이상과 목표를 달성할 수 없다는 것이지요.

『순자』에 나오는 이 전례와 고사는 실천의 의미를 강조합니다. 이상의 크고 작음을 떠나서, 길의 멀고 가까움에 관계없이 모두 한 발자국씩 끈질기게 실천해야 그 목표에 가까워지고 궁극적으로 그 이상과 목표를 달성할 수 있다는 것입니다.

이와 관련해서는 송(宋)나라 때의 대문호 소식(苏轼)의 이야기를 사례로 들 수 있습니다. 소식은 노년에 혜주(惠州)에 좌천되어 감시를 받는 '죄를 지은 신하'가 되었지만 "지위는 낮아도 나라를 걱정했습니다.(位卑未敢忘忧国)" 소식은 혜주의 동강(东江)과 서지강(西枝江)이 합류하는 곳의 다리가 심각하게 파손되어 현지의 백성들이 나룻배로 강물을 오가며 불편을 겪고, 이 때문에 익사사고도 자주 발생한다는 것을 알게 되었습니다. 소식은 즉시 당시 높은 직위에 있는 사촌형 정정보(程正辅)에게 서신을 보내 교량 축조를 지원해달라고 했습니다. 소식의 노력으로 1년도 안 되는 사이에 동신교(东新桥)과 서신교(西新桥)가 축조되어 혜주 최대의 교통난제가 해결되었습니다. 현지의 관리들이 생각지도, 행하지도 못한 일을 소식이 해낸 것입니다. 소식은 "가까운 길도 가지 않으면 도달하지 못하고(道虽迩，不行不至), 작은 일도 행하지 않으면 성취되지 않는다(事虽小，不为不成)"는 이치를 실천으로 보여주었습니다. 이상은 노력의 방향을 제시하고 실천은 이상으로 가는 유일한 길인 것입니다.

사상 해설자 아이쓰린

공유 발전의 개념을 구현하려면 못 박기 정신(钉钉子精神)을 발휘하여 꾸준히 노력해야 합니다. 그래야만 풍성한 공유의 열매를 얻을 수 있습니다. 그렇다면 어떻게 공유를 실현해나가야 할까요?

시진핑 총서기는 공유 발전 개념의 구현에는 많은 조치와 과제가 있지만 결국 두 가지로 귀결된다고 했습니다. 즉 하나는 더 큰 '케이크'를 만드는 것이고, 다른 하나는 '케이크'를 잘 나누는 것입니다.

일단 '케이크'를 크게 만들어야 합니다.

공유 발전에서 발전은 전제조건이며 발전이 없으면 공유도 없습니다. 시진핑 총서기는 사회주의는 이루어내는 것이고, 새로운 시대도 이루어내는 것이라고 말했습니다. 따라서 '케이크'를 나누려면 먼저

'케이크'를 만들어내야 하고, '케이크'를 잘 나누려면 먼저 큰 '케이크'를 만들어내야 합니다.

혹자는 40여 년의 개혁개방을 통해, 우리나라의 '케이크'는 이미 충분히 커졌고, 우리는 이제 세계 2위의 경제대국이 되었고 말할 수 있습니다. 그러나 우리는 '케이크'가 충분히 크지도 않고 충분히 훌륭하지도 않다는 것을 분명히 깨달아야 합니다. 발전이 없으면 모든 것이 공염불입니다.

두 번째는 '케이크'를 잘 나누는 것입니다.

총서기는 왜 '케이크'를 잘 나눠야 한다고 강조할까요? '케이크'를 크게 만드는 것도 쉽지 않지만 '케이크'를 잘 나누는 것은 더 어렵기 때문입니다. 그렇다면 어떻게 잘 나눌 수 있을까요?

첫째는 중산층을 확대하는 것이고, 둘째는 빈곤층에 대한 지원을 늘리고, 농촌 빈곤층의 빈곤퇴치 투쟁에서 단호히 승리하는 것입니다.

2017년 신년사에서 총서기는 다음과 같이 말했습니다.

(화면: 시진핑 주석의 2017년 신년사)

시진핑 총서기의 육성
새해를 맞이하여 저는 형편이 어려운 사람들이 가장 걱정됩니다. 그들이 어떻게 먹고, 어떻게 생활하는지, 설명절을 잘 보낼 수 있을지가 가장 걱정됩니다.

사상 해설자 아이쓰린

전면적으로 샤오캉사회를 건설하기 위해서는 빈곤인구에 대한 지원을 더욱 강화하고 빈곤지역을 지원하여 그들이 가능한 한 빨리 예정대로 빈곤에서 벗어나 전 국민과 함께 전면적인 샤오캉으로 진입할 수 있도록 하는 것이 우리의 책임이라고 생각합니다.

공유는 하나의 큰 학문입니다. 사회주의 중국에서 공유는 우리가 변함없이 추구하는 목표이며, 공유는 발전의 출발점이자 종착점입니다. 발전은 당신과 나, 즉 우리 모두를 위한 것이고 발전의 성과 역시 우리 모두가 공유하는 것입니다. 그래서 발전은 더욱 우리 모두의 합심이 필요합니다. 모든 사람이 참여하고, 모든 사람이 최선을 다하며, 모든 사람이 향유하도록 한다면, 중화민족의 위대한 부흥이라는 "중국의 꿈"을 실현하는 거대한 힘을 모을 수 있을 것입니다.

감사합니다!

진행자 캉훼이

이번 프로그램에서 훌륭한 해설을 해주신 사상 해설자 아이쓰린 교수와 경전 해설자 양우 교수님께 깊이 감사드립니다. 시진핑 총서기는 모두가 국가발전의 과실을 나누고, 모두가 꿈을 이룰 수 있는 기회를 공유하자고 말했습니다. "한 송이 꽃이 혼자 피는 것은 봄이 아니고, 온갖 꽃이 만발하는 것이 봄입니다." 전면적으로 샤오캉(小康)사회를 건설하려면 한 명도 빠지거나 낙오되어서는 안 됩니다. 앞으로 우리는 제2의 100년 분투 목표를 달성하고 중화민족의 위대한 부흥이라는 "중국의 꿈"을 실현할 것입니다. 따라서 그 성과를 공유하려면 함께 노력해야 합니다.

친애하는 여러분, 이번 방송의 마지막 부분에서 시진핑 총서기가 인용한 전례와 고사들을 다시 한 번 읽어보고, 시진핑 총서기의 공유 발전에 대한 깊은 생각을 함께 배워봅시다.

경전낭독

『논어』(발췌)

나라를 다스리는 사람은 백성이 적은 것을 걱정하지 않고 재산의 소유가 고르지 않은 것을 걱정하며, 가난한 것을 걱정하지 않고 나라가 평안하지 않은 것을 걱정한다. 대체로 재산의 소유가 고르면 가난할 것이 없고, 사회가 화목하면 백성이 적어질 일이 없으며, 나라가 평안하면 기울어질 일이 없다.

> 有国有家者，不患寡而患不均，不患贫而患不安。
> 盖均无贫，和无寡，安无倾。

『맹자』(발췌)

내 어버이를 섬기듯이 남의 어버이를 섬기고, 내 아이를 사랑하듯이 남의 아이를 사랑하면, 천하를 손바닥 안에 놓고 움직일 수 있을 것이다.

> 老吾老以及人之老，幼吾幼以及人之幼。
> 天下可运于掌

『모옥위추풍소파가(茅屋为秋风所破歌)』(발췌)

두보(杜甫)

어이하면 너른 집 천만 칸 얻어, 천하에 가난한 선비들 모두 비호하여 모두 즐거운 얼굴로, 풍우에도 움직이지 않고 산처럼 편하게 있을런가!
아, 어느 날 문득 이런 집을 볼 수 있다면, 내 집만 부서져 얼어 죽는들 뭐가 대수랴!

安得广厦千万间，大庇天下寒士俱欢颜！
风雨不动安如山。
呜呼！何时眼前突兀见此屋，
吾庐独破受冻死亦足！

구름이 시야를 가려도 두려워 말자

不畏浮云遮望眼

본 회의 개요

1. 왜 자신감을 가져야 하나?
2. 어떻게 해야 자신감을 가질 수 있나?
3. 어떻게 문화적 자신감을 향상시킬 수 있나?

'네 가지 자신감'은 중국 특색 사회주의 이론의 중요한 내용으로, 시진핑 총서기는 "중국은 방향의 자신감, 이론적 자신감, 제도적 자신감을 가지고 있으며, 그 본질은 5천년 이상의 문명전승을 바탕으로 한 문화적 자신감입니다." 라고 말했다. '자신감'을 이번 회의 주제로 삼고 '네 가지 자신감'을 기반으로 하고 '문화적 자신감'을 귀착점으로 하면, 우수한 전통문화, 혁명문화 및 사회주의 선진문화를 유기적으로 결합할 수 있을 것이며, 새로운 시대의 주제를 설명할 수 있을 것이다.

진행자 :

캉훼이(康輝)

사상 해설자 :

쉬찬 (徐川, 난징항공항천대학[南京航空航天大学] 교수)

경전 해설자 :

캉전(康震, 베이징사범대학 교수)

게스트 :

장허(张熇, '창어 4호 [嫦娥四号]' 달 탐사선 프로젝트 총괄 책임자, 차석디자이너)

탕종빠오(唐忠宝, 장난대학 [江南大学] 교수)

진행자 캉훼이

　"뜬구름이 내 시야를 가려도 두렵지 않은 것은 내 몸이 가장 높은 곳에 있기 때문이라네.(不畏浮云遮望眼，自缘身在最高层)" 아시다시피 북송의 정치가이자 문학가인 왕안석(王安石)의 「등비래봉(登飞来峰)」에 나오는 명구입니다. 「등비래봉」은 왕안석의 시 중 가장 웅장한 기세를 지닌 것으로 인정받고 있으며, 특히 이 두 구절은 저자의 야심찬 포부와 개혁의 미래에 대한 자신감을 충분히 표현하고 있습니다. 시진핑 총서기는 2017년 설 단배식에서 이 두 구절을 인용하며 위대한 분투의 역사의 새 장을 쓰자고 호소했습니다. 이 역시 확고한 자신감의 발로라고 할 수 있습니다.

캉훼이

　오늘 저희 프로그램의 주제는 바로 '자신감'입니다. 시진핑이 좋아하는 전례와 고사를 함께 읽어보고, 새로운 시대에 우리가 왜 자신감을 가져야 하는지, 우리가 왜 자신감을 가질 수 있는지, 시진핑 총서기의 '네 가지 자신감'에 대한 중요한 논술이 어떤 사상적 의미를 가지고 있는지에 대해 알아보도록 하겠습니다.

자, 이제 이번 방송의 사상 해설자이신 난징항공우주대학(南京航空航天大学) 쉬촨(徐川) 교수님을 모시겠습니다.

사상 해설자 쉬촨

안녕하세요 여러분! 오늘은 '자신감'이라는 단어에 대해 이야기해보겠습니다.

2016년 7월 1일 시진핑 총서기는 중국공산당 창건 95주년 경축대회에서 '네 가지 자신감'을 명확하게 제시했습니다. 그때부터 '네 가지 자신감'은 가장 빈번하고 광범위하며 영향력 있는 어휘의 하나가 되었습니다.

쉬촨

우리는 자신감이 중요하다고 말합니다. 거시적 관점에서 자신감은 국가의 지속적인 발전과 민족 번영과 부흥의 정신적 지주이며, 개인에게도 자신감은 각자의 삶의 성공을 위한 중요한 초석입니다. 오늘은 '자신감'이라는 키워드를 중심으로 세 가지 질문에 대해 이야기해보겠습니다.

첫 번째 질문: 우리는 왜 자신감을 가져야 합니까?

두 번째 질문: 어떻게 자신감을 가질 수 있습니까?

세 번째 질문: 어떻게 하면 우리의 문화적 자신감을 향상시킬 수 있겠습니까?

먼저 첫 번째 질문을 보겠습니다. 우리는 왜 자신감을 가져야 합니까?

이 문제에 대해 총서기는 많은 훌륭한 논술을 가지고 있습니다. 함께 공부해봅시다.

(아래의 QR코드를 찍어서 시청하세요.)

1. 왜 자신감을 가져야 하는가?

> **시진핑 :**
>
> 우리 당은 방향의 자신감과 이론적 자신감, 제도적 자신감, 문화적 자신감을 확고하게 지켜야 합니다. 오늘날 세계적으로 정당과 국가, 민족 중 중국공산당과 중화인민공화국, 중화민족이 가장 자신감을 가졌다고 할 수 있습니다. "스스로의 삶이 이백 년 이어질 것을 자신하면(自信人生二百年) 맨손으로 물을 가르며 삼천 리를 갈 수 있다.(会当水击三千里)"는 용기를 가지면, 우리는 모든 어려움과 도전을 두려워하지 않고 새로운 세상과 새로운 기적을 창조할 수 있습니다.

총서기의 육성 28

진행자 캉훼이

이는 2016년 7월 1일 중국공산당 창당 95주년 경축대회에서 시진핑 총서기가 한 발언입니다. 그는 '네 가지 자신감'을 제기하고 중국공산당, 중화인민공화국, 중화민족이야말로 자신을 가질 충분한 이유가 있다는 점을 분명히 했습니다. 총서기는 또 "스스로의 삶이 이백 년 이어질 것을 자신하면(自信人生二百年) 맨손으로 물을 가르며 삼천 리를 갈 수 있다.(会当水击三千里)"는 마오쩌둥 동지의 유명한 시를 인용하였습니다. 그렇다면 마오쩌둥 동지는 언제 이 시를 창작했으며, 어떤 심오한 의미를 담고 있을까요? 아래에 이번 프로그램의 경전 해설자이신 베이징사범대학교의 캉전(康震) 교수님을 모시고 해설을 들어보도록 하겠습니다.

경전 해설자 캉전

이 시구는 마오쩌둥 주석이 청년 시절 공부할 때 쓴 것입니다. 마오쩌둥은 스포츠를 좋아했고 특히 수영을 아주 좋아해 후난(湖南) 제1사범대학교에서 공부하는 동안 학생회에 수영부를 설립하기도 했습니다. 1925년 마오쩌둥 전 주석은 시「심원춘·장사

캉전

(沁园春·长沙)」를 펴냈습니다. 그는 과거의 수영경력을 돌아보면서 "화살같이 달려오는 배도 막을 정도로 큰 파도 속에서 수영하던 때를 기억하는가?(曾记否，到中流击水，浪遏飞舟)"라고 썼습니다. 그의 큰 뜻과 호방한 기백이 보이는 대목이지요.

1958년「마오쩌둥시사19수(毛主席诗词十九首)」가 출간되었습니다. 마오쩌둥 전 주석은 시를 읽은 후 감회가 깊어 그 중「심원춘·장사」에 나오는 어휘 '격수(击水)'에 이런 주해를 달았습니다. "그 때 시 한 수가 있었는데 다 잊고 기억에 남는 구절은 '자신인생이백년(自信人生二百年), 회당수격삼천리(会当水击三千里)'라는 두 구절뿐이었다."

이 시구를 풀이하면 "스스로의 삶이 이백 년 이어질 것을 자신하면 맨손으로 물을 가르며 삼천 리를 갈 수 있다."는 의미이고 여기서 맨손으로 물을 가른다는 의미의 '격수'는 수영을 말합니다. 이 시는 마오쩌둥 전 주석의 넘치는 자신감, 그리고 생명과 생활, 열띤 투쟁의

미래에 대한 갈망을 잘 보여줍니다. 중화민족의 역사에는 이런 자신 감과 용기를 가진 사람들이 아주 많습니다. 그 중 한 명이 바로 북송 (北宋)의 정치인 왕안석(王安石)입니다.

왕안석은 젊었을 때 항주(杭州)의 비래봉(飞来峰)에 올라 "불외부 운차망안(不畏浮云遮望眼), 자연신재최고층(自缘身在最高层)"이라는 시를 지었습니다. "뜬구름이 눈을 가려도 두렵지 않은 것은 내가 가장 높은 곳에 있기 때문"이라는 의미입니다. 어려서부터 많은 책을 읽은 왕안석은 세상을 다스릴 뜻을 세웠습니다. 과거시험에 급제한 후 그 는 오랫동안 말단 벼슬을 하면서 민생의 어려움을 깊이 느끼게 되지 요. 그 뒤에 고위관리인 재상이 된 후에 왕안석은 체계적인 변법을 주 장하면서 당시 조정의 어려운 경제상황을 개변하려고 했습니다.

왕안석은 개혁과 변법의 길에 어려움과 장애물이 가득하다는 것을 잘 알았지만, 이런 어려움과 장애물은 잠깐 머무는 것이지 궁극적으 로 존재하지 못하며 태양이 나오기만 하면 금방 사라지는 뜬구름으로 보았습니다. 그리하여 왕안석은 자연 풍경의 변화를 빌려 자신의 흉 금과 포부를 교묘하게 묘사했던 것입니다.

"불외부운차망안(不畏浮云遮望眼), 자연신재최고층(自缘身在最高层)"라는 구절은 흉금이 넓고, 어려움을 두려워하지 않으며, 용감하게 개혁하고, 어려움을 마주하는 젊은 왕안석의 굳센 의지를 잘 반영하 고 있습니다.

온갖 고난을 이겨내야만 큰 그릇이 될 수 있습니다. 시진핑 총서기 는 연설에서 "스스로의 삶이 이백 년 이어질 것을 자신하면(自信人生 二百年) 맨손으로 물을 가르며 삼천 리를 갈 수 있다.(会当水击三千里)"는 자신감과 정신을 가져야 한다고 강조했습니다. 이는 바로 우리 에게 중화민족의 훌륭한 전통과 혁명의 불꽃을 계승하여, 어떠한 어려움과 난관에도 두려움 없이 맞서 사회주의 현대화와 건설의 새로운 국면을 흔들림 없이 창조해야 한다고 주문한 것입니다.

사상 해설자 쉬촨

캉전 교수님의 설명을 듣고 나니 저도 많은 영감을 받았습니다. 자신감은 중국인의 일관된 정신적 특성입니다. 자신감과 관련하여 시진핑 총서기는 중요한 발언들을 많이 했습니다. 예를 들어, 방금 전 영상에서 그는 우리는 "자신감을 가질 충분한 이유가 있다."고 언급했으며, 중국 인민은 "필히 하나 또 하나의 기적을 창조할 수 있을 것"이라고 말했습니다.

이 황금 같은 문구는 너무 강력해서 귀가 먹먹할 정도입니다. 그렇다면 우리는 왜 자신감을 가져야 할까요? 저는 이를 세 마디 말로 요약하고 싶습니다.

우선 자신감은 방향의 지표이고, 다음으로 자신감은 엔진이며, 그다음으로 자신감은 에너지 탱크입니다.

2019년 5월 20일 시진핑 총서기는 우리 당의 초기 혁명근거지이자 중국 공농홍군(工农红军)들의 만리장정(万里长征)의 출발지인 장시(江西)성 위두(于都)를 방문했습니다. 1934년 10월부터 중앙홍군은 380여 차례의 전투를 치르고 대대급 이상 간부 430여 명이 희생되었으며 18개의 산을 오르고 24개의 강을 건너고 눈 덮인 산을 오르고 초원을 횡단하며 약 2만 5천리를 이동했습니다. 이러한 수치와 사실 뒤에는 중국 공농홍군이 후회 없이 모든 것을 극복할 수 있었던 원동력이 무엇일까라는 질문이 숨어 있습니다.

답은 자신감입니다. 만약 공산주의에 대한 믿음이 없었고, 중국공산당에 대한 믿음이 없었으며, 혁명의 목표에 대한 믿음이 없었고, 우리가 이길 수 있다는 확신이 없었더라면, 대장정에서 가장 정복하기 어려운 것은 잔인한 전쟁 환경도 아니고, 가혹한 자연조건도 아니며, 사악한 적도 아니라 우리 자신이 되었을 것입니다.

"스스로의 삶이 이백 년 이어질 것을 자신하면, 맨손으로 물을 가르며 삼천 리를 갈 수 있습니다." 아무리 많은 여정을 이어 왔더라도 우리가 온 길을 잊지 말아야 하며, 그 길이 아무리 어렵더라도 우리 마음속의 등불을 꺼서는 안 됩니다. 총성이 난무하는 혁명전쟁 시대에도 자신감이 필요하고, 와신상담하며 분투하는 건설시대에도 자신감이 필요하며, 새로운 시대에 진입하기 위해서도 자신감이 필요하고, 중화민족의 위대한 부흥을 향한 우리의 여정에도 여전히 자신감이 필요합니다.

이러한 자신감이 있었기에 우리는 차근차근 위업을 달성하고 꿈을 하나씩 실현해 왔습니다. '창어'가 하늘을 날아 달 착륙에 성공한 것도 그 중 하나입니다. 다음으로 우리의 달 탐사 여정을 되새겨봅시다.

2018년 12월 8일 '창어(嫦娥, 중국 전설속의 선녀 이름을 본 딴 달 탐사 위성 이름) 4호'가 중국 시창(西昌) 위성발사센터에서 성공적으로 발사되어 달의 뒷면으로 향하는 여정을 시작했습니다.

인류는 달의 뒷면에 대한 호기심이 많았고, 지난 60년 동안 100대가 넘는 탐사선이 달로 발사되었지만 달의 뒷면에 착륙하여 탐사한 탐사선은 단 한 대도 없었습니다.

2019년 1월 3일 10시 26분 '창어 4호'가 달의 뒷면에 성공적으로 착륙하면서 인류역사상 최초로 달 뒷면 연착륙에 성공한 탐사선이 되었습니다.

'창어 4호'가 달에 성공적으로 착륙하는 순간 너무 흥분한 나머지 얼굴을 파묻고 울음을 터뜨린 여성 우주비행사가 있었는데, 바로 '창

어 4호' 탐사선 프로젝트 총책임자인 장허(张熇)입니다.

(화면: 장허(张熇)가 이야기하고 있는 모습)

장허(张熇)의 육성
달의 뒷면에 정말로 착륙할 수 있을까에 대해서 의구심을 갖는 분들도 많
았습니다. 왜냐하면 전 세계에서 아무도 가본 적이 없는 곳이고, 우리도 이
미지의 장소를 탐사하는 것은 처음이기 때문입니다. 우리는 실제로 이에
대해 많은 분석과 연구를 수행했기에 궁극적으로는 자신감이 있었습니다.

사상 해설자 쉬촨

탐사선을 달 뒷면에 착륙시켜 달을 탐사하는 것은 다른 어떤 나라
도 해본 적이 없는 일인데, 우리는 왜 그렇게 자신할 수 있었을까요?
저는 이 사진에서 그 답을 찾을 수 있었던 것 같습니다. '창어 4호'
가 달에 착륙했을 때 찍은 사진입니다. 사진에서 '창어 1호' 위성의
수석 설계자인 예페이젠(叶培建)이 장허의 뒤에 서서 그녀를 축하하
고 격려하고 있습니다. 두 세대의 '창어족(嫦娥人)'이 서로 손을 굳게

맞잡고 있습니다.

이 사진에서 저는 중국 항공우주 정신의 유산을 봤습니다. 여러 세대에 걸친 '우주인(航天人)'들의 끊임없는 도전과 거듭된 경험의 축적은 중국이 계속해서 깊은 우주에 도전하고 기적을 창조할 수 있는 자신감을 갖게 해 주었습니다.

2004년부터 지금까지 중국의 달 탐사 프로젝트는 달 궤도 진입, 착륙, 귀환이라는 3단계 목표를 달성했으며, 중국의 달 탐사는 여기서 멈추지 않을 것입니다. 현재 장허는 팀을 이끌고 달 탐사 프로젝트의 4단계 시뮬레이션을 시작하고 있습니다.

물론 달 탐사에 그치지 않고 더 깊은 우주로 나아가는 도전에도 나서고 있습니다. 현재 장허로 대표되는 중국 '우주인'들은 중국의 깊은 우주 탐사에 자신감 있고 확고한 발걸음을 내딛고 있습니다.

진행자 캉훼이

시청자 여러분, 오늘 현장에는 특별히 '창어 4호' 달 탐사선 프로젝트의 총괄 책임자 겸 차석 디자이너 장허 여사를 초대했습니다. 박수 부탁드립니다.

장허

안녕하세요.

진행자 캉훼이

장허

방금 전의 소개에서, '창어 4호'가 달 뒷면에 착륙하는 순간 눈물을 흘리셨다고 합니다. 이 눈물에는 분명 많은 것들이 내포되어 있을 것 같은데요?

장허

네. 우주 비행사들은 보통 우주선을 자식 같다고 표현합니다. 자식을 키우듯이 5~6년 동안 연구·개발하여 성장시킨 다음 발사하여 먼 여행을 보내는 것과 같습니다. '창어 4호'는 결국 무사히 목적지에 도착해 달의 뒷면에 도달하고 성공적으로 착륙했습니다. 그 과정에서 많은 고난과 어려움이 있었습니다. 물론 어려움을 극복하면서 행복했던 순간도 많았습니다. 이 순간 저는 매우 격동되었다고 말해야 할 것 같습니다. 하지만 더 중요한 것은 사진에서 볼 수 있듯이 '창어 1호'의 수석 디자이너이자 총지휘자인 예페이젠 원사님이 제 뒤로 다가와 어깨를 다독이며 "힘들었지요? 쉬운 일이 아닙니다!"라는 격려의 말을 해주신 것입니다. 그래서 더 격동되었습니다. 따라서 그 눈물은 격동의 눈물이었고 행복의 눈물이었습니다.

진행자 캉훼이

이 눈물 속에는 많은 것이 담겨 있지만, 유일하게 없는 것은 연약함이나 무기력함인 것 같습니다.

장허

우리는 이 프로젝트를 논증하던 초기나 수행하기로 결정했을 때부터 자신감이 넘쳤습니다. 우리의 '창어 4호' 임무가 달 정면으로 가는 것이라면 상대적으로 기술적 위험이 적었을 것입니다. 뒷면은 우리의 탐사선이 가본 적이 없어서, 지형이나 지질조건, 토양조건 및 환경조건을 포함하여 알려진 것이 거의 없어서 가기가 더 어려웠습니다. 당시 우리는 거의 2년 동안 충분한 논증을 거쳤기 때문에 이러한 자신감을 가졌습니다. 우리는 기술, 자금, 일정 등 여러 가지 제약조건에서, 다양한 방안을 강구하고 타당성 분석을 했습니다. 결국 그동안 쌓아온 기술력과 우리 팀을 믿고 이 프로젝트를 완수할 수 있겠다는 확신이 들었습니다.

진행자 캉휘이

물론 '창어 4호'는 획기적인 쾌거이지만 달 탐사 프로젝트라는 전체적인 맥락에서 볼 때, 이는 완성형이 아니라 진행형이고 미래형입니다. 그렇다면 이제 '창어' 프로젝트에 대해 더 구체적인 목표나 현재 추진 중인 것이 있습니까?

장허

네, 맞습니다. '창어 프로젝트' 초기부터 우리는 "궤도 돌기, 착륙, 귀환"이라는 3단계 프로그램을 계획했습니다. '창어 1호'와 '창어 2호'는 달 주위를 돌며 글로벌 원격 탐사를 하는 '궤도 돌기'입니다. '창어 3호'와 '창어 4호'는 달에 착륙하여 상세한 현장 탐사를 수행하는 '착륙'입니다. '창어 5호'는 달에서 샘플을 회수하여 지상으로 가져와서 과학자들이 실험실에서 더 자세한 분석을 할 수 있도록 하는 것입니다.

그 후에는 달 탐사 프로젝트의 4단계로 달의 극지방, 즉 물이나 얼음이 있을 수 있는 곳에 장기간 독립적으로 운영되는 달 연구기지를 건설하여 추가적인 과학연구와 기술검증을 수행할 계획도 세우고 있습니다.

진행자 캉훼이

미래에 대한 이러한 목표를 생각할 때 여전히 마음속에 자신감이 있습니까?

장허

있습니다.

진행자 캉훼이

그러니까 자신감은 능력이나 용기, 책임감, 헌신을 의미합니다. 우리는 이번 프로젝트의 모든 참여자들에게 깊이 감사드리며, 특히 달 탐사 프로젝트를 포함한 미래의 깊은 우주 탐사가 중국 국민들에게 더 많은 자신감과 용기를 가져다주기를 희망합니다.

자신감은 앞으로 나아갈 길에 항상 동기를 부여할 수 있습니다. 우리는 자신감을 가질만한 충분한 이유가 있습니다. 그렇다면 자신감의 강력한 토대는 어디에서 오는 것일까요? 총서기의 또 다른 말씀을 들어보겠습니다.

(아래의 QR코드를 찍어서 시청하세요.)

2. 어떻게 해야 자신감을 가질 수 있나?

시진핑 :

"사십 년 동안 성난 파도 언덕을 때리고(四十載惊涛拍岸), 구만 리 넓은 하늘에 봉황이 높이 나네.(九万里风鹏正举)" 강물이 절벽을 무너뜨리고 흘러가는 것은 천 리를 달리며 모든 물줄기를 모으는 태고의 위력을 축적했기 때문입니다. 근대 이후 기나긴 역사의 흐름 속에서 중국인들은 많은 어려움을 겪고 많은 대가를 치렀으며 필사적으로 싸워왔습니다. 오늘날 중국인과 중화민족이 역사의 흐름 속에서 축적한 강력한 에너지가 충분하게 폭발되어 중화민족이 위대한 부흥을 실현하는데 막을 수 없는 엄청난 힘을 제공하고 있습니다.

총서기의 육성 29

진행자 캉훼이

이는 2018년 12월 18일 개혁개방 40주년 경축대회에서 시진핑 총서기가 한 발언입니다. 이번 대회에서 총서기는 "사십 년 동안 성난 파도 언덕을 때리고(四十載惊涛拍岸), 구만 리 넓은 하늘에 봉황이 높이 나네.(九万里风鹏正举)" 라는 사(词)를 인용했습니다. 이 구절은 송대의 저명한 여류 사인(女词人) 이청조(李淸照)의 「어가오(漁家傲)」에서 발췌한 것입니다.

이 사가 쓰인 시기는 대략 건염(建炎) 4년, 즉 서기 1130년입니다. 금(金)나라의 남침으로 남송(南宋)조정이 황급히 도망갈 때였습니다.

이청조의 동생은 당시 조정에서 벼슬을 하고 있었기 때문에, 이청조는 반백의 나이에 홀로 사별한 남편이 남긴 금석(金石)문화재와 도서, 서예 등을 가지고 고종(高宗)황제의 행렬과 함께 바다에서 표류하다가 온갖 고생 끝에 끝내 온주(溫州)에 도착했습니다. 이 사는 그 때 지은 것으로 판단이 됩니다. 그는 사의 전반부분에서 하늘과 바다가 하나가 된 광경을 묘사했고 후반부분은 저자와 천제(天帝)의 대화형식으로 썼습니다. 그 중 한 구절은 다음과 같습니다.

"아보로장차일모(我报路长嗟日暮), 학시만유경인구(学诗谩有惊人句). 구만리풍붕정거 (九万里风鹏正举). 풍휴주(风休住), 봉주취취삼산거(蓬舟吹取三山去)"

"천제가 나에게 어디 가느냐고 물으셔서 내 갈 길은 아직도 멀고 벌써 황혼이 깃들었는데, 나는 아직 목적지에 이르지 못했다고 대답했다. 내가 아무리 놀라운 시를 쓴다 한들 무슨 의미가 있겠는가. 구만리 넓은 하늘에 봉황이 높이 날고 있구나. 세찬 바람아 절대 멈추지 말고 이 일엽편주를 봉래섬까지 데려다 주렴." 이라는 의미입니다.

전란 속에서 먼 길을 가면서도 반백의 이청조가 홀몸으로 얼마나 많고 상상하기 어려운 어려움을 극복해야 했는지 모릅니다. 그럼에도 이청조는 여전히 작고한 남편과 함께 소장했던 귀중한 금석문화재를 버리지 않고 시종 가까이 두면서 고이 간직했습니다. 그들이 함께 아껴온 금석문화재와 그들이 함께 지켜온 사업, 그들이 함께 이어온 문화가 이청조에게 이런 자신감과 이런 자발적인 끈질김을 준 것입니다.

여러분이 알고 있는 자신감을 묘사한 유명한 시구는 어떤 것이 있습니까?

관객 1

저에게 가장 큰 영향을 준 구절은 "바람과 파도에 부대끼더라도 한적한 정원을 걷는 것보다 낫다.(不管风吹浪打，胜似闲庭信步)"는 말입니다.

관객 2

반드시 정상에 올라서 한 눈으로 뭇 산을 굽어보리.(会当凌绝顶，一览众山小)라는 말입니다. 초심이 변하지 않고 신념이 확고하다면 오르지 못할 산도, 넘지 못할 장애물도 없다고 믿습니다.

경전 해설자 캉전

방금 두 분의 답변은 매우 훌륭합니다. 우리 모두는 자신감을 표현하는 이런 종류의 구절을 매우 좋아합니다. 그러한 자신감은 우리가 삶의 길에서 끊임없이 나아갈 수 있도록 동기부여가 되기 때문입니다.

중화민족의 훌륭한 전통은 일맥상통하는 것입니다. 시진핑 총서기가 인용한 이청조의 이 시구는 중국 인민의 강한 자신감과 자부심을 잘 표현하고 있습니다. 중화민족은 역사상 많은 고난과 위험에 직면했지만 근면하고 용감한 중화의 아들딸들은 끊임없는 투지와 끊임없는 자신감을 유지해 왔습니다. 특히 지난 40년간의 개혁개방을 통해 우리는 중화민족의 위대한 부흥을 실현하겠다는 영광스러운 목표를 향해, "구만 리 넓은 하늘에 봉황이 높이 나는(九万里风鹏正举)" 기세로 힘차게 전진하고 있습니다.

사상 해설자 쉬촨

캉전 선생님의 설명을 듣고 나니 중국인의 강한 자신감과 자부심을 더 깊이 이해할 수 있었습니다. 시진핑 총서기는 제13기 전국인민대표대회 첫 회의에서 "국민이 자신감을 가질 때 국가에 미래가 있고 국가에 힘이 있다."고 언급했습니다. 그렇다면 우리는 왜 자신감을 가질 수 있을까요? 결국 중국공산당이 해낼 수 있고, 마르크스주의가 정확하며 중국 특색을 가진 사회주의가 훌륭하기 때문입니다.

자신감에는 뒷받침이 필요합니다. 다음으로 자신감을 뒷받침하는 네 가지 초석에 대해 이야기 해 봅시다.

첫 번째 초석: 자신감은 노선에서 비롯됩니다, 바로 노선의 자신감입니다.

1840년 이후 서구 열강이 중국을 침략하면서 중화민족은 큰 고통을 겪었습니다. 중화민족은 큰 길, 작은 길, 옛 길, 새로운 길 등 다양한 길을 걸어왔습니다. 특히 근대 이후에는 더 굴곡적인 길을 걸어왔고 급기야는 막다른 골목에 이르러 머리가 터지고 피를 흘리기도 했습니다. 그러는 와중에 중국공산당이 탄생했습니다. 우리는 중국 특색의 사회주의 길을 찾기 위해 많은 고난을 겪었습니다.

그러한 여정을 경과하면서 중국공산당은 길가의 풍경을 감상하는 데 신경 쓰지 않고 항상 더 나은 삶을 갈망하는 인민의 목소리에 귀를 기울였습니다. 이 목소리를 따라 후난성(湖南省) 샹시(湘西) 화탄현(花垣县)의 십팔동(十八洞) 마을로 들어가 묘족(苗族) 노인 스바촨(石拔专)과 시진핑 총서기의 이야기를 들어보겠습니다.

2013년 11월 3일 시진핑 총서기는 십팔동 마을의 스바촨 노인의 집을 방문했습니다. 당시 노인의 집에 있는 유일한 전기제품은 에너지 절약 램프였습니다. 당시 십팔동 마을에서는 이런 상황이 매우 흔했습니다.

십팔동 마을은 후난성 서부의 묘족 마을로, 고개를 들면 산이요, 고개를 숙이면 바로 도랑이 있는, 1인당 경작지가 1무도 되지 않는 전형적인 빈곤 마을입니다.

1인당 연간 소득이 1,600위안이 조금 넘는 이 마을을 어떻게 빈곤에서 벗어날 수 있는 방안을 찾기 위해 시진핑 총서기가 이곳에 와서 마을 주민들과 좌담회를 열었습니다. 시진핑 총서기는 "현실적인 관점에서 현지 상황에 따라 무엇을 심고, 무엇을 키우고, 어디에서 소득을 늘릴지 고민하고, 마을 주민들이 빈곤에서 벗어나 부자가 될 수 있는 좋은 방법을 찾도록 도와주길 바란다."고 당부했습니다. 여기서 시진핑 총서기는 '정밀한 빈곤퇴치(精准扶贫)'라는 개념을 처음 제시했습니다.

오늘날 모든 사람의 삶에는 커다란 변화가 일어났습니다.

양슈란(杨秀兰)은 매일 아침 일찍 일어나 남편의 오토바이를 타고 출근합니다. 2년 전만 해도 부부는 저장성(浙江省)에서 일했는데 지금은 집에서 10분 거리에 있는 샘수공장에서 일하고 있습니다.

농사로 근근이 생계를 유지하던 롱아주머니(龙大姐)와 남편은 이제 가족 농장에서 연간 10만 위안 이상의 수입을 올립니다. 그리고 마을의 오랜 지서인 스선롄(石顺莲)은 남아있는 부녀자들을 이끌고 묘족 전통의 수를 놓았는데, 묘족 전통 자수품 한 장에 3,000위안의 수입을 올릴 수 있다고 합니다.

십팔동 마을은 지역 여건에 따라 '정밀한 빈곤퇴치'를 위한 새로운 길을 개척했다고 할 수 있습니다. 맑고 깨끗한 샘물이 산골짜기를 벗어나 슈퍼마켓 진열대에 등장했습니다. 마을의 키위 산업도 풍성한 수확을 이루었습니다. 농촌 관광, 묘족 자수 공예 등과 함께 마을 사람들의 하루가 점점 더 밝아지고 있습니다.

(화면: 십팔동 마을 주민들이 발언을 하고 있는 장면)

롱씽화(龙兴花) 육성(십팔동 마을 주민)
올해는 돼지 십여 마리를 키워서 훈제육(腊肉)을 만들었는데, 어제 이곳에서 2천 위안 이상의 훈제육을 팔았습니다.

스메이팡(石梅芳) 육성(십팔동 마을 주민)
우리는 예전에 타지에 나가면 한 달에 3천여 위안을 받았습니다. 지금은 집에서 아이도 돌보고 노인도 돌보면서, 수를 놓아 한 달에 3천여 위안을 받을 수 있습니다.

양시우란(杨秀兰) 육성(십팔동 마을 주민)
지금 우리 십팔동 마을에 생수공장이 생겼습니다. 바로 집 앞에서 일할 수 있어서 아주 좋습니다.

사상 해설자 쉬찬

스바촨(石拔专)의 삶도 크게 바뀌었습니다. 매년 키위 배당금과 특산품 판매 수익금으로 샤오캉(小康)의 삶을 사는 데 아무런 문제가 없습니다. 그녀는 정말로 빈곤에서 벗어나 부자가 되었습니다.

2013년 중국의 '정밀한 빈곤퇴치'는 이곳에서 출발했습니다. 오늘날 십팔동 마을은 마침내 '복제 가능하고 확장 가능한' 빈곤퇴치의 길을 열었습니다.

빈곤퇴치 임무를 완전히 실현하는 것은 중국공산당이 전체 당과 전국 모든 민족 인민에게 한 엄숙한 약속입니다. 우리는 그것을 하려고 마음먹었고, 할 수 있을 것이고, 해나갈 것입니다. 우리의 확신은 우리 발밑의 길, 즉 노선에서 나옵니다.

두 번째 초석: 자신감은 이론에서 비롯됩니다. 바로 이론적 자신감입니다.

우리 모두 알다시피, 우리 당은 창당 당시부터 마르크스주의를 자신의 기치에 아로새겼습니다. 실제로 우리는 마오쩌둥 사상, 덩샤오핑 이론, '3개 대표' 중요 사상, 과학적 발전관, 시진핑 신시대 중국특색 사회주의사상을 탄생시켰는데, 이는 선인들의 지혜와 시대적 특성을 결합한 것입니다. 우리는 이러한 사상적 무기를 바탕으로 중화민족의 위대한 부흥을 향해 한 걸음 한 걸음 나아가고 있습니다.

세 번째 초석: 자신감은 제도에서 비롯됩니다. 바로 제도적 자신감입니다.

제도는 발전과 진보를 보장하고 국가를 안정시키는 토대입니다.

신중국 건국 이후 지난 70년 동안 우리는 전 세계가 주목하는 성과를 거두었고 역사에 빛나는 인간 기적을 창조했습니다. 이러한 기적을 이룰 수 있었던 중요한 이유가 바로 우리가 일련의 제도를 형성하고 견지하고 발전시켰기 때문입니다. 이것이 바로 중국 특색의 사회주의 제도입니다.

몇 가지 예를 들어 보겠습니다. 세계적인 수준의 슈퍼 프로젝트에 대해 이야기해 봅시다. 예를 들어, 세계에서 가장 긴 해상대교는 우리의 깡주아오대교(港珠澳大桥)입니다. 또한 자오저우만 대교(胶州湾大桥), 항저우만 대교(杭州湾跨海大桥), 동하이 대교(东海大桥) 등도 모두 세계 최고 수준입니다. 세계에서 가장 높은 100개의 다리는 거의 모두 중국에 있습니다. 윈난성(云南省)과 꿰이저우성(贵州省)에서는 "험준한 길이 평탄한 도로로 변했다.(天堑变通途)"는 실제 버전이 곳곳에서 펼쳐지고 있습니다.

과거에 우리는 중국 특색의 사회주의 제도에 의존하여 인간 기적을 잇달아 만들어 냈습니다. 앞으로도 그러한 제도의 보장 아래 더 많은 영광을 창조할 것입니다.

네 번째 초석: 자신감은 문화에서 비롯됩니다. 바로 문화적 자신감입니다.

시진핑 총서기는 우리가 노선의 자신감, 이론적 자신감, 제도적 자신감, 그리고 가장 근본적으로 문화적 자신감을 견지해야 한다고 지적했습니다. 그렇다면 문화적 자신감이란 무엇일까요? 문화적 자신감은 한 국가 또는 민족이 자신의 문화를 완전히 인식하고 적극적으로 실천하는 것이며, 그 생명력과 과학적 본질에 대한 확고한 믿음을 가지는 것입니다. 그렇다면 왜 우리는 확고한 문화적 자신감을 가져야 할까요? 어떻게 하면 문화적 자신감을 높일 수 있을까요? 이어서 총서기의 설명을 들어봅시다.

(아래의 QR코드를 찍어서 시청하세요.)

3. 어떻게 문화적 자신감을 향상시킬 수 있나?

시진핑 :

중국의 문화는 역사의 것이자 오늘의 것이며, 민족의 것이자 세계의 것입니다. 우리가 나서 자란 이 땅에 뿌리를 내려야 문학과 예술은 땅의 기운을 받아 들여 저력을 증대하고 생기를 늘려 세계문화의 흐름 속에서 한 자리를 차지할 수 있습니다. 이른바 "열매를 맛볼 때 그 나무를 생각하고(落其实者思其树), 물을 마실 때 그 수원을 생각하는 것(饮其流者怀其源)"입니다. 우리는 근본을 잊지 말고, 외적인 것을 흡수하며 미래를 지향해야 합니다. 그러면서 전승 속에서 전환하고 배움 속에

총서기의 육성 30

서 뛰어넘으며, 중국문화의 정수를 구현하고 중국인들의 심미안을 반영하며 당대 중국의 가치관을 전파하는 동시에 세계의 진보적인 흐름에 맞는 우수한 작품을 많이 창작함으로써 중국의 문학과 예술이 뚜렷한 중국의 특색과 중국의 풍격, 중국의 기백으로 세계의 문화 속에 우뚝서게 해야 합니다.

경전 해설자 캉전

이는 시진핑 총서기가 2016년 11월 30일, 중국문학예술계연합회 제10차 대회, 중국작가협회 제9차 대회 개막식에서 한 연설입니다. 이 연설에서 시진핑 총서기는 "열매를 맛볼 때 그 나무를 생각하고(落其实者思其树), 물을 마실 때 그 수원을 생각해야 한다.(饮其流者怀其源)"는 전례와 고사를 인용했습니다.

남북조(南北朝)시기에 유신(庾信)이라는 유명한 시인이 있었습니다. 유신은 원래 남조(南朝) 사람이었습니다. 그가 어명으로 서위(西魏)에 사절로 파견되어 서위의 도읍인 장안(长安)에 이른 후, 서위가 강릉(江陵)을 공격해 그의 나라는 멸망하게 되었습니다. 당시 서위의 지배자는 유신의 재능을 높이 사서 그를 장안에 남겨두고 그에게 벼슬을 내렸습니다.

서위의 도읍에서 벼슬을 하면서도 유신은 여전히 늘 고향을 그리는 시를 지었습니다. 그 중 「징조곡(徵调曲)」에 나오는 "낙기실자사기수(落其实者思其树), 음기류자회기원(饮其流者怀其源)"이 떠나 온 고향에 대한 유신의 절절한 그리움을 가장 잘 보여줍니다. 나무에 달린 열매를 맛볼 때 나무를 생각하고, 강물의 물을 마실 때 수원지를 생각한다는 것이지요.

고대의 중국에서 이런 문화는 끊임없이 사람들에게 저력을 제공했습니다. 예를 들어 당(唐)나라 전성기에 국력이 강성하고 많은 나라들이 당나라와 교류했습니다. 그 때의 당나라 도읍 장안은 관용으로 모든 것을 받아들였고 문화는 강한 자신감으로 넘쳤습니다. 이것이 바로 후세 사람들이 자랑스럽게 생각하는 성당(盛唐)의 모습이며, 바로 이렇기 때문에 시선(诗仙) 이백이 이 때 성장한 것이 당연지사라 할 수 있습니다.

　유명한 시인이자 문학가인 이백의 시 창작 수준은 당시 으뜸이었습니다. 이는 그의 근본이자 자신감의 발로이기도 합니다. 이백의 발견자로 알려진 동시기의 시인 하지장(贺知章)은 이백을 하늘이 내린 신선 "적선인(谪仙人)"이라 불렀고, 역시 동시기 시인인 두보(杜甫)는 "붓 한 번 움직이면 비바람도 놀라고(笔落惊风雨), 시를 보면 귀신도 눈물을 흘린다.(诗成泣鬼神)"고 이백을 높이 평가했습니다. 이백도 "주흥을 빌려 붓을 날릴제 높이 솟은 오악도 흔들리고(兴酣落笔摇五岳), 높은 목소리로 시를 읊으니 선경도 발 아래 머리 숙인다.(诗成笑凌沧洲)"고 자신을 말했습니다. 당현종(唐玄宗)의 부름을 받은 이백은 흥분에 넘쳐 "머리 들어 하늘 향해 크게 웃으며 나아가니(仰天大笑出门去), 이 몸 어이 초야에 묻힐 사람인가 (我辈岂是蓬蒿人)"라는 시를 지었고, 장안을 떠날 때는 "하늘이 내린 나의 재주 반드시 쓰일 날이 있고(天生我材必有用), 천금을 다 써버려도 다시 채워지는 법이라.(千金散尽还復来)"라는 시를 남겼습니다. 따라서 고금의 역사를 돌아보면 높은 문화적 자신감이 없으면 문화의 번창이 없고 중화민족의 위대한 부흥도 없음을 알 수 있습니다.

　따라서 우리는 앞으로 나아가는 길에 반드시 중화의 우수한 전통문화를 계승, 선양하고 사회주의 문화강국을 건설하며 중화민족의 위대한 부흥을 실현하기 위해 힘써야 합니다!

진행자 캉훼이

훌륭한 설명을 해주신 캉전 교수님께 감사드립니다. 문화적 자신감은 가장 근본적인 자신감입니다. 아시다시피 시진핑 총서기야말로 문화적 자신감의 롤모델입니다. 그는 특히 우수한 중국 전통문화를 좋아합니다. 시진핑 총서기는 방문, 시찰, 회의, 연설, 기사, 담화에서 중국 전통문화속의 명언들을 반복해서 인용해왔습니다. 이 때문에 『평 '어' 근인-시진핑이 좋아하는 전례와 고사(平 "语" 近人—习近平喜欢的典故)』라는 이 프로그램도 생겨나게 된 것입니다.

물론 오늘 우리가 이야기하는 문화적 자신감에는 중국 전통문화의 홍보뿐만 아니라 많은 사상적 의미도 포함되어 있습니다. 다음으로 사상 해설자이신 쉬찬 교수님을 모시고 설명을 이어가겠습니다.

사상 해설자 쉬찬

시진핑 총서기는 "문화가 융성해야 국운이 융성하고, 문화가 강해야 국가가 강하다."며 문화적 자신감이 가장 근본적인 자신감이라고 거듭 강조해 왔습니다.

그렇다면 문화적 자신감이 '네 가지 자신감' 중에서 가장 독특하고 중요한 이유는 무엇일까요?

세 번째 문제는 "어떻게 하면 문화적 자신감을 높일 수 있을까?"입니다.

시진핑 총서기가 언급했듯이 중국 특색의 사회주의 문화는 중화민족의 5,000여 년 문명사가 키워온 우수한 중국 전통문화에서 비롯되었고, 혁명과 건설, 개혁 과정에서 당이 인민을 지도하여 창조한 혁명적이고 선진적인 사회주의 문화와 융합되었으며, 중국 특색의 사회주의 위대한 실천에 뿌리를 두고 있습니다. 이 연설에서 우리는 세 가지 차원의 노력을 발견할 수 있습니다.

첫 번째 차원은 우수한 중국 전통문화를 계승하는 것입니다.

실제로 연설을 자세히 살펴보면 시진핑 총서기는 항상 우수한 중국 전통문화를 중시해 왔다는 것을 알 수 있습니다.

30여 년 전 당시 샤먼(厦门)시 당위원회와 시정부는 꾸랑위(鼓浪屿)에 있는 빠과루(八卦楼)를 수리하기 위해 자금을 조달했지만 턱없이 부족했습니다. 당시 샤먼 경제특구는 섬 전체로 확대되면서, 곳곳에서 경제발전을 이루기 위해 매진했기에 곳곳에서 돈이 부족했습니다. 자금난 속에서 시진핑 당시 부시장의 배려로 100년 건축의 역사적 운명을 완전히 뒤바꿀 수 있었습니다. 시 주석은 "역사문화 유산은 조상들이 물려준 것"이라며 "우리는 반드시 온전히 후세에 넘겨줘야 한다."고 말했습니다.

보수된 빠과루는 현재 국내 유일의, 세계 최대의 오르간 박물관입니다. 빠과루는 당시의 역사적 모습을 고스란히 간직하고 있기 때문에 다른 52동의 건물들과 함께 꾸랑위 문화유산의 핵심요소가 되었고, 나중에 '세계문화유산'에 등재할 때 유엔 전문가들로부터 높은 평가를 받았습니다.

2017년 7월 8일 꾸랑위는 공식적으로 '세계문화유산'에 등재되었습니다.

두 번째 차원은 혁명문화를 계승하는 것입니다.

혁명문화는 풍부한 애국심을 내포하고 있으며 동시에 중국의 우수한 전통문화를 계승하고 발양합니다. 우리는 안개 낀 자싱(嘉兴) 남호

(南湖)의 유람선 한 척에서 출발항하여, "한 점의 불꽃이 온 들판을 태우는(星星之火, 可以燎原)" 혁명근거지에 이르렀고, 나중에 항일투쟁을 위해 북상하여 옌하(延河)의 물을 마시며 "두 손으로 빠오타산을 끌어안았으며(双手搂定宝塔山)", 마지막으로 타이항산(太行山) 동쪽 기슭의 작은 마을에서 "상경하여 시험을 치르고(进京赶考)" 신중국의 탄생을 맞이했습니다.

그럼 이쯤에서 사정과(思政系) 선생님과 좀 더 교류하고 싶습니다. 수업 시간에 우리 학생들이 혁명문화를 이해하고 좀 더 친근하게 느끼게 하기 위해 어떻게 해야 할까요? 여러분과 그 경험을 공유해주셨으면 합니다.

탕중바오(강남대학) 교수

총서기도 여러 번 언급했고, 우리도 일부 정황을 발견했습니다. 바로 지금의 젊은이들은 자기들만의 대화방식이 있다는 것입니다. 따라서 혁명문화 교육을 함에 있어서 좀 더 친근한 방식으로 다가갈 필요가 있습니다.

탕중바오

예를 들면 우리는 '중국공산당의 역사와 현황'이라는 제목으로 당의 역사를 강의한 적이 있습니다. 하지만 학생들은 이와 같은 제목이 생동감이 부족하다고 생각해서 '그 해, 그 호수, 그 배 위에서: 1921년 남호의 유람선에서 시작하여(那年·那湖·那船:从1921南湖画舫说起)'라고 제목을 바꿔버렸습니다. 또 한 번은 '5·4정신'을 강의했는데, 우리 선생님들이 선정한 제목은 '5·4정신과 5·4운동에 대해 이야기하자'였습니다. 학생들은 이 제목 역시 따분하고 생동적이지 못하다고 하면서 '청년의 이름으로, 청년의 약속을 담아서: 100년을 뛰어넘은 기념(以青年之名，承青年之约：跨越百年的纪念)'이라고 바꿔버렸습니다. 그래서 이런 식으로 대화 방식이 바뀌어야 할 것 같다는 생각이 듭니다.

물론 좋은 방법 외에도 좋은 자원이나 좋은 콘텐츠가 있을 수 있습니다. 그래서 저는 자기의 성(자치구, 직할시)이나 시, 심지어 자기 학교의 홍색 자원(红色资源)을 결합해야 한다고 생각합니다. 제가 장쑤성(江苏省)에서 일하는데 장쑤성에는 홍색문화 자원이 많이 있습니다. 예를 들어, '위화 정신(雨花英烈精神)', '저우언라이 정신(周恩来精神)', 신4군(新四军)의 '강철부대 정신(铁军精神)', '화이하이전투 정신(淮海战役精神)'이 있습니다. 또한 학생들이 애국교육 기지와 혁명성지 등 혁명 사건이 일어난 장소에 직접 가서 순교자와 선조들의 영웅심을 그 자리에서 느끼고 혁명 문화에 대한 자신감을 높일 수 있도록 조직할 수도 있습니다.

사상 해설자 쉬촨

감사합니다. 탕종빠오 선생님!

세 번째 차원은 사회주의 선진문화를 발전시키는 것입니다.

혁명문화의 발전과 지속으로 우리는 사회주의 선진문화를 형성했습니다. 이러한 선진문화 뒤에는 국가와 민족, 인민을 위해 젊음과 피, 심지어 목숨까지 바친 일련의 영웅적 모델, 노동의 모델, 도덕의 모델, 시대의 모델이 있습니다.

황따녠(黄大年), 왕지차이(王继才), 위안룽핑(袁隆平), 황쉬화(黄旭华), 예페이젠(叶培建), 황원시우(黄文秀) ······

그들은 새로운 시대의 애국심, 책임감, 성실, 우애를 체현하고 새로운 시대의 사회주의 핵심가치를 체현했습니다. 그들은 한줄기 물과 같아서 우리의 마음과 정신에 자양분을 공급하고 우리의 발걸음을 굳건히 하며, 중화민족의 위대한 부흥을 이루기 위한 여정에서 전진하도록 격려해줍니다.

국가의 강대함은 문화적 자신감의 강력한 토대이며, 문화적 자신감은 국가가 강대해지기 위한 원동력입니다. 시진핑 총서기가 중국공산당 제19차 전국대표대회 보고에서 언급했듯이, 우리는 960만㎢가 넘는 광활한 국토에 서서 중화민족이 5,000여 년 동안 오랜 투쟁을 통해 축적해온 문화적 자양분을 빨아들이고, 13억이 넘는 중국인의 장엄한 힘을 보유하고 있습니다. 따라서 중국 특색 사회주의의 길을 걷는 우리는 비할 수 없이 광활한 무대를 갖고 있고, 비할 수 없이 깊은 역사적 배경을 갖고 있으며, 비할 수 없이 강한 전진 의지를 갖고 있습니다. 중국 인민은 이러한 자신감을 가져야 합니다. 중국 인민은 이러한 자신감을 가져야 하고, 모든 중국인들이 이러한 자신감을 가져야 합니다.

감사합니다!

진행자 캉훼이

이번 프로그램에서 훌륭한 해설을 해주신 사상 해설자 쉬찬 교수님과 고전 해설자 캉전 교수님께 진심으로 감사드립니다. 우리는 중화민족의 위대한 부흥을 이루기 위한 여정에서 "뜬구름이 시야를 가려도 두려워하지 않는" 자신감을 가져야 합니다. 시진핑 총서기의 말처럼 우리는 비바람을 두려워하지 않으며 위험과 장애물도 두려워하지 않습니다. 사회주의 중국은 세계의 동쪽에 우뚝 서 있으며, 어떤 세력도 위대한 조국의 지위를 흔들 수 없으며, 어떤 세력도 중국 인민과 중화민족의 발전을 막을 수 없습니다. 이것이 우리의 자신감입니다!

친애하는 시청자 여러분, 맨 마지막으로 우리 함께 고전을 읽으면서 다시 한 번 우리 안에 내재해 있는 자신감과 용기와 힘을 불러일으켜 봅시다.

경전낭독

『심원춘 · 장사(沁园春·长沙)』

마오쩌동

깊어가는 가을날, 쥐즈쩌우에 서니 샹강이 북쪽으로 유유히 흘러가네.

산은 온통 붉은 빛으로 물들고 층층이 숲도 물었네. 유유한 강물은 푸른데, 수많은 배가 물길을 다투는구나.

매는 창공을 가르고, 물고기는 물속을 헤엄치며, 만물은 서리 찬 하늘 아래 자유를 뽐내네.

가없어라 아득한 세상, 묻노니 이 창망한 대지에 누가 흥망성쇠를 주재하는가?

벗들과 손잡고 와서 놀았던, 옛날 험난했던 시절이 새삼 그립구나.

흡사 동문수학하던 어린 시절, 재기는 만발했고 기개가 넘쳐서 서생의 뜻과 기상이 하늘을 찔렀었네.

세상을 꾸짖고 가슴을 울리는 글을 쓰며, 그 시절 썩어빠진 것들을 업신여겼었지.

기억하는가, 강 한 가운데로 나아가, 물결을 헤치며 배를 저으려 했던
것을!

独立寒秋，湘江北去，橘子洲头。
看万山红遍，层林尽染；漫江碧透，百舸争流。
鹰击长空，鱼翔浅底，万类霜天竞自由。
怅寥廓，问苍茫大地，谁主沉浮？

携来百侣曾游。忆往昔峥嵘岁月稠。
恰同学少年，风华正茂；书生意气，挥斥方遒。
指点江山，激扬文字，粪土当年万户侯。
曾记否，到中流击水，浪遏飞舟？

용감하게 새로운 세상을 개척하자

敢教日月換新天

본 회의 개요

1. 왜 분투해야 하나?
2. 분투정신은 어디서 오나?
3. 어떻게 분투해야 하나?

'분투'는 시진핑 총서기가 줄곧 강조해 온 핵심 명제이자 전 당과 전국 인민이 계속해서 난관을 극복하고 분발할 수 있는 정신적 원동력이다. '분투'를 프로그램의 주제로 삼으면 감정을 모으고 공감대를 형성하며 위대한 민족 정신을 되살리는 전파 효과를 기대할 수 있다.

진행자 :

캉훼이(康辉)

사상 해설자 :

한전펑(韩振峰, 베이징교통대학[北京交通大学] 마르크스주의 아카데미 교수)

경전 해설자 :

리버(郦波, 난징사범대학[南京师范大学] 교수)

게스트 :

펑옌(彭艳, 사오산 마오쩌둥 동지 기념관[韶山毛泽东同志纪念馆] 해설원)

진행자 캉훼이

"너무 큰 뜻에는 희생도 따르겠지만 (为有牺牲多壮志), 감히 일월에 호령하여 천하를 바꾸려 하네.(敢教日月换新天)"라 는 전례와 고사가 있습니다.

캉훼이

오늘 프로그램의 주제는 '분투'입니다. 지난 100년 동안 중국공산당은 중국 인민 을 이끌고 끊임없는 투쟁을 통해 빈곤하고 쇠약했던 옛 중국을 전례 없이 번영하고 부강한 사회주의 신중국으로 건설하여 세계가 주목하는 눈부신 성과를 거두었습니다. 중국공산당 의 역사는 분투의 역사라고 할 수 있습니다.

중국공산당 제18차 전국대표대회 이후 시진핑 총서기는 '분투'에 대해 여러 차례 언급했습니다. 총서기는 '분투'와 관련하여 많은 전 례와 고사와 명언을 인용했습니다. 오늘 우리는 시진핑이 좋아하는 전례와 고사를 함께 해석하여 '분투'의 깊은 의미를 파악해봅시다. 아래에 이번 프로그램의 사상 해설자이신 베이징교통대학 마르크스주의 아카데미 한전펑 교수님을 모시고 해설을 들어보도록 하겠습니다.

사상 해설자 한전펑

안녕하세요, 시청자 여러분! 오늘은 '분투'라는 주제에 대해 여러분과 이야기하고자 합니다.

중국공산당 제18차 전국대표대회 이후 시진핑 총서기는 여러 차례에 걸쳐 전당과 전국에 '분투'에 대한 동원령을 내렸습니

한전펑

다. 그는 행복은 '분투'에서 비롯되며 '분투' 자체가 일종의 행복이라고 말했습니다. 중화 민족의 위대한 부흥이라는 "중국의 꿈"을 실현하기 위해 노력할 수 있는 것은 우리 삶에서 쉽지 않은 기회입니다.

'분투'라는 단어는 18차 당 대회 이후 시진핑 총서기가 한 모든 연설에서 가장 많이 사용 된 단어 중 하나라고 할 수 있습니다. 예를 들어, 19차 전국 대표대회 보고서에서 그는 '분투'를 29번 언급했습니다. 2019년 '5.4운동' 100주년 기념대회 연설에서는 '분투'를 26번 언급했습니다. 2020년 신년사에서 총서기는 '분투'라는 단어를 여러 번 언급했을 뿐만 아니라 "새로운 중국을 예찬하고 새로운 시대를 위해 노력하자"는 대담한 서약을 제시했습니다. 시진핑 총서기의 '분투'와 관련한 금구(金句)에 대해 여러분은 또 어떤 것을 알고 있습니까?

관객 1

분투는 청춘의 가장 아름다운 배경입니다. 분투 자체가 일종의 행복입니다. 사명은 제 어깨에 있고, 분투는 제 몫입니다.

관객 2

새로운 시대는 분투하는 자의 시대입니다. 새로운 시대를 포용하고 새로운 시대로 매진하며 "중국의 꿈"을 실현하기 위해 분투합시다.

관객 3

소매를 걷어붙이고 힘을 냅시다. 모두가 한마음이 되어 힘을 냅시다. 험난할수록 더 앞으로 나아갑시다.

사상 해설자 한전평

모두 훌륭한 대답을 해주셨습니다.

시진핑 총서기는 '분투'에 대해 많은 발언을 해왔고, 여러 각도와 여러 측면에서 '분투'에 대해 누차 논의했습니다. 오늘은 '분투'라는 주제에 대해 세 가지 측면에서 여러분과 이야기해 보겠습니다. 첫째는 우리는 "왜 분투하는가?"이고, 둘째는 "분투정신은 어디에서 오는가?"이며, 셋째는 "우리는 어떻게 분투할 것인가?"입니다. 다음으로 우리가 분투하는 이유에 대해 이야기해 보겠습니다. 이어서 영상 한 편을 시청하도록 하겠습니다.

(아래의 QR코드를 찍어서 시청하세요.)

 # 1. 왜 분투해야 하나?

시진핑 :

"길은 멀고도 멀기에(路漫漫其修远兮) 다방면으로 탐구해야 합니다.(吾将上下而求索)" 모든 당원들은 초심을 잃지 말고 계속 앞으로 나아가며, 겸허하고 신중하며 교만하거나 조급하지 않는 기풍, 간고분투의 기풍을 영원히 유지해야 합니다.

총서기의 육성 31

진행자 캉훼이

방금 들으신 것은 시진핑 총서기가 2016년 7월 1일 중국공산당 창당 95주년 대회에서 한 발언입니다.

그는 연설에서 중화민족의 위대한 부흥이라는 "중국의 꿈"의 실현을 위해 노력할 것을 전 당원에게 독려했습니다. 시진핑 총서기는 연설에서 "길은 멀고도 멀기에(路漫漫其修远兮) 다방면으로 탐구해야 한다.(吾将上下而求索)"라는, 『이소(离骚)』에 나오는 굴원(屈原)의 대사를 인용했습니다.

이제 이 프로그램의 고전 해설자인 난징사범대학의 리버 교수를 초대하여, 이 천고의 명구가 새로운 시대의 모든 투쟁가들을 어떻게 격려하는지를 들어보겠습니다.

경전 해설자 리버

"길은 멀고도 멀기에(路漫漫其修远兮) 다방면으로 탐구해야 한다.(吾将上下而求索)" 총서기가 인용한 이 구절은 우리 중국인들의 분투정신과 강인한 품성을 이해할 수 있는 최고의 명언이라고 할 수 있습니다. 다들 아시다시피 이 명언은 굴원의 「이소」

리버

에서 나온 것입니다. 중국에서 역사적으로 최장의 서정적 장편 서사시이자 불후의 명작인 「이소」는 위대한 애국주의 시인 굴원의 정치사상을 집중적으로 보여주고 있습니다. 굴원은 법치를 중시해서 "법도를 정확하게 지켜야 한다.(循绳墨而不颇)"고 주장하고, 또 인재를 중시해 "현명한 인재를 선택하고 유능한 인재를 등용해야 한다.(举贤而授能)"고 주장했습니다. 국민의 이익과 국민의 역할을 중시했기에 그는 "하늘은 공정하고 사심이 없어서(皇天无私阿兮) 덕목이 있는 사람을 알아본다.(览民德焉错辅)"라고 말했고, 진리에 대한 추구와 삶의 끊임없는 분투를 중요시하고 강조했기에 그는 "길은 멀고도 멀기에(路漫漫其修远兮) 다방면으로 탐구해야 한다.(吾将上下而求索)"라고 말했습니다.

굴원의 많은 명언 중 특히 다방면으로 탐구해야 한다는 의미의 '상하구색(上下求索)'은 예로부터 지금까지 많은 뜻 있는 사람들을 격려했습다. 사자성어 문계기무(闻鸡起舞)의 스토리가 바로 그 사례입니다. 한 밤중에 닭 우는 소리를 듣고 일어나 무예를 연마한다는 이 사자성어는 큰 뜻을 품은 사람은 쉽지 않은 기회를 놓치지 않기 위해 준비에 만전을 기한다는 것을 의미합니다.

『진서(晋书)』에서 기록된 '문계기무'는 조적(祖逖)의 이야기에서 기원합니다. 흉금이 넓고 큰 뜻을 품은 조적은 24살이 되던 해 절친인 유곤(刘琨)과 함께 사주주부(司州主簿)를 맡게 되었습니다. 늘 한 이불을 덮고 잘 정도로 사적인 친분이 두터웠던 조적과 유곤은 공을 세워 나라의 기둥이 되려는 이상과 꿈도 함께 가지고 있었습니다. 어느 날 한밤중에 잠을 자던 조적은 갑자기 닭 우는 소리를 듣고 일어나 유곤을 깨웠습니다. "너 닭 우는 소리 들었어?" 잠이 덜 깬 유곤이 멍한 눈빛으로 대답했습니다. "한밤중에 닭 우는 소리라니 불길하지 않아?" 그러자 조적은 이는 불길한 소리가 아니라 하늘이 뜻을 세우고 분발하라고 우리를 일깨워주는 소리라고 대답했습니다. 그리고 조적과 유곤은 그날부터 매일 한밤중에 닭 우는 소리가 들리면 일어나서 무예를 연마하기로 약속했습니다.

조적과 유곤은 매일 밤 무예를 연마했고 겨울이 가고 봄이 와도, 추위가 물러가고 더위가 찾아와도 종래 중단한 적이 없었습니다. 이렇게 끊임없이 분발했기에 후에 그들은 붓을 들면 천하를 다스리고 말에 오르면 천하를 평정하는, 문무를 겸비한 인재가 되었습니다. 조적은 후에 북벌의 뜻을 세워 조정으로부터 "거기장군(车骑将军)"으로 봉해졌습니다. 유곤도 대장군(大将军)이 되고 병주(并州)와 익주(冀州), 유주(幽州)의 군사를 감독하며 난세에서 나라를 위한 큰 뜻을 펼쳤습니다.

중국역사에는 반딧불 눈에서 반사되는 빛으로 분발하여 학문을 닦은 지식인들로부터 한밤중 닭 우는 소리에 일어나 무예를 연마하는 큰 뜻의 영웅들에 이르기까지, 대들보에 상투를 매달고 송곳으로 허벅지를 찌르며 각고의 노력으로 열심히 공부하는 것으로부터 장작더미에 누워 쓸개를 맛보며 때를 기다리기에 이르기까지, 중도에 그만두지 않는 인내심으로부터 물방울이 돌을 뚫는 꾸준한 노력에 이르기까지, 위대한 분투의 정신은 이미 중화민족의 천성이 되었습니다. 바로 이런 정신이 있기에 탐구는 영원한 매력을 가지고 분투는 영원한 원동력을 유지하게 되는 것입니다.

사상 해설자 한전펑

훌륭한 설명을 해주신 리버 교수님께 감사의 말씀을 전합니다. 일반적으로 분투는 사람이 특정 목표를 달성하기 위해 끊임없이 도전에 직면하고 어려움을 극복하며 전진하는 과정입니다. 우리는 자연을 개조하기 위해 분투해야 하고, 사회를 개조하기 위해 분투해야 하며, 인간의 운명을 바꾸기 위해 분투해야 합니다. 그렇다면 새로운 시대의 분투자로서 우리는 과연 누구를 위해 분투해야 할까요?

첫째, 인민의 행복을 위해 분투하는 것입니다.

시진핑 동지는 2012년 11월 15일 중국공산당 총서기에 선출된 날 내외신 기자들과 만나 "더 나은 삶에 대한 인민들의 열망이 바로 우리의 목표입니다." 라고 말했습니다.

시진핑은 이렇게 말하고 또 그렇게 했습니다. 그의 인생과정은 분투 정신에 대한 가장 좋은 해석입니다.1969년 1월 15세 때 산시(陝西)성 량자허(梁家河)에 간 시진핑은 7년 동안 지식청년((知靑, 각 지역으로 하방[下放]되었던 남녀 청년)의 세월을 시작했습니다. 이곳에서 그는 지역 농민들과 함께 먹고, 자고, 일하면서 량자허의 낙후된 모습을 바꾸기 위해 많은 실질적이고 좋은 일을 했습니다. 시진핑은 잊지 못할 세월을 돌아보며 "15세에 황토고원(黃土高原)에 왔을 때에는 헤매고 방황했지만, 22세에 황토고원을 떠날 때는 이미 확고한 삶의 목표를 갖고 자신감에 차 있었습니다." 라고 말했습니다. 이 확고한 인생의 목표는 무엇일까요? 백성을 위해 일하자는 것이요, 백성의 행복을 위해 일하는 것입니다.

　2015년 설을 앞두고 시진핑은 다시 산시성 량자허로 돌아가 그곳의 주민들을 방문했습니다.

(화면: 2015년 시진핑 총서기가 산시성 량자허를 시찰하고 있는 장면)

시진핑 총서기의 육성
사람들 생활이 번창해졌군요! 오늘 돌아와 볼 수 있어서 저는 매우 감격스럽습니다. 저는 우리 량자허, 바로 이곳에서 인생의 첫걸음을 내디뎠습니다. 그때부터 저는 앞으로 여건이 되고 기회가 된다면 정치를 하고 백성을 위해 좋은 일을 할 것이라고 말했습니다.

사상 해설자 한전펑

　시진핑 총서기는 항상 인민을 마음속의 가장 높은 위치에 두고 자신의 투쟁 이상을 인민과 밀접하게 연결시켜 왔습니다.

　둘째, 인생의 행복을 위해 분투하는 것입니다.

　2020년 '5·4 청년절'을 맞아 시진핑 총서기는 "청춘은 시련과 고난으로 빛나고 인생은 분투로써 승화됩니다." 라고 청년들을 격려했습니다. 중화민족의 위대한 부흥을 실현하는 "중국의 꿈"은 모든 중국인들의 공동의 대의이며, 이를 위해 모든 중국인들이 함께 분투해야 합니다.

　중국공산당 제18차 전국대표대회 이후 시진핑 총서기는 평범한 일터에서 싸우는 평범한 분투자와 건설자들에게 찬사를 보낸 적이 한두 번이 아닙니다. 빈곤 탈출에 청춘과 생명을 바친 '가장 아름다운 분투자' 황원슈(黃文秀), 자신의 몸으로 전우를 보호한 '지뢰제거 영웅' 뚜푸궈(杜富国), 조국을 위해 수없이 많은 승리를 거둔 중국여자배구

팀 등이 있는가 하면, 택배기사나 환경미화원, 일반 택시기사 등도 있습니다. 그들은 평범한 사람들의 평범함으로 평범하지 않은 삶을 이루어냈고, 열심히 노력하여 삶의 행복을 이루어냈습니다.

셋째, 민족 부흥을 위해 분투하는 것입니다.

이것은 분투의 최고 경지이자 모든 중국 인민의 공통된 이상입니다. 중화민족의 위대한 부흥을 실현하는 것은 근대 이후 중화민족의 가장 위대한 꿈이자 중국공산당의 숭고한 역사적 사명이기도 합니다. 이제 우리는 역사상 그 어느 때보다 중화민족의 위대한 부흥이라는 목표에 더 가까워졌고 그러한 자신감과 능력이 있습니다.

시진핑은 '부흥의 길'이라 대형 전시회를 둘러보면서 "모든 사람의 미래와 운명은 국가와 민족의 미래와 운명과 밀접하게 연결되어 있습니다."라고 말했습니다. 나라가 좋고 민족이 좋아야 모두가 좋아집니다. 우리가 성심성의껏 단결하고 함께 노력한다면 중화민족의 위대한 부흥이라는 목표는 반드시 실현될 것입니다.

다음으로 두 번째 문제로 넘어가겠습니다. 분투정신은 어디에서 오는 것일까요? 이어서 영상 한 편을 시청하도록 하겠습니다.

(아래의 QR코드를 찍어서 시청하세요.)

 ## 2. 분투정신은 어디서 오나?

시진핑 :

분투의 길에는 우여곡절이 있기 마련입니다. "너무 큰 뜻에는 희생도 따르겠지만(为有牺牲多壮志), 감히 일월에 호령하여 천하를 바꾸려 하네.(敢教日月换新天)"라는 시가 있습니다. 분투에는 희생이 따르기 마련입니다. 우리는 시종 두려움을 모르는 정신과 사심이 없이 헌신하는

총서기의 육성 32

정신을 선양해야 합니다. 분투하는 사람은 정신세계가 가장 풍부한 사람이자 가장 행복한 사람이기도 합니다.

경전 해설자 리버

이는 2018년 설을 맞이하여 시진핑 주석이 했던 발언입니다. 이 발언에서 그는 "너무 큰 뜻에는 희생도 따르겠지만(为有牺牲多壮志), 감히 일월에 호령하여 천하를 바꾸려 하네.(敢教日月换新天)"라는 마오쩌동(毛泽东)의 「칠률·사오산에 이르다(七律·到韶山)」에서 인용한 것입니다.

마오쩌동 중화인민공화국 초대 주석은 1959년 6월 명시 「칠률·사오산에 이르다」를 지었습니다. 후난성(湖南省) 상탄(湘潭)에서 북서쪽으로 45km 거리에 위치한 사오산은 마오쩌동 전 주석의 고향입니다. 「마오쩌동연보(毛泽东年谱)」에 따르면 마오쩌동 전 주석은 1911년에 사오산을 떠나 1976년에 서거하기까지 모두 8번 사오산을 다시 찾았습니다. 마오쩌동 전 주석이 1959년 6월 25일부터 27일까지 사이에 사오산을 방문한 것은 일곱 번째 귀향이었고, 1927년의 여섯 번째의 귀향에 이어 32년 만에 다시 고향을 찾은 것이었습니다. 1925년 마오쩌동 전 주석은 상하이(上海)로부터 고향에 돌아가 '중국공산당 사오산 지부'를 세우고 농민학회(农民学会)를 설립했으며 1927년 후난 농민운동을 고찰하던 시기에 다시 또 고향을 방문했습니다. 그리고 그때는 마오쩌동 전 주석이 다시 고향을 떠난지 얼마 안 되어서 '4.12 반혁명 정변(四一二反革命政变)'이 일어났습니다.

1964년 『마오주석시사(毛主席诗词)』 영어 번역자의 요청에 의해 마오 전 주석은 「칠률·사오산에 이르다」의 수련(首联)과 함련(颔联, 율[律] 시의 3·4구[句]를 말함)의 뜻을 해석했습니다. 그는 수련의 '주 서천(咒逝川)'과 "삼삽이년전(三十二年前)"은 반동파에 의한 혁명의 실패를 말한다며 그러기에 "위유희생다장지(为有牺牲多壮志) 감교일 월환신천(敢教日月换新天)"이라는 함련이 있게 되었다고 말했습니 다. 시의 중심인 이 구절은 용감하게 분투한 사오산과 후난, 나아가서 중국의 여러 민족 인민들을 노래하고 나라를 위해 몸을 바친 모든 열 사들을 노래하고 있습니다. 잔혹한 진압으로 많은 혁명지사가 희생되 었지만 그로 인해 혁명의 발걸음을 멈춘 것이 아니라, 압박이 심할수 록 반항이 심하다는 법칙에 의해 더 큰 발전을 이루었으며 궁극적으 로 끊임없는 분투와 희생을 통해 중국혁명의 전반적인 승리를 거두었 음을 보여주고 있습니다.

이 구절에서 '구태여 감(敢)'은 두려움을 모르는 정신과 사심 없이 헌신하는 정신을 체현해 낸 것이고, '바꿀 환(换)'은 세상을 바꾸고 역사의 발전을 추진하는 인민들의 위대한 쾌거를 체현합니다. 그리고 '감(敢)'과 '환(换)'의 주체도 바로 사심이 없고 두려움을 모르는 끊 임없이 분투하는 인민과 영웅들이며, 그들이야말로 정신세계가 가장 풍부하고 가장 행복한 사람이라는 것입니다.

사상 해설자 한전펑

리버 선생님께서 좋은 해설을 해주셨습니다.

"너무 큰 뜻에는 희생도 따르겠지만(为有牺牲多壮志), 감히 일월에 호령하여 천하를 바꾸려 하네.(敢教日月换新天)"

이 웅장한 시구는 한편으로는 투쟁과 승리를 두려워하지 않는 마오 쩌둥의 숭고한 사상적 경지를 체현하고 다른 한편으로는 희생을 두려워하지 않는 중국 인민의 위대한 투쟁 정신을 체현해낸 것입니다. 저는 여러 번 사오산에 가 본 적이 있는데, 그곳에 갈 때마다 느낌이 달랐습니다.

이른 아침부터 마오쩌둥의 생가는 이미 전국 각지에서 구경 온 사람들로 북적거립니다. 후난성 사오산에 위치한 이 집은 남북 방향으로 지어진 토목 구조의 건물로 동쪽은 마오쩌둥의 집, 서쪽은 이웃집, 가운데 안채는 두 집이 함께 공유하는 곳입니다. 수백 미터 떨어져 있는 '고원 1동(故园一号楼)'은 관광객들로 북적이는 생가에 비해 조용합니다. 이곳은 1959년 마오쩌둥이 사오산으로 돌아왔을 때 살았던 곳으로 알고 있는 사람이 많지 않습니다.

마오쩌둥 사후 고향 사람들은 생가 주변에 기념관, 동상 광장 등을 만들었습니다. 기념관에는 마오쩌둥의 유품 1000여 점이 전시되어 있습니다. 이 이발도구 세트는 마오쩌둥이 일생동안 가지고 다녔던 것입니다. 그는 시간을 쪼개가면서 일에 몰두했는데 이발하는 시간조차 놓치지 않았던 것입니다. 1952년부터 쓰기 시작한 이 장부에는 보온병 수리비용까지 기록되어 있습니다.

기념관에 펑옌(彭艳)이라는 해설자가 있는데 24년 전부터 이곳에서 해설자로 일하고 있습니다.

(화면: 펑옌이 해설을 하고 있는 모습.)

펑옌의 육성(사오산마오쩌둥기념관[韶山毛澤東紀念館]해설원)
많은 관객들이 사오산에 오면, 이렇게 외진 시골마을에서 마오쩌둥이라는 위대한 인물이 "어떻게 탄생할 수 있었을까?" 하고 의문을 가질 것입니다. 그렇다면 마오쩌둥은 도대체 어떻게 사오산에서 벗어나 마르크스주의자로 성장할 수 있었을까요?

진행자 캉훼이

시청자 여러분, 오늘 우리는 프로그램 현장에 특별히 후난성 사오산 마오쩌둥 기념관의 해설자인 펑옌 동지를 초대했습니다, 박수로 맞이해 주십시오.

펑옌

여러분 안녕하세요!

펑옌

진행자 캉훼이

그해 마오쩌둥 동지는 사오산으로 돌아가, '고원 1동'에서 고향 사람들을 초대하여 식사를 대접하고 메뉴도 남겼습니다. 이 메뉴의 이야기를 펑옌이 이미 많은 관람객들에게 들려줬는데, 오늘 여기서도 우리 시청자분들께 한 번 더 들려드릴까요?

펑옌

알겠습니다. 관중 여러분, 지금 제가 보여드리는 이 메뉴는 1959년 마오 주석이 사오산으로 돌아갔을 때, '고원 1동'에서 고향 사람들을 접대하면서 사용한 메뉴입니다. 메뉴에는 잡채볶음, 목이버섯 닭볶음, 훼이궈육(回锅肉), 닭 내장 볶음, 생선찜 등이 있습니다.

진행자 캉훼이

　모두 사오산 현지 음식입니까?

펑옌

　맞습니다. 이것은 우리 사오산 현지에서 '여덟 사발(八大碗)'이라
고 말하는 메뉴입니다.

진행자 캉훼이

　당시 어떤 사람들은 식사에 초대했나요?

펑옌

　마오쩌둥 주석은 모두 여덟 테이블을 마련하여 고향 사람들을 초대했는데, 오랜 공산당원, 농민 자위대원, 열사 가족 등 70~80명이 참석 했습니다.

식사를 하는 동안 '여섯째 형수' 선쑤화(沈素华)는 울기도 하고 웃기도 했습니다. 그녀의 남편 마오신메이(毛新梅)는 중국공산당 사오산 특별지부의 첫 당원이었지만 불행히도 적에게 잔인하게 살해당했고, 머리는 산 채로 잘려 나무 장대에 매달렸었습니다. 그리고 '다섯째 할머니' 허쥐잉(贺菊英)은 마오쩌둥 주석을 만났을 때 입이 떨려 한마디도 하지 못하고 눈물만 뚝뚝 흘렸습니다. 남편 마오푸셴(毛福轩)은 중국공산당 사오산 특별지부의 초대 서기로 36세의 나이에 배신자의 배신으로 난징의 위화타이(雨花台)에서 살해당했습니다.

사오산은 붉은 땅으로 불과 247㎢의 뜨거운 토양에서 1,700명의 열사가 혁명을 위해 용감하게 희생되었는데 그 중 마오쩌둥 주석의 가족이 6명이나 됩니다.

2011년 3월 시진핑 동지가 사오산을 찾았습니다. 그는 사오산을 답사하면서 우리가 마오 주석과 같은 구세대 프롤레타리아 혁명가들을 가장 잘 기념하는 것은 그들이 개척한 위대한 사업을 계승하고 발전시키는 것이라고 진심어린 감정으로 말했습니다. 우리는 이러한 혁명 전통 교육 자원을 애국주의 교육을 위한 생생한 교재로 사용하고 마오쩌둥 주석의 고향을 더욱 아름답게 건설해야 합니다.

시진핑 총서기의 이 말은 붉은 유전자를 물려받은 우리 모든 사오산 사람들에 대한 동기부여가 되어 우리가 붉은 유전자를 물려받고 붉은 이야기를 잘 하도록 격려하고 있습니다.

진행자 캉훼이

거의 한 세기 동안 중국공산당은 약하든 강하든, 좋을 때나 나쁠 때나 초심을 잊지 않고 사명을 생각하며 중국 인민을 단결시키고 이끌어 부강한 중국을 건설하기 위한 분투에 앞장섰습니다. 그렇다면 중국공산당의 분투정신은 어디에서 비롯된 것일까요? 오늘과 같은 새로운 시대에도 우리는 여전히 지속적으로 탐구해야 합니다. 다음으로 사상 해설자이신 한젠펑 교수를 모시고 계속 설명을 들어보겠습니다.

사상 해설자 한전펑

진행자님께서 잘 얘기해주셨습니다. 오늘 우리 중국공산주의자들은 혁명선배의 "너무 큰 뜻에는 희생도 따르겠지만(为有牺牲多壮志), 감히 일월에 호령하여 천하를 바꾸려 하네.(敢教日月换新天)"라는 분투정신을 대대로 계승해야 합니다. 다음으로 이런 분투정신이 어디에서 비롯됐는지에 대해 이야기하겠습니다. 그것은 다음과 같은 세 가지 측면에서 비롯됩니다.

첫째, 분투정신은 중국의 우수한 전통문화의 정신유전자에서 비롯됩니다.

우리 중화민족의 수천 년 역사를 돌이켜보면 중국 인민은 위대한 분투정신을 가진 인민이며, 분투정신은 중국의 우수한 전통문화에 뿌리를 둔 정신유전자임을 알 수 있습니다. 우리 중국 전통문화가 강조하는 스스로 힘써 노력하고(自强不息), 덕을 두텁게 하여 만물을 포용하며(厚德载物), 묵은 것을 버리고 새 것을 창조하고(革故鼎新), 시대와 더불어 발전한다.(与时俱进) 등은 모두 분투정신의 중요한 체현입니다. 중국 인민은 예로부터 행복하려면 분투해야 하며 행복은 분투에서 나온다는 것을 알고 있었습니다.

둘째, 분투정신은 중국공산당의 초심과 사명에서 비롯됩니다.

시진핑 총서기는 중국공산당 제19차 전국대표대회 보고서에서 "중국공산당의 초심과 사명은 중국 인민의 행복을 위하는 것이고, 중화민족의 부흥을 위하는 것이다." 라고 밝혔습니다. 이 초심과 사명은 항상 중국공산당원들이 끊임없이 전진하도록 격려하는 근본적인 원동력입니다. 초심은 사람들의 끊임없는 분투를 격려하는 추진력이고 사명은 사람들이 끊임없이 분투할 수 있도록 견인하는 힘입니다. 하나의 추진력과 하나의 견인력, 이 두 정신력은 중화민족의 위대한 부흥을 달성하기 위한 우리의 끊임없는 분투를 촉진케 합니다.

셋째, 분투 정신은 또한 중국공산당의 분투경험에서 비롯됩니다.

중국공산당은 각고 분투한다는 정신으로 로 출발했고, 각고분투하며 부단히 발전시켜 왔습니다. 중화민족의 위대한 부흥이라는 목표를 실현하기 위해서는 마찬가지로 각고분투의 정신을 발휘해야 하며, 전당과 중국 인민이 계속해서 각고분투하고 함께 분투하고 계속 분투해 나가야 합니다. 이는 우리 당의 분투 역사가 우리에게 주는 가장 전형적인 계시입니다.

다음으로, 우리는 어떻게 분투해야 하는지에 대해 이야기하겠습니다. 이어서 영상 한 편을 시청하도록 하겠습니다.

(아래의 QR코드를 찍어서 시청하세요.)

 ## 3. 어떻게 분투해야 하나?

시진핑 :
"우물을 파는 사람은(凿井者) 석 자의 흙을 파는 데서 시작하여(起于三寸之坎) 만 길의 깊이에 도달한다.(以就万仞 之深)"고 합니다. 사회주의건설

자와 후계자들은 고상한 품성도 가지고 진정한 재능도 가져야 합니다. 많은 청년들은 분투하는 정신으로 확고한 이상과 신념을 가지고 어려움에 맞서 용감하게 개척하며 완강하게 분투해야 합니다. 중화민족의 위대한 부흥을 실현하는 "중국의 꿈"을 위해 분투하는 것은 우리 인생에서 얻기 힘든 기회입니다. 청년들은 모두 이 위대한 시대를 소중하게 여겨 새 시대의 분투자가 되어야 합니다.

총서기의 육성 33

경전 해설자 리버

이는 시진핑 총서기가 2018년 5월 2일 베이징대학교 사생들과의 간담회에서 한 발언입니다.

남북조(南北朝) 시기 북제(北齐) 유주(刘昼)의 『유자·숭학(刘子·崇学)』에는 "착정자(凿井者), 기어삼촌지감(起于叁寸之坎), 이취만인지심(以就万仞之深)"이라는 말이 있습니다. 사실 이 구절 앞에는 이와 완벽하게 대응되는 다른 구절이 있습니다. 원문은 "위산자(为山者), 기어일궤지토(基于一篑之土), 이성천장지조(以成千丈之峭); 착정자(凿井者), 기어삼촌지감(起于叁寸之坎), 이취만인지심(以就万仞之深)"입니다. 이 두 구절의 의미는 산을 쌓는 사람은 한 삼태기의 흙을 파는 것으로 시작하여 천 길 높이의 산을 만들며, 우물을 파는 사람은 석 자의 흙을 파는 데서 시작하여 만 길의 깊이에 도달한다는 것입니다. 이 고전은 가치 있는 삶은 끊임없는 작은 축적을 통해야 하며, 꾸준하게 끝까지 노력하면 반드시 성공할 수 있음을 비유합니다.

중국의 역사에는 이 고전에 어울리는 뜻 있는 사람들이 아주 많고 그들은 젊을 때부터 밑바닥에서 분투의 삶을 시작했습니다. 동한(东汉) 때의 반초(班超)가 바로 그런 사례입니다. 가난한 집에서 태어난 반초는 어렸을 때 관공서의 서류를 필사하는 것으로 생계를 이어나가야 했습니다. 하지만 반초는 그 때 벌써 큰 뜻을 품고 "대장부 다른 뜻과 모략은 없다 해도(大丈夫无他志略) 부개자(傅介子)와 장건(张骞)을 본받아 이역에서 공을 세우고 제후는 되어야지 어이 계속 필묵만 다루겠는가?"라고 한탄했습니다. 반초가 말하는 부개자는 서한(西汉)의 유명한 외교가로 패역무도한 누란왕(楼兰王)의 목을 베었고, 장건은 서역에 사절로 나가서 실크로드의 역사를 열었습니다. 이런 두 사람을 롤모델로 삼은 반초는 단연히 붓을 던지고 서역 정복의 길에 올랐던 것입니다.

대장군 두고(窦固)를 따라 흉노를 정벌하는 과정에서 뛰어난 능력을 보인 반초는 곧바로 서역에 사절로 나가라는 명을 받게 됩니다. 36명을 거느리고 서역을 종횡무진한 반초는 아주 어려운 환경에서 과단성 있게 결단을 내려 흉노족을 견제하고 서역의 안정을 유지했으며 실크로드의 원활한 소통을 담보해 동서양 문화의 교류와 상업교류가 원활하게 이루어지고 중국 여러 민족 간의 단합과 융합이 사상 최고로 번창하게 했습니다. 반초는 한 사람의 지혜와 한 사람의 땀, 한 사람의 분투로 실크로드의 기적을 창조였습니다. 그야말로 "우물을 파는 사람은(凿井者) 석 자의 흙을 파는 데서 시작하여(起于三寸之坎) 만 길의 깊이에 도달한다.(以就万仞之深)"는 말의 생생한 예라고 할 수 있습니다.

견인불발(坚韧不拔)은 고대부터 중화민족의 민족성이었으며 착실한 분투(务实奋斗)는 화하(华夏)문명의 귀중한 정신적 자산입니다. 중화민족의 한 사람으로서 우리 모두는 분투 속에서 끊임없이 자신을 연마하고 앞으로 나아가야 비로소 가치 있는 삶을 이룰 수 있고, 궁극적으로 우리 민족의 위대한 부흥을 이룰 수 있는 것입니다.

사상 해설자 한전펑

리버 교수님의 멋진 설명에 감사드립니다. 시진핑 총서기는 중화민족의 위대한 부흥은 결코 가볍게 이루어질 수 없으며, 당 전체가 더 어렵고 힘든 노력을 할 준비가 되어 있어야 한다고 지적한 바 있습니다. 새로운 시대의 분투자로서, 우리가 분투를 통해 위대한 꿈을 실현하려면, 반드시 다음의 세 가지 정신을 발양해야 합니다.

첫째, 분투는 난관을 극복하고 어려움을 극복하는 정신을 가져야 합니다.

분투의 길에는 항상 여러 가지 위험과 난관에 직면하기 때문에 어려움을 극복하는 정신이 없으면 어떤 일도 해낼 수 없습니다. 70여 년 전, 마오쩌동 동지는 당의 7대 폐막식에서 '우공이산(愚公移山)'이라는 중요한 연설을 했습니다. 그는 이 중요한 연설에서 전 당에게 "결심을 굳히고 희생을 두려워하지 말고 모든 어려움을 극복하여 승리하자."고 당부했습니다. 70여 년이 지난 지금 시진핑 총서기 역시 '우공이산' 정신을 고양해야 한다고 여러 차례 강조했습니다. 그는 중앙빈곤구제개발사업회의(中央扶贫开发工作会议) 연설에서 "'우공이산'의 뜻을 품고 목표를 세워 열심히 노력하여 빈곤퇴치에서 단호히 승리하자."는 요구를 제시했습니다.

둘째, 분투는 끈기 있는 정신을 가져야 합니다.

모든 분투는 장기간 지속되는 과정이기 때문에 분투목표를 달성하기 위해서는 끈기 있는 정신을 발휘해야 합니다. 시진핑 총서기는 2019년 중국 베이징 세계원예박람회 개막식 연설에서 "우리는 분초를 다투는 정신도 가져야 하지만, 끈질기게 해나가는 정신도 가져야 합니다." 라고 말했습니다. 분초를 다투어야 단계적 성과를 낼 수 있고, 끈기 있게 꾸준히 해야 최종 목표를 이룰 수 있는 것입니다.

셋째, 분투는 또한 열심히 일하는 정신을 가져야 합니다.

"공허한 담론은 나라를 망치며, 성실한 실행이 나라를 흥하게 한다.(空谈误国，实干兴邦)"는 말이 있습니다. 행복은 투쟁을 통해 얻어지는 것이고, 사회주의도 노력해서 만들어지며, 새로운 시대 역시 노력으로 만들어집니다. 분투목표를 실현하기 위해서 우리는 반드시 열심히 일하고 성실하게 일해야 합니다. 소매를 걷어붙이고, 힘을 내서 일해야 합니다!

아래에 새로운 시대의 '가장 아름다운 분투자'의 한사람으로서 중국공정원(中国工程院) 원사이기도 한 난징이공대(南京理工大学) 왕쩌산(王泽山) 교수를 함께 알아봅시다.

난징이공대 병기박물관에는 세계 각국의 역사 시기별 각종 무기 · 장비가 대거 소장돼 있는데, 그중에서도 화포(火炮)가 가장 유명합니다.

화포는 '전쟁의 신'으로 불리기도 했는데 그 위력과 사거리는 화약의 성능 및 사용 방식과 밀접한 관련이 있습니다. 올해 86세인 왕쩌산 원사는 우리나라의 저명한 화약 전문가로 우리나라의 무기 장비 발전이 세계 선진 수준을 따라잡는 데 탁월한 공헌을 했습니다. 그는 국가과학기술진보상과 국가기술발명상 1등상을 3회 수상했으며 2017년에는 국가최고과학기술상을 수상했습니다.

왕쩌산 원사의 분투정신은 그가 한 세 마디에 집약되어 있습니다.

첫 번째 말은 "조국의 수요는 내 평생의 추구이다." 입니다.

1954년에 "국가가 강해지려면 우선 군대가 강해야 한다."는 신념으로 19세의 나이로 중국 인민해방군 군사공학원에 입학했습니다. 당시 많은 사람들이 미사일과 같은 인기 있는 전공을 선택했지만, 그는 묵묵히 남들이 외면하는 화약 전공을 택했습니다. 전공은 인기를 떠나서 국가가 필요로 하는 한 어떤 전공도 빛날 수 있다는 게 그의 생각이었습니다.

두 번째 말은 "평생 한 가지 일만 잘하고 싶다." 입니다.

60년 넘게 화약이라는 고되고 위험한 분야의 최전선에서 일해 온 왕쩌산은 해당 분야의 핵심 기술을 장악하는 데 큰 공헌을 했습니다. 왕쩌산은 "국가가 나에게 이 임무를 맡긴 이상 꼭 잘해내야만 하고, 국가가 나에게 준 임무를 제대로 해내지 못하는 것은 수치스러운 일입니다." 라고 말했습니다.

세 번째 말은 "조국의 대지에 빛과 열을 바치겠다." 입니다.

왕쩌산 원사는 실험장에서 논문을 쓰고 자신의 성과로 무기·장비 현대화를 추진한 실천자입니다. 많은 폭발 실험은 위험과 도전으로 가득 차 있으며 인적이 드물고 조건이 어려운 야외에서 수행되어야 합니다. 그는 찬바람이 살을 에는 겨울에도, 뙤약볕이 내리쬐는 여름에도 일선을 지키며 직접 참여했습니다.

86세가 된 왕쩌산은 아직도 화약 사업을 위해 매년 200여 일은 출장길에 나서고있으며, 매년 십여 만 ㎞를 이동합니다. 이제 왕쩌산과 그의 팀은 또 다른 목표를 세웠습니다. 이 '80년대생' 원사의 흥분점은 영원히 전방에 있고 분투 정신은 영원히 길 위에 있는 것입니다.

(화면: 왕쩌산(王泽山)이 이야기하고 있는 모습)

왕쩌산의 육성(2017년도 국가최고과학기술상 수상자):
과거에 저는 "무엇 때문에?" "어떻게 해야 할까?" 라고 지속적으로 질문해야 한다고 강조했습니다. 다들 『십만 개 무엇 때문에』라는 책을 읽고 배웁니다. 배우고 나면 알게 되지요. 하지만 알기만 해서는 안 됩니다. "다른 어떤 문제가 있는지, 이 문제를 해결하기 위해 무엇을 할 수 있는지, 어떻게 하면 더 잘할 수 있는지" 라고 끊임없이 질문해야 합니다. 이 또한 분투정신의 일부입니다. 따라서 성공에서 가장 핵심적인 역할을 하는 것은 분투하는 정신이라고 생각합니다.

사상 해설자 한전펑

새 시대는 분투자의 시대입니다. 왕쩌산 원사는 80대의 고령이 되었지만 여전히 우리나라 과학기술의 최전선에서 분투하고 있습니다. 어려움을 극복하고 끈기 있게 노력하며 열심히 일하는 그의 분투정신은 우리가 배워야 할 것입니다.

분투에는 장기적인 목표뿐만 아니라 구체적인 단계적 목표도 있어야 합니다. 2020년은 빈곤퇴치를 위한 결전의 해이자 전면적인 샤오캉 사회 건설의 마지막 해입니다.

시진핑 총서기는 샤오캉사회를 전면적으로 건설하는 가장 어렵고 힘든 임무는 빈곤지역, 특히 극빈지역이라고 강조했습니다. 이 전투가 아무리 어려워도 반드시 이겨야 하며, 전면적으로 샤오캉사회를 건설하는 데 단 하나의 민족이라도 뒤떨어져서는 안 됩니다.

물론 빈곤퇴치에서 승리하고 전면적인 새오캉사회 건설을 실현하는 것은 만리장정(万里长征)의 첫걸음을 내디딘 것일 뿐입니다. 앞으로의 길은 더 길고 임무는 더 힘들 것입니다. 2035년에는 사회주의 현대화도 기본적으로 실현해야 합니다. 2050년에 우리는 우리나라를 부강하고 민주적이며 문명하고 조화로우며 아름다운 사회주의 현대화 강국으로 건설하고, 중화민족의 위대한 부흥이라는 "중국의 꿈"을 실현해야 합니다. 전 당과 전 국민이 한마음 한뜻으로 함께 분투하고 부단히 분투한다면 우리의 목표는 반드시 달성될 것이며, 우리의 꿈은 반드시 실현될 것입니다.

진행자 캉훼이

홀륭한 해설을 해주신 사상 해설자 한전펑 교수님과 고전 해설자 리버 교수님께 감사드립니다.

하고자 하는 의지만 있다면 세상에 어려운 것은 없습니다. '두 개의 백년'이라는 목표와 중화민족의 위대한 부흥이라는 "중국의 꿈"은 한 사람이나 몇 사람이 이룰 수 있는 것이 아니라 수많은 사람들이 함께 노력해야 하며, 우리 모두 함께 분투하고 지속적으로 분투해야 합니다.

친애하는 시청자 여러분, 마지막으로 다시 한 번 분투를 노래한 시를 낭송하면서 시진핑 총서기의 "신 중국에 경의를 표하고 새 시대를 위해 분투하자.(礼赞新中国、奋斗新时代)"는 호소를 되새겨봅시다.

경전낭독

『칠율 · 소산에 이르러(七律 · 到韶山)』

마오쩌둥

이별 뒤 꿈속에서조차 야속한 세월을 저주하네,
고향을 떠난 지 어언 32년.
붉은 깃발 아래 농민들이 무장하고 나섰는데,
적들은 패자의 가죽채찍 높이 들었네.

너무 큰 뜻에는 희생도 따르겠지만,
감히 일월에 호령하여 천하를 바꾸려 하네.

거대한 농작물 파도에 취해있건만,
농민 영웅들은 황혼에 일마치고 돌아오네.

别梦依稀咒逝川，故园三十二年前。

红旗卷起农奴戟，黑手高悬霸主鞭。

为有牺牲多壮志，敢教日月换新天。

喜看稻菽千重浪，遍地英雄下夕烟。

구름에 돛 달고서 창해를 건너보자

直挂云帆济沧海

본 회의 개요

1. "중국의 꿈"은 어떤 꿈인가"
2. 왜 꿈을 가져야 하나?
3. 어떻게 "중국의 꿈"을 실현할 것인가?

중화민족의 위대한 부흥의 "중국의 꿈". "우리는 모두 꿈을 추구하는 사람이다." "열심히 분투하고 노력해야 꿈을 이룰 수 있다." "새 시대에 청춘의 꿈을 휘날리자."

시진핑 총서기는 여러 차례 연설에서 '꿈'으로 청년들을 감동시키고 '꿈'으로 분발하는 힘을 불어넣어 주었다. 따라서 새로운 시대에 꿈을 실현하는 방법과 수단을 설명하고, "'꿈'을 추구하려면 열정과 이상이 필요하고 꿈을 이루려면 분투와 헌신이 필요하다."는 철학을 보여주고, 인민들에게 국가와 자신의 미래에 대한 더 큰 자신감과 더 깊은 기대감을 주기 위해 '꿈'을 프로그램의 주제로 선정했다.

진행자 :

캉훼이(康辉)

사상 해설자 :

셰춘타오(谢春涛)[중국공산당 중앙당교(中共中央党校) 부총장 겸 교수]

경전 해설자 :

멍만(蒙曼, 중앙민족대학 교수)

게스트 :

저우젠핑(周建平, 중국 유인 우주 프로젝트 수석설계사
       [中国载人航天工程总设计师])

란양(兰洋, 중국인민대학 강사)

진행자 캉훼이

　"바람을 타고 파도를 헤쳐 나갈 때가 있으리니(长风破浪会有时), 구름 같은 돛을 달고 망망대해를 건너리.(直挂云帆济沧海)"

　다들 잘 아는 이 두 구절은 당나라 대시인 이백의 「행로난(行路难)」에서 나온 것으로, 어떠한 우여곡절이나 부침에도 흔들리지 않는 굳건한 신념을 표현합니다.

　시진핑 총서기는 미래에 대한 확고한 자신감과 꿈에 대한 끈기를 표현하기 위해 이 두 구절을 여러 번 인용했습니다. 오늘 방송의 주제는 바로 '꿈'입니다. 꿈이라고 하면 "중국의 꿈", 즉 중화민족의 위대한 부흥이라는 "중국의 꿈"이 떠오릅니다. 시진핑 총서기는 많은 중요한 연설과 글, 논술에서 "중국의 꿈"이라는 표현을 사용해 우리를 감동시키고 분발하는

캉훼이

힘을 불어넣어주었습니다. 이러한 중요한 연설과 글, 논술에서 총서기는 또한 많은 전례와 고사들을 인용했습니다. 오늘은 시진핑이 즐겨 인용하는 전례와 고사를 해석함으로써 "중국의 꿈"의 함축적 의미를 더 파헤치고, 이 꿈을 실현하는 길에서 우리가 어떻게 해야 할지를 알아봅시다.

이 프로그램의 사상 해설자이신 중국공산당 중앙당교(中共中央党校) 부총장 셰춴타오 교수를 모십니다.

사상 해설자 셰춴타오

셰춴타오

시청자 여러분, 안녕하십니까!

2012년 11월 29일 시진핑 총서기는 중앙위원회 정치국 상무위원회를 이끌고 '부흥의 길(复兴之路)' 전시회를 방문하면서 중화민족의 위대한 부흥을 이루겠다는 "중국의 꿈"을 처음으로 제시했습니다.

(화면: 2012年11月29日, 시진핑 총서기가 '부흥의 길(复兴之路)' 전시회를 방문하여 연설하고 있는 모습.)

시진핑 총서기의 육성

"중국의 꿈"(中国梦)이란 무엇일까요? 나는 중화민족의 위대한 부흥을 실현하는 것이 바로 중화민족 근대의 가장 위대한 "중국의 꿈"이라고 생각합니다. 이와 같은 꿈은 여러 세대에 걸친 중국인의 오랜 염원이며, 중화민족과 중국 인민의 전반적인 이익을 반영하고, 모든 중국인들의 공통된 염원이기 때문입니다.

사상 해설자 셰춴타오

그 후 그는 여러 차례 "중국의 꿈"을 논술하고, "중국의 꿈"의 의미를 설명하였으며, "중국의 꿈"을 실현하는 길을 제시하고, 전국 인민들에게 "중국의 꿈"을 실현하기 위해 함께 노력할 것을 호소했습니다. 그렇다면 새로운 시대에 왜 "중국의 꿈"을 제기했을까요? 우리는 왜 꿈을 가져야 할까요? "중국의 꿈"을 어떻게 실현해야 할까요? 이것들이 바로 우리가 오늘 토론해야 할 내용들입니다.

시진핑 총서기는 "중국의 꿈"에 대해 많은 이야기들을 해왔습니다. 그 가운데 가장 인상 깊은 것이 무엇입니까? 현장에서 대답할 분이 계신가요?

관객 1

"중국의 꿈"에 대한 시진핑 총서기의 명언은 많지만 그중 가장 인상 깊었던 문구는 다음과 같습니다. "청사진은 끝까지 그려나가야 합니다. 우리 모두는 열심히 달리고 있고, 우리 모두는 꿈을 추구하는 사람들입니다."

관객 2

'꿈'을 추구하려면 열정과 이상이 필요하고 꿈을 이루려면 분투와 헌신이 필요합니다.

관객 3

"중국의 꿈"은 행복을 추구하는 중국인의 꿈입니다. 중화민족은 꿈을 추구할 수 있는 용기를 가진 민족입니다.

여러분들의 이야기를 들으며, 우리는 시진핑 총서기의 "중국의 꿈"에 대한 중요한 담론이 강력한 포용성, 호소력, 응집력을 가지고 있으며, 모든 중국인들의 진심 어린 목소리를 표현하고, 현대중국의 발전과 진보를 위한 정신적 기치가 되었다는 것을 분명하게 느낄 수 있었습니다.

다음으로 새로운 시대에 "중국의 꿈"이 제안된 이유에 대해 이야기하겠습니다. 이어서 영상 한 편을 시청하도록 하겠습니다.

(아래의 QR코드를 찍어서 시청하세요.)

1. "중국의 꿈"은 어떤 꿈인가?

> **시진핑 :**
>
> 중화민족의 어제는 "험난하고 머나먼 길이 쇠붙이처럼 강했고(雄关漫道真如铁)", 중화민족의 오늘은 "올바른 길에는 풍파가 있기 마련이며(人间正道是沧桑)", 중화민족의 내일은 "바람 타고 파도를 헤쳐 나갈 때가 올 것입니다(长风破浪会有时)". 지금은 역사적으로 그 어느 때보다도 중화민족의 위대한 부흥이라는 이 목표에 근접하고 있고 지금은 역사적으로 그 어느 때보다도 더욱 이 목표를 이룩할 자신과 능력을 갖추고 있습니다.
>
>
> 총서기의 육성 34

진행자 캉훼이

방금 함께 들었던 시진핑 총서기의 이 연설은 여러분들도 잘 알고 있을 것입니다. 세쳔타오 교수가 언급한 구절은 2012년 11월 29일 시진핑 총서기가 '부흥의 길' 전시회를 방문했을 때 한 연설입니다. 당시 시진핑은 막 당 총서기로 선출된 시점이었는데, 중국공산당 정치국 상임위원 전원을 데리고 '부흥의 길' 전시회를 방문했고, 그곳에서 처음으로 "중국의 꿈"을 제시했습니다.

이 연설에서 시진핑 총서기는 전례와 고사 세 구절을 인용하여 중화민족의 역사, 현실, 미래를 요약했습니다. 다음으로 이 프로그램의 고전 해설자인 중앙민족대학의 멍만 교수를 모셔서 해설을 들어보도록 하겠습니다. 박수 부탁드립니다!

경전 해설자 멍만

"웅관만도진여철(雄关漫道真如铁), 이금매보종두월(而今迈步从头越)"은 중국 공농홍군(工农红军)이 2만 5천리 장정을 하던 1935년에 마오쩌둥 주석이 지은 「억진아・루산관(忆秦娥・娄山关)」에 나왔습니다. 그중 널리 알려진 것이 바로 이 "웅관만도진여철(雄关漫道真如铁), 이금매보종두월(而今迈步从头越)"이라는 구절입니다. "웅장한 관문 쇠붙이처럼 넘기 어렵다고 말하지 말라, 지금 다시 처음부터 정복하자."라는 의미이지요. 중국 공농홍군이 걸어온 길을 돌아보면 그야말로 쇠붙이 같은 '웅장환 관문'이 많았으나 홍군은 각고의 노력으로 그 어려운 길을 걸어왔습니다. 중화민족이 걸어온 길을 돌아보면 그 길에도 쇠붙이 같은 '웅장한 관문'이 많았습니다. 한 차례 또 한 차례의 위기를 극복하고 한 차례 또 한 차례의 도전

멍만

에 직면했지만 중화민족은 그 어려운 길을 걸어왔으며, 그냥 걸어온 것이 아니라 그 과정에 위대한 문명을 형성했습니다.

다음으로 두 번째 구절을 보도록 합시다. "천약유정천역로(天若有情天亦老), 인간정도시창상(人間正道是滄桑)"은 마오쩌둥 전 주석이 1949년에 지은 「칠률·인민해방군 난징을 점령하다(七律·人民解放军占领南京)」라는 시에서 나왔습니다. 그중 널리 알려진 것이 바로 이 "천약유정천역로(天若有情天亦老), 인간정도시창상(人間正道是滄桑)"이라는 구절입니다. 상전벽해와도 같은 변화가 바로 역사의 특징이자 인간의 올바른 길이라는 의미입니다.

시진핑 총서기가 이 구절을 인용한 것은 우리 중국 인민은 일어서고, 부유해지고, 강해지는 위대한 변화를 겪었다는 것입니다. 이 변화가 바로 상전벽해입니다. 그리고 이와 같은 변화가 바로 역사의 발전 법칙이며, 인간세상의 올바른 길이라는 것입니다.

세 번째로 "장풍파랑회유시(长风破浪会有时), 직괘운범제창해(直挂云帆济沧海)은 이백의 「행로난(行路难)」에 나옵니다. 당나라의 유명한 낭만주의 시인 이백은 제왕을 보좌할 큰 뜻을 품었습니다. 하지만 당시 당나라 조정은 부패했고 권세가들도 이백을 달가워하지 않았습니다. 2년 뒤에 황제는 이백을 파면시켰고, 이백의 정치적 이상은 물거품으로 돌아갔습니다. 하지만 이백은 싸움에서 질 수는 있어도 영원히 거꾸러뜨릴 수 없는 존재였습니다. 인생의 가장 밑바닥에서 그는 시 「행로난」을 썼고, 시의 마지막에 "바람을 타고 파도를 헤쳐나갈 때가 있으리니(长风破浪会有时), 구름 같은 돛을 달고 망망대해를 건너리.(直挂云帆济沧海)라고 외쳤습니다.

'장풍파랑(长风破浪)'은 남조(南朝)의 장군 종각(宗悫)의 이야기에서 기원합니다. 종각은 어릴 때부터 큰 꿈을 가지고 있었습니다. 그가 어릴 때 숙부가 물었습니다. "너는 커서 뭘 할거니?" 종각은 "큰 바람을 타고 만 리의 파도를 헤치렵니다.(愿乘长风，破万里浪)"라고 대답했다고 합니다. 여러 차례의 어려움을 겪고 나서도 마음속에 여전히 종각 장군의 호방함이 메아리친 이백은 "장풍파랑회유시(长风破浪会有时), 직괘운범제창해(直挂云帆济沧海)"라는 자신의 큰 꿈을 보여준 것입니다.

시진핑 총서기가 이 시를 인용한 것은 무엇을 의미할까요? 그것은 중화민족의 미래에 대한 확고한 믿음을 보여줍니다. 사실 이 세 가지 위대한 정신이 있었기에 중국 인민은 오늘날 위대한 부흥의 여정을 시작할 수 있었습니다.

진행자 캉훼이

훌륭한 해설을 해주신 멍만 교수님께 감사드립니다. 중화민족의 어제도 그렇고 오늘도 그렇고 내일도 그렇겠지만, 꿈을 좇는 길은 결코 평탄한 길이 아닙니다. 그러나 오늘날 불요불굴의 의지를 가지고, 사회 발전의 법칙과 대세를 따르고, 원대한 이상과 신념을 견지하는 한, 우리는 반드시 이 부흥의 길을 따라 위대한 꿈의 목표를 향해 한 걸음 한 걸음 나아갈 수 있습니다.

이어서 사상 해설자 셰촨타오 교수님을 모시고 "중국의 꿈"에 대한 해설을 들어보겠습니다.

사상 해설자 셰촨타오

"중국의 꿈"은 무엇보다도 국가와 민족의 꿈입니다. 우리는 근대의 역사를 통해 국가의 강성과 민족의 진흥 없이는 우리 어느 누구의 행복도 있을 수 없다는 것을 뼈저리게 느꼈습니다.

"중국의 꿈"은 더 나아가 인민의 꿈입니다. 시진핑 총서기는 "'중국의 꿈'은 궁극적으로는 인민의 꿈이며, 반드시 인민에 의존하여 실현해야 하고, 인민에게 지속적으로 혜택을 주어야 합니다."라고 말했습니다. 생각해보세요. 어떤 일을 하든, 어떤 연령대에 있든, 우리 중 누가 이러한 꿈을 가지고 있지 않습니까? "중국의 꿈"이 매력적인 이유는 무엇보다도 우리 개개인과 관련이 있고 우리와 매우 밀접하기 때문이라고 생각합니다.

시진핑 총서기는 중국인의 식사 문제에 대해 매우 우려하고 있으며, 오늘 우리가 배부르게 잘 먹고 있다고 해서 문제가 완전히 해결된 것은 아니라는 것을 알고 있습니다. 총서기만 이 문제를 해결하기 위해 고민하는 것이 아니고, 위안룽핑을 포함한 많은 과학자들도 이 문제에 대해 고민하고 있습니다.

위안룽핑은 두 가지 꿈이 있다고 말했습니다.

첫 번째 꿈은 논에서 바람을 쐬는(禾下乘涼) 꿈입니다. 이것은 그의 실제 꿈에서 나온 장면입니다. 벼가 수수만큼 높이 자랐고, 벼이삭이 빗자루만큼 컸으며, 땅콩만큼 큰 낟알이 열렸는데, 그와 몇 명의 친구들이 그 밑에 앉아 시원함을 즐기는 꿈이었습니다.

이러한 꿈을 현실로 만들기 위해 지난 수십 년 동안 위안룽핑은 지속적으로 교잡벼를 개량하여 인류 식량 생산의 역사적 정점을 거듭 달성해냈습니다. 최근 몇 년 동안 위안룽핑은 염분이 많은 땅과 갯벌에서 재배할 수 있는 벼를 연구하고 있습니다. 이런 곳에서 벼를 재배할 수 있다면 중국 국민에게 큰 도움이 될 것입니다.

90세가 되었으니 이제 천수를 누려야 하지만, 위안룽핑에게는 아직 새로운 꿈이 있습니다. 2019년 6월, 위안룽핑이 유창한 영어로 자신의 꿈을 이야기하는 동영상이 인터넷에 널리 퍼졌습니다.

(화면: 위안룽핑(袁隆平)이 이야기하고 있는 모습)

위안룽핑의 육성
식량부족 문제를 해결할 수 있도록, 다른 개발도상국이 교잡벼를 개발하는 데 도움을 줄 수 있게 되어 매우 기쁩니다. 함께 손을 잡고 노력한다면 제 꿈이 아주 가까운 미래에 이루어질 수 있다고 확신합니다.

위안룽핑의 육성
전 세계에는 1억 6천만 헥타르의 논이 있습니다. 그 중 절반인 8천만 헥타르에서 교잡벼를 재배한다면, 현재 상황에서 1헥타르 당 2톤의 수확량 증가로 5억 명의 인구를 추가로 먹여 살릴 수 있습니다. 이것이 저의 꿈입니다.

진행자 캉훼이

위안룽핑 원사에 대해 말하자면, 요즘 젊은 '90년대 생', '00년대 생'들이 그를 특히 좋아하는 것으로 알고 있습니다. 젊은이들은 이 '90년대 생'이 너무 뻣뻣하다고 말하기도 하는데, 제가 말하고 싶은 것은 이 '90년대 생'은 큰 꿈이 있다는 것입니다. "논에서 바람을 쐬는" 꿈과 "교잡벼가 전 세계에 널리 퍼지는" 꿈, 이 두 가지는 위안룽핑의 꿈이자 14억 중국인의 꿈입니다. 우리의 모든 건설자들과 모든 분투자들은 이러한 꿈을 가져야 합니다. 여러분의 꿈이 무엇인지, 새로운 시대에 꿈을 추구하는 과정에서 무엇을 할 것인지 묻는다면 어떻게 대답할 수 있을까요? 총서기의 연설 한 토막을 더 들어보겠습니다.
(아래의 QR코드를 찍어서 시청하세요.)

시진핑 :

중국인들은 위대한 꿈을 가지고 있습니다. 몇 천 년의 역사 속에서 중국인들은 시종 꿈을 좇아왔으며 샤오캉사회의 이념을 형성하고 세상은 국민들의 것이라는 천하위공(天下为公)의 흉금을 가지고 있습니다. 반고가 천지를 개벽하고(盘古开天) 여왜가 하늘을 메우며(女娲补天), 복희가 팔괘를 그리고(伏羲画卦) 신농제가 약초를 맛 보며(神农尝草), 과부가 태양을 좇고(夸父追日) 정위가 바다를 메우며(精卫填海), 우공이 산을 옮기는(愚公移山) 등 고대의 신화는 꿈을 이루려는 중국인들의 끈질긴 정신을 잘 보여줍니다. 중국인들은 산이 아무리 높아도 오르기만 하면 궁극적으로 정상에 오를 수 있고, 길이 아무리 멀어도 걷기만 하면 반드시 목적지에 도착할 수 있음을 굳게 믿습니다.

총서기의 육성 35

경전 해설자 멍만

이는 2018년 3월 20일, 제13기 전국인민대표대회 제1차 회의에서 시진핑 총서기가 한 연설입니다. 이 연설에서 시진핑 총서기는 중국 고대 신화 이야기를 인용했는데, 그 중 우공이산(愚公移山)과 정위전해(精卫填海) 두 사자성어는 모두들 익숙히 알고 있는 것입니다.

선진(先秦)시대 도가의 경전인 『열자·탕문(列子·汤问)』에는 우공이산(寓公移山)의 이야기가 기록되어 있습니다. 먼 옛날 태항산(太行山)과 왕옥산(王屋山) 두 산 사이에 우공이라 불리는 90여 살의 노옹이 살고 있었습니다. 우공은 높은 산이 길을 막아 교통이 불편한 현실을 바꾸기 위해 아들과 손자, 이웃집의 사람들과 함께 산을 파서 옮기려고 했습니다. 그 때 지수(智叟)라는 노인이 어떻게 이렇게 큰 산을 파서 옮길 수 있느냐고 우공을 비웃었습니다. 이에 우공이 내가 죽으면 내 아들이 있고 내 아들이 죽으면 내 손자가 있어 자자손손 끝이 없지만, 산은 더 자라지 않으니 이렇게 한 삽씩 파노라면 언젠가는 이 산을 옮길 수 있을 것이라고 반박했습니다. 그로부터 우공이산은 사자성어로 지금까지 전해져 내려오며 한 가지 일을 꾸준하게 열심히 하면 마침내 이룰 수 있음을 말해주고 있습니다.

다음으로 정위전해(精卫填海)를 봅시다. 이 신화는 선진시기의 경전인 『산해경(山海经)』 중 「북산경(北山经)」에 나옵니다. 신화 속에 나오는 정위(精卫)는 모양이 까마귀와 비슷하나 머리는 여러 색이고 하얀 부리와 붉은 다리를 가진 새라고 합니다. 이 새가 늘 '정위(精卫) 정위(精卫)' 하고 울었기에 정위새로 불렸습니다.

정위는 여자애가 변한 새입니다. 상고시기에 염제(炎帝)에게 여왜(女娃)라고 하는 딸이 있었는데 동해에 놀러 갔다가 파도에 휩쓸려 불행하게 익사하고 말았습니다. 비분을 금하지 못한 여왜는 작은 새로 변해 매일 서산에서 잔돌과 나뭇가지를 물어다가 자신을 죽게 한 바다를 메우려 했고 그로부터 정위새가 바다를 메운다는 신화가 지금까지 전해져 내려옵니다.

우공이산과 정위전해의 주인공들은 고대 중국에서부터 사람들의 경모를 받아왔습니다. 고대 중국인들은 왜 이 두 형상을 그토록 높이 평가했을까요? 두 사람의 행동이 세 가지 정신을 상징하기 때문이라고 생각합니다.

첫 번째 정신은 꿈을 꾸는 용기입니다. 두 번째 정신은 꿈꾸는 용기뿐만 아니라 추구하는 용기입니다. 세 번째 정신은 무엇일까요? 그것은 바통을 이어받는 분투입니다. 우공은 "내가 죽으면 내 아들이 있고, 내 아들이 죽으면 내 손자가 있어, 자자손손 끝이 없다."고 분명하게 표현했습니다. 한 사람으로는 이룰 수 없는 꿈을 대대손손 노력으로 달성 할 수 있다는 것입니다. 이것이 바로 끊임없이 이어지는 중국인의 정신입니다! 세대가 계속해서 꿈을 꾸고, 세대가 계속해서 꿈을 추구하며, 함께 산을 옮기고 바다를 개척하고 중화민족의 위대한 부흥을 실현하는 것이 바로 "중국의 꿈"이 아닙니까?

사상 해설자 셰춴타오

꿈이 있어야 추구할 수 있고, 추구해야 분투할 수 있는 동력이 생깁니다. 다음으로, 우리는 왜 우리가 꿈을 가져야 하는지에 대해 이야기하겠습니다. 시진핑 총서기는 "우리는 모두 열심히 달리고 있고, 우리는 모두 꿈을 추구하는 사람입니다." 라고 말했습니다. 중국공산당 제18차 전국대표대회 이후 불과 몇 년밖에 지나지 않았지만, 우리 당과 국가의 사업은 역사적인 성과를 거두고 역사적인 변혁을 이룩했습니다.

여기서는 그 성과들을 간략히 나열해 보겠습니다. 예를 들어 먼저 경제 건설을 살펴보겠습니다. 지난 몇 년 동안 중국경제는 중고속 성장을 유지했습니다. 2019년 말까지 중국의 경제 총량은 99조 위안에 달하여 세계 2위를 차지했으며, 1인당 국민소득은 1만 달러를 넘어섰습니다. 중국 경제가 세계경제에 기여하는 비중은 이미 30%를 넘었습니다.

또 다른 예로, 과학기술 혁신 측면에서 우리는 지난 몇 년 동안 모두가 알고 있는 몇 가지 성과를 달성했습니다. 여기에서 저는 특히 우주 진출의 꿈을 좇고 있는 과학자 한 분을 소개하고 싶습니다. 그는 중국 유인 우주 프로젝트 수석설계자이자 중국 공학원 원사인 저우젠핑 동지입니다.

2020년 5월 5일 18시 우리나라에서 저궤도 운반능력이 가장 큰 차세대 우주발사체 '창정 5호(长征五号)' B발사체가 원창(文昌) 우주발사장에서 첫 비행에 성공했습니다. 이는 우주정거장 단계 임무의 첫 번째 성공이자 중국 유인 우주비행 프로젝트의 3단계가 공식적으로 시작되었음을 의미합니다.

1992년 9월 당 중앙은 유인 우주 프로젝트의 '3단계(三步走)' 발전 전략을 발표하였습니다. 20여 년간의 개발 끝에 총 6척의 유인우주선, 5척의 무인우주선, 2개의 우주실험실이 우주로 보내졌고, 11명의 중국 우주비행사들이 14번의 우주비행을 하고 안전하게 귀환하여 유인 우주 프로젝트의 1단계와 2단계의 모든 임무를 성공적으로 완료했습니다.

저우젠핑은 30년 가까이 우주 분야에서 일하면서 1992년 유인 우주 프로젝트의 타당성 논증에 참여했고, '선저우 1호(神舟一号)'에서 '선저우 11호(神舟十一号)'에 이르는 발사에 관여했으며, 참여자 중 한 사람에서 오늘은 이미 프로젝트의 '중추'가 되었습니다. 이제 그와 그의 동료들은 세 번째 단계인 우주정거장 임무로 밤낮없이 바쁘게 움직이고 있습니다.

(화면: 저우젠핑이 이야기하고 있는 모습)

저우젠핑의 육성
귀환할 때, 매우 중요한 것은 우리의 방열(防热) 문제입니다. 방열 구조의 제조와 조립, 테스트가 모두 완료되었습니까? 당신들은 모두 검토하여 확인했습니까?

(화면: 저우젠핑의 동료가 이야기하고 있는 모습)

저우젠핑 동료의 육성

맞습니다. 이것들은 모두 검토와 확인을 거쳤고, 모든 공정도 심사를 통과했습니다.

사상 해설자 셰췬타오

이 우주선은 '창정 5호' B 발사체에 탑재된 차세대 유인 우주선 시험선으로 앞으로 중국 우주정거장 운영과 유인 우주탐사 임무를 맡게 됩니다. 2020년 5월 8일 시험선의 귀환 캡슐이 둥펑(东风) 착륙장의 예정 지역에 성공적으로 착륙하여 시험이 완전히 성공했음을 알렸습니다.

(화면: 저우젠핑이 이야기하고 있는 모습)

저우젠핑의 육성
우리는 중국의 우주정거장을 국가 우주실험실로 만들 것입니다. 우주 비행의 꿈의 첫 번째 목표는 강한 나라, 강한 국가의 꿈입니다. 우주비행의 발전과 진보는 우리 국력과 국가 발전의 매우 중요한 상징입니다.

사상 해설자 셰췬타오

우주 탐사는 끝이 없고, 우주 강국의 꿈도 계속될 것입니다. 여러 세대에 걸친 중국 우주인(航天人)들은 꿈을 향한 여정에서 기적을 잇달아 만들어냈으며, 저우젠핑 원사는 그의 팀을 이끌고 우주에 대한 꿈을 계속 이어갈 것입니다.

진행자 캉훼이

시청자 여러분, 오늘도 특별히 중국 유인 우주 프로젝트 수석설계사이자 중국 공학원 원사인 저우젠핑 선생을 프로그램의 현장에 모셨습니다, 박수로 맞이해주십시오.

원사님 안녕하세요!

원사님은 '선저우 1호(神舟一号)'에서 '선저우 11호(神舟十一号)'까지 모두 지켜봤습니다. 요즘 이런 말이 유행합니다. "꿈은 그래도 있어야 한다. 혹시 이뤄질지도 모르니까." 그렇다면 중국 우주인(航天人)들은 "꿈은 꼭 있어야 한다. 꼭 이뤄질테니까"라고 바꿔서 말해야 되지 않을까요?

저우젠핑

그렇습니다. 50년 이상 발전해 온 중국 우주산업에 종사하는 우리들은 꿈을 품고 있다고 말해야 할 것입니다. 이 꿈은 국가가 발전하고, 국가가 진보하며, 국가가 강대해지는 데 기여하는 것입니다.

저우젠핑

좀 더 멀리 말하면 '선저우 1호'가 있습니다. 당시 우리의 기술과 능력은 오늘날과 큰 차이가 있었고, '선저우 1호'는 시험용 우주선이었다고 할 수 있습니다. 우리는 개발의 관행을 깨뜨렸고 수많은 노력을 기울였습니다. 당시 저는 막 팀에 합류했는데, 성공했을 때 많은 동료들이 서로 부둥켜안고 눈물을 흘렸던 기억이 납니다. 그 당시 저는 우리의 사업이 정말로 위대하고 신성하며 명예롭다고 느꼈고, 우리가 모든 어려움을 극복 할 수 있다고 믿었습니다.

진행자 캉훼이

20년 전 '선저우 1호'가 발사되었을 때 사람들은 여전히 많은 난관을 돌파해야 한다고 생각했습니다. 하지만 20년이 지난 지금 중국의 유인 우주 비행은 핵심 기술에서 많은 돌파를 이뤄냈습니다. 물론 이 꿈은 단계적으로 차근차근 확장되어야 합니다. 중국 유인우주 비행 프로젝트의 '3단계' 전략에 따르면 이 꿈의 실현이 얼마 남지 않은 것 아닌가요?

저우젠핑

네. 우리는 유인 우주 프로그램의 첫 번째 단계인 유인 왕복기술의 돌파와 두 번째 단계인 우주실험실 건설을 완료했습니다. 이제 우리는 우주정거장의 관련 모듈을 발사하고 우주정거장 건설을 위한 마지막 준비를 긴박하게 진행하고 있습니다. 그런 다음 우주 정거장의 테스트 핵심 모듈을 발사하여, 우주 정거장의 여러 핵심기술을 검증하는 데 사용할 것입니다. 검증이 끝나면 두 개의 실험 모듈을 발사하게 됩니다. 두 개의 실험 모듈은 핵심모듈과 도킹을 거쳐 우주 정거장의 기본 구성을 완료 할 것입니다. 그 후 다음 운영 단계로 진입하게 됩니다.

진행자 캉훼이

원사님이 이러한 도전들을 말할 때, 얼굴 표정이 매우 편안해보입니다. 그렇다면 중국 유인 우주 프로젝트의 모든 참여자들이 이러한 도전들에 직면하여 다들 믿음이 있었겠죠?

저우젠핑

네. 우리는 꿈을 추구하기 위해 먼저 꿈을 가져야 합니다. 또한 꿈을 이룰 자신이 있어야 합니다. 모두의 노력과 단결, 협력, 협동으로 일을 잘 해낼 수 있다고 믿어야 합니다.

진행자 캉훼이

듣고 보니 마음이 한결 편해지는 것 같습니다.

우주가 그렇게 넓으니 인류는 당연히 가 봐야 하고 중국 사람들도 당연히 가 봐야 합니다. 중국 인민은 위대한 꿈의 정신을 가진 인민이고, 중국 우주인(航天人)은 중국 인민의 훌륭한 대표자입니다. 미래에는 유인 우주비행 정신도 우리 모두에게 격려가 될 것입니다. 모두가 한마음으로 노력해야 하며, 어려움이 많을수록 더 열심히 우리의 꿈을 추구합니다.

이어서 사상 해설자 셰촨타오 교수님을 청하여 "중국의 꿈"에 대한 해설을 들어보겠습니다.

사상 해설자 셰촨타오

예를 들어 개혁의 전면적 심화를 들 수 있습니다. 중국공산당 제18차 전국대표대회 이후 각종 개혁조치가 2,000개를 넘어섰고 주요 분야의 개혁이 획기적인 진전을 이루었으며 개혁의 주요 틀이 기본적으로 확립되었습니다.

또 다른 예는 군사력 강화입니다. 많은 사람들이 군대와 국방 건설에 대해 잘 모를 수 있지만, 지난 몇 년간의 군사 퍼레이드, 특히 2019

년 중화인민공화국 건국 70주년을 기념하는 퍼레이드 만 봐도 우리 군대가 어떤 정신을 가지고 있는지, 어떤 수준의 장비를 보유하고 있는지 알 수 있습니다. 화교를 포함한 수많은 중국인들이 중국인으로서의 영광을 느끼는 순간들이었지요.

제가 나열한 이러한 방면들은 분명 완전하지 않고 충분하지 않다고 생각합니다. 우리 모두는 중국공산당 제18차 전국대표대회 이후 획득 감(获得感), 성취감, 안정감을 진심으로 실감하고 있습니다. 우리는 중화민족의 위대한 부흥을 이룩할 수 있다는 자신감으로 가득 차 있습니다. 우리는 우리 모두의 공동 노력과 중국공산당의 강력한 지도력 아래 "중국의 꿈"이 예정대로 실현될 수 있다고 믿습니다!

진행자 캉훼이

알기 쉽게 해설해주신 셰천타오 교수님께 감사드립니다. 오늘날 우리는 중화민족의 위대한 부흥이라는 목표를 달성하고 "중국의 꿈"을 실현하는 데 역사상 그 어느 때보다 더 가까워졌고, 그런 자신감과 능력이 있습니다. 중국공산당 제19차 전국대표대회에서는 우리나라가 기본적으로 2035년에 사회주의 현대화를 실현하고, 2050년까지 부유하고 강하며 민주적이고 문명하며 조화롭고 아름다운 사회주의 현대화강국을 건설할 것을 제기했습니다. 우리는 꿈에 점점 더 가까워질수록, 시시때때로 자신을 일깨우고 경계하면서 매 한 걸음 한 걸음을 안정적이고 착실하게 내디뎌야 합니다. 이어서 총서기의 발언을 들어보겠습니다.

(아래의 QR코드를 찍어서 시청하세요.)

시진핑 :

"일은(事者) 생각함에서 생기고(生于虑), 노력함에서 이루어지며(成于务), 오만함에서 망친다.(失于傲)"는 옛말이 있습니다. 큰 꿈은 기다리거나 부르기만 해서는 이루어지지 않고 노력하고 열심히 행동해야 이룰 수 있습니다. 경쟁의 시대에 우리는 절대로 자만하지도, 제자리걸음도 하지 말고 우유부단하거나 방황해서도 안 됩니다. 우리는 반드시 위대한 투쟁과 위대한 사업, 큰 꿈을 향해 앞장서서 용감하게 분투해야 합니다.

총서기의 육성 36

경전 해설자 멍만

이는 시진핑 총서기가 2018년 12월 18일 개혁개방 40주년 경축대회에서 한 발언입니다.

여기서 시진핑 총서기는 "사자(事者), 생어려(生于虑), 성어무(成于务), 실어오(失于傲)"라는 구절을 언급했는데 이 구절은 선진(先秦)시기 경전인 『관자·승마(管子·乘马)』에서 나온 것입니다. 모든 일은 생각함에서 생기고, 노력함에서 이루어지며 오만함에서 망친다는 뜻입니다. '생어려(生于虑)'에서 생각할 려(虑)는 계획을 말합니다. 중국인들은 생각보다 행동을 우선시하고 무모하게 움직이지 않습니다. 그래서 "일은 생각함에서 생긴다."고 말한 것입니다. 또 "무릇 모든 일은 준비하면 성공하고(凡事预则立), 준비하지 않으면 실패한다(不预则废)"고도 말합니다. 여기서 미리 예(预)는 생각할 려(虑)와 같은 의미로 사전 계획이 모든 일이 성공하는 전제임을 말해줍니다.

그렇다고 계획만으로 성공할 수는 없습니다. 모든 성공은 생각만으로 이루어지는 것이 아니라 행동을 통해야 합니다. 그래서 두 번째는 '성어무(成于务)', 즉 노력함에서 이루어지는 것입니다. 여기서 힘쓸 무(成于务)는 실천을 말합니다. 우리는 또 "천리 길도 한 걸음부터 시작된다.(千里之行, 始于足下)"고 말합니다. 실천이 없으면 모든 꿈이 공상에 불과합니다.

사실 "생어려(生于虑), 성어무(成于务)"에 이르면 일은 성공했다고 볼 수 있습니다. 하지만 성공한 때는 또 가장 위험한 순간이기도 합니다. 그 원인은 사람은 성공하면 쉽게 자만하게 되기 때문입니다. 명(明)나라 후반의 이자성(李自成)이 그 대표적인 사례입니다. 당시 그는 심사숙고를 했기 때문에 군사적으로 승승장구를 거두었고, 정치적으로 "토지를 균분하고 조세를 면제(均田免粮)"하는 주장을 펼쳤기에 백성들의 지지를 받았습니다. 하지만 새로운 정권을 세운 후 자만심이 가득해진 이자성과 그의 각료들은 진보하려 하지 않고 누리기만 했습니다. 그 결과 오삼계(吳三桂)와 청(淸)나라 연합군에 의해 멸망하고 맙니다. 관자가 말한 '실어오(失于傲)'의 생생한 예입니다. 우리는 또 "어려운 상황은 사람을 분발하게 하고(生于忧患), 안락한 환경에 처하면 쉽게 죽음에 이른다.(死于安乐)"고도 말합니다.

우리의 개혁개방과 사회주의 건설 사업이 이미 위대한 성과를 거두었다는 것은 자명한 일입니다. 하지만 배가 중류에 이르렀을 때 흔히 물살이 더 거셉니다. 그래서 시진핑 총서기는 개혁개방 40주년 경축 대회에서 "일은(事者) 생각함에서 생기고(生于虑), 노력함에서 이루어지며(成于务), 오만함에서 망친다.(失于傲)"는 이 전례와 고사를 인용했습니다. 어떤 위대한 사업이나 위대한 꿈도 심사숙고해서 생각해 낸 것이고, 열심히 노력해서 이루어낸 것이며, 하루에도 세 번씩 반성하며 지켜낸 것입니다. 지금 발밑의 한 걸음 한 걸음을 잘 걸어야만 영광스러운 내일을 향해 나아갈 수 있습니다!

사상 해설자 셰쳰타오

다음으로 어떻게 하면 "중국의 꿈"을 실현할 수 있을지를 이야기하겠습니다. "중국의 꿈"은 말로만 그치고 꿈에 그치고 실천하지 않는다면 그냥 꿈일 뿐입니다. 우리가 각 방면에서 중대한 성과를 거둔 이유는 바로 우리의 성실함에 달려 있습니다.

오늘 현장에 젊은 사정(思政)학과 선생님들도 오셨는데, 저는 현장의 사정학과 선생님들과 소통하고 싶습니다. 어떻게 하면 효과적인 방법으로 우리 대학생들이 진정으로 "중국의 꿈"을 깊이 이해하고 공감하도록 할 수 있을까요?

란양

중국인민대학에서는 여름 방학 동안 모든 사정과 선생님들이 우리 학생들을 지도하여 학교의 '천인백촌(千人百村)' 프로젝트에 참여하도록 합니다. 이른바 '천인백촌'이란 중국인민대학이 매년 여름방학에 재학 중인 대학생 1,000명을 선발해 10~20일 동안 전국 100개 마을을 돌며 조사연구를 하는 프로그램입니다.

란양

작년에 저는 한 팀을 지도한 적이 있는데, 그들은 장시(江西)성의 한 마을에 가서 조사연구를 진행했습니다. 이 그룹의 여학생 팀장은 중국인민대학의 예술대학 출신이었는데, 그녀는 뷰티의 달인으로 어릴 때부터 도시에서 자랐고 시골에 가본 적이 거의 없었습니다. 하지만 돌아온 후, 그녀는 저에게 꿈이 하나 생겼다고 말했습니다. 무슨 꿈이냐고 물으니, 그녀는 자신의 노력으로 이 마을에 만 위안의 수익을 가져다주고 싶다고 말했습니다. 온라인 라이브 방송을 통해 이 마을을 홍보하고 이 마을의 물건을 판매한다는 것입니다. 지난해 가을, 그녀는 정말 이렇게 했습니다. 그녀는 라이브 방송을 통해 이 마을의 차, 쌀, 귤 등을 팔았는데 실제로 2만 위안의 수익을 올려주었고, 장기적인 협력 관계까지 구축했습니다.

'천인백촌' 프로그램에는 "청춘의 몸으로 조국의 매 한 치의 땅까지 측량하자"는 슬로건이 있습니다. 저는 학생 한 명 한 명의 얕은 발자국 속에 정말 희망으로 가득 찬 젊은 중국이 있다고 생각합니다!

사상 해설자 셰췬타오

사정과 선생님의 이야기는 우리가 젊은이들이나 또 다른 사람들에게 "중국의 꿈"이 어떤 꿈인지 이해시켜야 할 뿐만 아니라, 더 중요한 것은 "중국의 꿈"이 어떻게 실현될 수 있는지 이해시켜야 한다는 것을 깨닫게 합니다.

시진핑 총서기는 ""중국의 꿈"은 거울 속의 꽃도 아니고, 물속의 달도 아니며", "위대한 꿈은 필사적으로 노력해서 이루어지는 것"이라고 거듭 강조했습니다. 그는 이렇게 말하고 또 이렇게 했습니다.

모두가 알고 있듯이 지난 몇 년 동안 시진핑 총서기는 모든 빈곤 지역을 돌아다녔습니다. 빈곤이란 어떤 상태일까요? 빈곤의 근본 원인은 어디에 있을까요? 빈곤퇴치는 어떻게 하면 효과적일 수 있을까요? 이런 문제들에 대해 그는 수차 좌담회를 열었고 실용적인 정책을 많이 수립했습니다.

총서기의 외교도 인상 깊습니다. 중국공산당 제18차 전국대표대회 이후 총서기는 많은 국가와 지역을 방문하고 수많은 중요한 외교 활동에 참여했습니다.

(화면: 시진핑 주석의 2021년 신년사를 하고 있는 모습)

저우젠핑의 육성
큰 길을 가는 데는 외롭지 않으며, 천하는 한 가족(大道不孤, 天下一家)입니다. 1년여 동안 어려움을 겪으면서 우리들은 어느 때보다도 더 깊고 절실하게 인류운명공동체의 의미를 절감했습니다. 저는 국제적으로 새로운 친구, 옛 친구와 수차례 통화를 하고, 여러 '클라우드 회의'에 참석했습니다. 가장 많이 언급한 것은 바로 "마음을 합쳐 서로 돕고(和衷共济), 단결하여 방역하자.(团结抗疫)"였습니다. 전염병 상황의 예방과 통제는 아직 책임이 무겁고 갈 길이 멉니다. 세계 각국 인민들은 손을 잡고, 어려움이라는 한 배를 타고, 빠른 시일 내 어려움을 극복하고, 훨씬 더 아름다운 지구라는 집을 건설하는데 노력해야 합니다.

사상 해설자 셰춴타오

오늘날 우리 모두는 중화민족의 위대한 부흥이라는 목표에 그 어느 때보다 더 가까워졌다는 것을 느끼고 있습니다. 중화민족의 위대한 부흥을 이룩하기 위해 중국 특색 사회주의의 길보다 더 좋은 길은 없고, 중국 특색 사회주의 이론 체계보다 더 잘 작동하고 마르크스주의보다 더 효과적인 이론은 없으며, 중국 특색 사회주의 체계보다 더 잘 우리의 위대한 부흥 실현을 보장할 수 있는 체계는 없고, 중국 특색 사회주의 문화보다 더 활기차고 역동적이며 중화민족의 위대한 부흥을 더 잘 뒷받침할 수 있는 문화는 없다는 것을 역사는 증명했고 앞으로도 증명해 나갈 것입니다.

시진핑 총서기는 중화인민공화국 건국 70주년 기념대회에서 "중국의 어제는 인류사에 기록되어 있고, 중국의 오늘은 억만 인민의 손에서 창조되고 있으며, 중국의 미래는 더욱 밝을 것"이라고 정중하게 지적했습니다.

사상 해설자 셰췬타오

우리는 시진핑 동지를 핵심으로 하는 당 중앙의 강력한 지도력 아래, 우리 모두가 한마음으로 노력하면 중화민족의 위대한 부흥이라는 "중국의 꿈"을 반드시 실현할 수 있다고 믿을 만한 충분한 이유가 있습니다!

감사합니다!

진행자 캉훼이

이번 프로그램에서 훌륭한 해설을 해주신 사상 해설자 셰췬타오 교수님과 고전 해설자 멍만 교수님께 진심으로 감사드립니다. 변수와 도전으로 가득 찬 미래, 100년 동안 보지 못했던 큰 변화에 직면한 중국인들은 "바다를 메우고 산을 옮길 수 있는" 확고한 야망을 가지고 있습니다. 중국인들은 "바람을 타고 파도를 헤쳐 나갈 때가 있으리니(长风破浪会有时), 구름 같은 돛을 달고 망망대해를 건널 것(直挂云帆济沧海)"이라는 변하지 않는 꿈을 가지고 있습니다. 우리는 위대한 시대에 살고 있고, 우리 모두는 꿈을 추구하는 사람이며, 꿈을 위해 분투하는 사람입니다.

친애하는 시청자 여러분, 맨 마지막으로 시진핑 총서기가 인용한 꿈과 관련된 전례와 고사들을 다시 한 번 읽으면서, 위대한 "중국의 꿈"을 깊이 깨달아봅시다!

경전낭독

『억진아 · 누산관(忆秦娥·娄山关)』

마오쩌둥

매서운 서풍이 거세게 부는데, 새벽달이 뜬 창공에 기러기 우네.

새벽달 아래 말발굽소리 어지럽고 군중의 나팔소리 침울하네.

웅장한 관문 강철 같다 하는데, 오늘 다시 힘차게 정복해보자.

관문을 뛰어 넘어 바다 같은 창산과 핏빛 석양을 감상하리.

西风烈，长空雁叫霜晨月。

霜晨月，马蹄声碎，喇叭声咽。

雄关漫道真如铁，而今迈步从头越。

从头越，苍山如海，残阳如血